LONDON

BARBARA GEIER

Der perfekte MÄDELSURLAUB

BRUCKMANN

Inhalt

Oh London

Exzentrische Multikulti-Metropole
für urbane Abenteurerinnen

Warum ist London perfekt für einen Mädelsurlaub? Weil hier folgende Eigenschaften besonders gefragt sind: Flexibilität, Organisationstalent, Ausdauer und Neugierde. Frauen haben hier also – quasi von Natur aus – gewisse Vorteile und sind bestens ausgerüstet, den Londontrip optimal zu gestalten. In der globalen Hauptstadt für Mode, Design, Musik und Kunst bordet der Kultur- und Ausgehkalender über, prallen Tradition und Trash aufeinander. Es gibt Material für nicht nur einen, sondern gleich diverse Mädelsurlaube. Je nach Vorliebe – Kunst, Shopping, Essen und Trinken – findet jede ihr Idealprogramm.

Logistisch stellt einen die Multikulti-Metropole mit über acht Millionen Einwohnern aufgrund ihrer Größe vor Herausforderungen, die mit Hilfe der *tube* bewältigt werden. Das älteste U-Bahn-Netz der Welt ist genial, abgesehen davon, dass es altersbedingt hier und da schwächelt. Man kommt überall hin, und die modernen *Overground*-Züge, die an verschiedenen Stationen an das Netz anschließen, ermöglichen sehr gute neue Anbindungen.

Und dann geht's zum – Shoppen! London ist zu Recht Einkaufsmekka. Die britische High Street als Synonym für die bekannten Modeketten ist nicht zu überbieten, was die Vielfalt und Schnelligkeit anbelangt, mit der Trends in erschwingliche Mode umgesetzt werden. Abseits des Mainstream ist London eine Fundgrube für Vintage-Liebhaberinnen. Die Londonerin pflegt gerne mal den Bohème-Stil, und prominente Vertreterinnen wie Kate Moss sorgen dafür, dass Second Hand en vogue ist. In den verschiedenen Stadtvierteln, jedes für sich ein eigenes Zentrum, gibt es noch erfreulich viele kleine Boutiquen – von den Märkten ganz zu schweigen – für Individuelles und Ausgefallenes. Apropos: London hat den Ruf, eine sehr teure Einkaufsstadt zu sein. Stimmt nicht. Es gibt Luxuseinkaufsmeilen, aber auch Modenirwanas für Normalos.

Ideal für das Budget: National Gallery, Tate Modern & Co öffnen ihre Türen für Kulturbegeisterte eintrittsfrei, genau wie viele kleinere Museen. Galerien – London ist Zentrum des zeitgenössischen Kunsthandels – sind immer prima für einen Kunststopp zwischendurch. Das Beste: Londons Kultureinrichtungen sind mehr als nur Ausstellungsorte, sondern Treffpunkte, die sich mit innovativen Ideen einen wichtigen Platz in der Alltagskultur sichern.

Womit wir bei den wichtigen Themen Essen, Trinken und Ausgehen wären. London bietet eine bunte Show der Kulinarik. Es gibt ein überwältigendes Angebot an Restaurants (um die 60 mit Michelin-Sternen), Pubs kochen jetzt lecker *modern British*, und nicht zu vergessen: *food markets*. Die Marktszene ist in den letzten Jahren explodiert, *street food* in aller Munde. Junge, innovative Gastronomieunternehmer bieten quasi wöchentlich etwas Neues. Tipp: Wer ein bestimmtes Restaurant im Auge hat, sollte unbedingt reservieren, um Enttäuschungen zu vermeiden.

Zum Ausgehen: London mag keine klassische 24-Stunden-Stadt sein, die Szene mit Pubs, Bars, Clubs und Livemusik ist dennoch ohne Ende einfallsreich. Pubs sind für den Drink nach Feierabend Lieblingslocation; von daher geht das Nachtleben schon früh los. London wartet zudem – sehr damenfreundlich – mit einer fantastischen Cocktailbar-Szene auf. Wer durchmachen möchte, greift auf Superclubs wie »Fabric« zurück.

Und wo erholen sich Ladys dann? Die vielen Parks der Stadt haben einen hohen Wellnessfaktor; eine Runde Durchatmen kostet hier vor allem auch nichts. Hotelspas für die Rundumverwöhnung verlangen entsprechende Preise. Auch wer Wert auf Hotelkomfort legt, wird an der Themse etwas tiefer in die Tasche greifen müssen. Dafür gibt es dann sehr besondere und individuelle Boutique-Hotels. Viel Zeit wird man dort aber so oder so nicht verbringen: *London is calling …*

Camden Arts Centre
Keats House
Hampstead
Brondesbury
Park
Chambers Ln.
Chamberlayne Road
Aylestone Av.
Brondesbury Park
The Avenue
Willesden Lane
Kilburn High Rd.
Belsize Road
Finchley Rd.
Avenue Road
Elsworthy Rd.
Primrose Hill
Haverstock Hill
Gloucester Av.
Regent's Park Rd.
Prince Albert Rd.
London Zoo
Camden High
Kentish Town Road
Chevening Road
Salusbury Road
Kingswood Av.
Brondesbury Rd.
Abbey Road
Wellington Rd.
Albany Street
Regent's Park
Boating Lake
Harvist Road
Kilburn Lane
Carlton Vale
Kilburn Park Rd.
Maida Vale
Abercorn Place
Bravington Road
Fernhead Road
Harrow Road
Ilbert St.
Shirland Rd.
Elgin Av.
Avenue
Sutherland Av.
St. John's Wood Rd.
Lisson Grove
Park Road
Maida Vale & Little Venice
Edgware Rd.
S. 8-41
Marylebone Station
Marylebone Rd.
S. 42-75
Ladbroke Grove
Wornington Rd.
Great Western Rd.
Chesterton Rd.
St. Quintin Av.
Westway
Westbourne Park
Chepstow Rd.
Westbourne Grove
Bishop's Br. Rd.
Paddington Station
Westbourne Terrace
Praed Street
Sussex Gdns.
Gloucester Place
Baker St.
Wallace Collection
George St.
S. 144-177
Wigmore Street
Portland
Oxford St.
New Bond St.
Davies St.
Wood Ln.
Notting Hill
Kensington Pk. Rd.
Clarendon Road
Craven Hill
Bayswater Rd.
St. Ann's Road
Wood Lane
Notting Hill Gate
West Carriage Drive
Park Lane
Mount St.
Hyde Park
Curzon St.
Kensington Palace
Kensington Gardens
The Round Pond
Serpentine Road
The Serpentine
Uxbridge Road
Holland Park Av.
Abbotsbury Rd.
Campden Hill Rd.
Addison Road
Kensington Road
Kensington Gore
South Carriage Drive
Hyde Park Corner
Grosvenor Place
Buckingham Palace Rd.
Holland Rd.
Leighton House
Kensington High St.
Knightsbridge
Natural History Mus.
Queen's Gate
Gloucester Rd.
Marloes Rd.
Brompton Rd.
Sloane Street
Pont St.
Cadogan Hall
Walton St.
Eaton Sq.
Eccleston
Sinclair Road
Shepherd's Bush Road
Blythe Road
Hammersmith Road
North End Road
Warwick Road
West Cromwell Rd.
Earl's Court Rd.
Cromwell Road
South Kensington
Draycott Av.
Sydney St.
Chelsea
Warwick
Hammersmith Flyover
Talgarth Rd.
Old Brompton Road
Chelsea Br. Rd.
Fulham Palace Road
Greyhound Road
Lillie Rd.
Finborough Rd.
Redcliffe Gardens
Fulham Road
King's Rd.
Oakley St.
Royal Hospital Chelsea
Chelsea Bridge
Lillie Road
Edith Grove
Cheyne Walk
Chelsea Physic Garden
The Parade
Battersea Park
Duck Pond
Dawes Road
Munster Road
North End Rd.
Fulham Road
Battersea Bridge Rd.
Albert Bridge Rd.
Harwood Rd.
Fulham
Imperial Rd.
Bagley's Lane
Prince of Wales Drive
Battersea
Fulham Road
New Kings Road
Studdridge St.
Townmead Rd.
Battersea High St.
Battersea Park Rd.
Queenstown Rd.
Silverthorne Rd.
Hurlingham Rd.
Peterborough Rd.
Broomhouse Ln.
Wandsworth Bridge Rd.
Road
Falcon Road
Latchmere Rd.
Eversleigh Road
Wands.
Themse
Carnwath Rd.
York Road
Lavender Hill
Tyrbridge Rd.
Victoria Rise
Clapham Junction
N
0
500 m

S. 110-141
S. 76-109
Kenwood House
Camden
Kings Place
King's Cross
St.Pancras Station
Euston Station
Euston Road
Islington
Hackney & Dalston
Hackney
Shoreditch
Hoxton
Clerkenwell
Bloomsbury
Holborn
British Museum
Museum of London
St. Paul's Cathedral
City
Spitalfields
Liverpool St. Station
Spitalfields Market
Whitechapel Art Gallery
Whitechapel
Soho
National Gallery
Covent Garden
Charing Cross Station
Trafalgar Square
Somerset House
National Theatre
South Bank
Waterloo International Station
Westminster & Whitehall
Westminster Abbey
Garden Museum
Tate Modern
Cannon Street Station
Tower of London
Themse
Borough Market & Maltby Street Market
Southwark
Fenchurch St. Station
Camberwell
Peckham
Hatcham
Brixton
Pentonville Road
City Road
Old Street
Goswell Road
Clerkenwell Rd.
Farringdon Road
High Holborn
Fleet Street
Cannon Street
Queen Victoria St.
Upper Thames St.
Embankment
London Wall
Bishopsgate
Aldgate
Commercial Road
The Highway
Whitechapel Rd.
Mile End Rd.
Great Eastern St.
Brick Lane
Kingsland Road
New North Road
Essex Road
Upper Street
Liverpool Road
Caledonian Rd.
York Way
Pancras Rd.
Gower St.
Tottenham Court Rd.
Shaftesbury Av.
Long Acre
The Mall
Horse Guards Rd.
Victoria St.
Waterloo Rd.
Westminster Br. Rd.
Borough Rd.
Borough High St.
Lambeth Rd.
Lambeth Palace Road
Southwark St.
Union St.
Long Lane
Tower Bridge Road
Bermondsey St.
Great Dover St.
New Kent Road
Old Kent Road
Jamaica Road
Lower Road
Rotherhithe New Road
Kennington Lane
Kennington Park Road
Kennington Road
Walworth Road
Camberwell Rd.
Camberwell New Road
Albert Embankment
South Lambeth Rd.
Clapham Road
Brixton Rd.
Coldharbour Lane
Denmark Hill
Peckham Road
Queen's Road
New Cross Rd.
Rye Lane
Vauxhall Bridge Road
Nine Elms Ln.
Commercial Way
Southampton Way
Albany Road
East Street
Hackney Road
Bethnal Green Rd.
Cambridge Heath Road
Mare Street
Victoria Park Rd.
Richmond Road
Queensbridge Rd.
Southgate Rd.
Downham Rd.

Das Zentrum

Rund um den Trafalgar Square – Kulturjuwelen, charmante Boutiquen, schicke Bars und *afternoon tea*

London ist eine aus vielen Dörfern zusammengewachsene Stadt und besteht bis heute aus sehr unterschiedlichen Quartieren, die alle kleine Zentren für sich selbst sind. Ein klassisches Zentrum gibt es daher nicht, wohl aber einen Fixpunkt am Trafalgar Square mit Nelson's Column und der National Gallery. Von hier aus kann vieles an Sehenswürdigkeiten und Shopping-Aktivitäten – Reihenfolge bitte beliebig anpassen – in Angriff genommen werden. Mit bequemen Schuhen, denn Eitelkeiten und hohe Absätze sind keine gute Idee beim Londoner Asphalttreten, bewegen wir uns hier im Stadtbezirk Westminster in und um Mayfair, Piccadilly, Soho, Covent Garden und Bloomsbury.

Südlich vom Trafalgar Square, wo sich in Whitehall und Westminster seit Jahrhunderten die kirchliche und politische Macht konzentriert, liegen einige der bekanntesten Sehenswürdigkeiten – Downing Street, Big Ben, Houses of Parliament und Westminster Abbey. Westlich geht es über die Mall zum Buckingham Palace, in dessen Nachbarschaft die vornehmen Straßen und Plätze von St James's und weiter nördlich die von Mayfair liegen. Wie praktisch, dass einige der geschäftigsten Einkaufsstraßen der Stadt sich auch hier verteilen: Piccadilly, Bond Street, Regent Street und die menschenüberflutete Oxford Street.

In Richtung Norden und Osten vom Trafalgar Square bilden Soho, Chinatown und Covent Garden das Herz des West-End-Entertainmentbezirks mit den berühmten Musicaltheatern und einer Riesenauswahl an Restaurants, Bars und Shops. Soho zwischen Regent Street, Oxford Street und Charing Cross Road ist eine der Lieblings-Ausgehecken der Stadt, eine kuriose Mischung aus Rotlichtviertel und Künstler-Hangout, eine super Adresse für Essen und Trinken. Außerdem eine wunderbare Freilichtbühne: Tagsüber durch das Gewirr der kleinen Straßen zu schlendern und Menschen- und Modekreationen aller Art zu studieren, ist eine feine Sache.

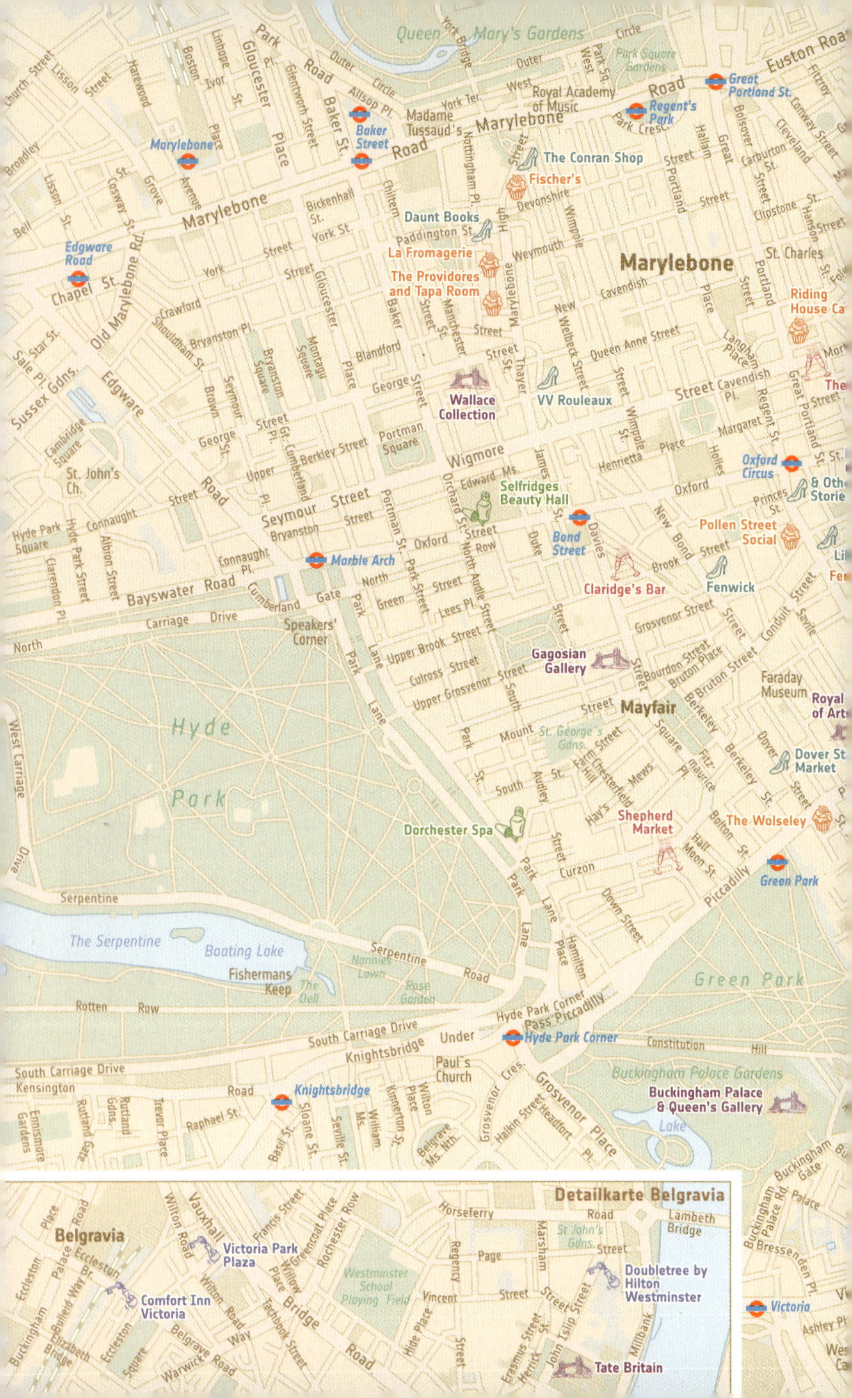
Queen Mary's Gardens
Marylebone
Baker Street
Regent's Park
Great Portland St.
Edgware Road
Madame Tussaud's
Royal Academy of Music
The Conran Shop
Fischer's
Daunt Books
La Fromagerie
The Providores and Tapa Room
Riding House Ca
Wallace Collection
VV Rouleaux
Oxford Circus
Selfridges Beauty Hall
Bond Street
Marble Arch
& Other Stories
Pollen Street Social
Claridge's Bar
Fenwick
Speakers' Corner
Gagosian Gallery
Faraday Museum
Royal ... of Arts
Mayfair
Dover St Market
Dorchester Spa
Shepherd Market
The Wolseley
Green Park
Hyde Park
The Serpentine
Boating Lake
Fishermans Keep
The Dell
Nannies' Lawn
Rose Garden
Hyde Park Corner
Knightsbridge
Paul's Church
Buckingham Palace Gardens
Buckingham Palace & Queen's Gallery
Lake
Victoria
Marylebone Road
Euston Road
Baker St.
Park Road
Gloucester Place
Edgware Road
Old Marylebone Rd.
Bayswater Road
Oxford Street
Seymour Street
Wigmore Street
George Street
Park Lane
Piccadilly
Constitution Hill
Knightsbridge
Grosvenor Place
Serpentine Road
North Carriage Drive
South Carriage Drive
Rotten Row
West Carriage Drive
Sloane St.
Curzon Street
Brook Street
New Bond Street
Grosvenor Street
Bruton Street
Berkeley Square
Mount Street
South Audley Street
North Audley Street
Portman Square
Cavendish Place
Queen Anne Street
Harley Street
Wimpole Street
Welbeck Street
Portland Place
Regent St.
Detailkarte Belgravia
Belgravia
Victoria Park Plaza
Comfort Inn Victoria
Doubletree by Hilton Westminster
Tate Britain
St John's Gdns.
Westminster School Playing Field
Lambeth Bridge
Horseferry Road
Vauxhall Bridge Road
Wilton Road
Rochester Row
Marsham Street
Millbank
Eccleston Square
Belgrave Road
Warwick Way
Page Street
Vincent Street
Regency Street
Bressenden Pl.
Buckingham Gate
Buckingham Palace Rd.

Kultur
Shopping
Restaurant
Wellness
Ausgehen
Übernachten
0
400 m
Clerkenwell
Bloomsbury
St. James's
Westminster
South Bank
Foundling Museum
Russell Square
University of London U.C.L.
Thornback & Peel
Persephone Books
Maggie Owen
British Museum
Goodge St.
MyHotel Bloomsbury
Chancery Lane
Hoxton Holborn
Holborn
Sir John Soane's Museum
Bourne and Hollingsworth
Hakassan
Tottenham Court Road
Blackout II Vintage
The Nadler Soho
Fernandez & Wells
Barrafina
L'Eto Caffe
Busaba Eathai
Hazlitt's Hotel
Lab Bar
Neal's Yard
Scoop
Stockpot
Z Hotel Soho
Poste Mistress
Royal Opera House
Maison Bertaux
Opera Tavern
Princi
Dean Street Townhouse
Little Italy
The Arts Theatre Club
Laura Lee Jewellery
Covent Garden
Radio Bar
Spuntino
Experimental Cocktail Club
Penhaligon's
Somerset House
Graphic
Leicester Square
West End Musicals
Notes
Temple
Courtauld Gallery
National Portrait Gallery
Piccadilly Circus
St Martin-in-the-Fields
Maison Assouline
National Gallery
Charing Cross
Citadines Prestige Trafalgar Square
So Spa Sofitel
Embankment
White Cube
The Trafalgar
ESPA Life at Corinthia
National Theatre
IMAX
Waterloo
London Eye
St James's Park
Duck Island
Waterloo International Station
London Aquarium
Westminster
Park Plaza Westminster Bridge
Big Ben
Westminster Hall
Houses of Parliament
St. James's Park
Westminster Abbey
Lambeth North
Lambeth Reach
King's Reach

Kultur

Museen en masse, Klerikales in Hülle und Fülle, ganz zu schweigen vom königlichen Touch, der über allem schwebt: Londons zentraler Stadtbezirk Westminster beherbergt viele der bekanntesten Sehenswürdigkeiten der Stadt. Kunstfreundinnen seien insbesondere Museen wie National Gallery, National Portrait Gallery und Royal Academy of Arts empfohlen, aber auch kleinere Kulturjuwelen wie die Courtauld Gallery oder Wallace Collection sind einen Besuch wert. Solche Topsammlungen eintrittsfrei – wo gibt es das sonst? Wer in die Galerieszene hineinschnuppern möchte, sollte sich in Mayfair und St James's rumdrücken. Und noch eine kulturelle Randbemerkung: Londons Museumsshops sind Spitzenklasse und wahre Fundgruben für Originelles und Ungewöhnliches.

* British Museum

Eines der bedeutendsten **kulturgeschichtlichen Museen** weltweit mit mehr als 80 000 Exponaten, inklusive Rosettastein und Elgin Marbles. Die ständige Ausstellung ist seit 1759 ein Garant für Superlative, und mit dem von Norman Foster entworfenen Great Court hat das Museum einen einmaligen öffentlichen Raum: Der größte überdachte öffentliche Platz Europas (8000 m²) allein ist einen Besuch wert.

Great Russell St, WC1B • U-Bahn: Holborn, Tottenham Court Rd • +44 20/ 73 23 82 99 • www.britishmuseum.org • Tgl. 10–17.30 Uhr, Fr bis 20.30 Uhr

* Buckingham Palace & Queen's Gallery

Londoner Frauenpower herrscht innerhalb des **Palasts** dank der Queen seit über 60 Jahren, davor dank der goldenen Siegesgöttin Victoria. Der St James's Park und die von Bäumen gesäumte Prachtstraße

Geht gar nicht

£ 22.50 bei online Vorausbuchung, ansonsten £ 33. Muss das sein, um sich bei »Madame Tussauds« Wachsfiguren anzuschauen? Antwort: nein. Lieber London live erkunden!

The Mall bilden eine perfekte Inszenierung. Im Sommer öffnen sich die Pforten der exquisiten State Rooms. In der Queen's Gallery im Westflügel hängen Da Vincis und Canalettos.

Buckingham Palace Rd, SW1A • U-Bahn: Victoria • +44 20/77 66 73 00 • www.royalcollection.org.uk • State Rooms: Juli–Ende Aug. tgl. 9.30–19.30 Uhr, letzter Einlass 17.15 Uhr, Sept. bis 18.30 Uhr, letzter Einlass 16.15 Uhr • Queen's Gallery: tgl. 9.30–17.30 Uhr, letzter Einlass 16.30 Uhr • State Rooms: £ 20.50, Queen's Gallery: £ 10

✳ Courtauld Gallery

Diese exquisite Galerie im Somerset House gehört zum Courtauld Institute of Art, das 1932 von dem Kunstsammler und Industriellen Samuel Courtauld gegründet wurde. Erlesenste europäische Gemälde und Zeichnungen von der Renaissance bis ins 20. Jahrhundert inklusive Meisterwerken von Manet, Monet, Cézanne oder Gauguin hängen in diesem kleinen, feinen **Museum**.

Strand, WC2R • U-Bahn: Charing Cross, Temple • +44 20/78 48 25 26 • www.courtauld.ac.uk/gallery • Tgl. 10–18 Uhr, letzter Einlass 17.30 Uhr • £ 7, Mo £ 3

✳ Foundling Museum

Im Stadtteil Bloomsbury erzählt das **historische Museum** die Geschichte des Foundling Hospital, das im Jahr 1756 als Heim für Findelkinder gegründet wurde. Zu den wohl anrührendsten Ausstellungsstücken gehören die zunächst schlicht wirkenden Gegenstände wie Fingerhüte oder Knöpfe, die jede Mutter zur Identifizierung ihres Kindes zurücklassen musste, sollte sie jemals in der Lage sein, es »zurückzufordern«. Die Händel-Sammlung im Obergeschoss ist ebenfalls sehenswert.

40 Brunswick Square, WC1N • U-Bahn: Russell Square • +44 20/78 41 36 00 • www.foundlingmuseum.org.uk • Di–Sa 10–17 Uhr, So 11–17 Uhr • £ 8.25

✳ Gagosian Gallery

Wenn man sich für **moderne Kunst** interessiert, sollte man im vornehmen Stadtteil Mayfair einen Stop in dieser Gagosian-Dependance einlegen. Die ursprünglich 1979 in Los Angeles von dem Mega-Kunsthändler Larry Gagosian gegründete Galerie repräsentiert ein *Who is Who* zeitgenössischer Kunst (Damien Hirst, Gerhard Richter, um nur einige zu nennen). Reinschauen kostet nichts, und in dieser feinen Ecke von London sind häufig schon die Galeriebesucher selbst die Hingucker.

17–19 Davies St, W1K • U-Bahn: Bond St • +44 20/74 93 30 20 • www.gagosian.com • Mo–Fr 10–18 Uhr

Maison Assouline

Erst Bank, dann Galerie, jetzt **Tempel für Lebensstil**: Der britische Architekt Edward Luytens entwarf in den frühen 20er Jahren ein Gebäude auf Piccadilly, das seit Herbst 2014 den feinen Rahmen für eine der exklusiven Boutiquen des französischen Verlags Assouline bildet. Exquisite Bildbände zu Kunst, Fotografie und Mode, bei Sammlern begehrte Objekte, werden wie in einem Museum präsentiert. Dazu: ein Kuriositätenkabinett besonderer Möbelstücke für Bibliotheken. Einfach schön zum Schauen.

196A Piccadilly, W1J • U-Bahn: Piccadilly Circus • +44 20/33 27 93 70 • www.assouline.com/london-piccadilly • Mo–Sa 10–20 Uhr

National Gallery

In der National Gallery am Trafalgar Square ist eintrittsfrei eine der **besten Kunstsammlungen** weltweit mit über 2000 Werken zu sehen: Botticelli, Cézanne, Constable, Monet, Rembrandt, Renoir, Van Gogh ... Einstündige Führungen verschaffen einen guten Einblick. Tipp: die »Espresso Bar« im Erdgeschoss der Galerie, wo man sich auf ArtStart-Computern die Kollektion online anschauen und planen kann.

Trafalgar Square, WC2N • U-Bahn: Charing Cross • +44 20/77 47 28 85 • www.nationalgallery.org.uk • Tgl. 10–18 Uhr, Fr bis 21 Uhr

National Portrait Gallery

Direkt neben der National Gallery sind hier **Porträts** berühmter britischer Männer und Frauen ab dem 16. Jahrhundert zu sehen. Die über die Sommermonate ausgestellte Auswahl für den *BP Portrait Award* bietet internationale zeitgenössische Porträtmalerei. Die jährliche Ausstellung zum *Taylor Wessing Photographic Prize* ist ein weiteres Highlight, genau wie »Late Shifts« mit Livemusik und Bar.

St Martin's Place, WC2H • U-Bahn: Charing Cross • +44 20/73 06 00 55 • www.npg.org.uk • Mo–Mi, Sa, So 10–18 Uhr, Do, Fr 10–21 Uhr

Photographers' Gallery

Die größte öffentliche **Galerie für Fotografie** Londons wurde 1971 in der Nähe des Leicester Square gegründet und zog 2008 in ein altes Lagerhaus beim Oxford Circus, das 2012 renoviert wurde. Reinschauen! In Wechselausstellungen wird die internationale Fotoelite

Don't miss

Den Museumsshop der National Gallery im Sainsbury Wing – eine wahre Fundgrube für Geschenke: Bücher, Karten, Poster, Schmuck, alles mit Bezug zur Sammlung.

präsentiert. Junge Talente gibt's ebenso zu sehen wie interessante Fotoreportagen; außerdem Café und *book shop*.

16–18 Ramillies St, W1F • U-Bahn: Oxford Circus • +44 20/70 87 93 00 • www.thephotographersgallery.org.uk • Mo–Sa 10–18 Uhr, Do 10–20 Uhr, So 11.30–18 Uhr

✳ Royal Academy of Arts

Eine der bedeutendsten **Kunstinstitutionen** Großbritanniens birgt seit 1868 das grandiose Burlington House, ein Herrschaftshaus aus dem 18. Jahrhundert. Zur Kollektion gehören überwiegend Werke von britischen Künstlern wie Thomas Gainsborough und John Constable. Mit ihren Sonderausstellungen beweist die Royal Academy immer wieder ein geschicktes Händchen und landet regelmäßig Blockbuster.

Burlington House, Piccadilly, W1J • U-Bahn: Piccadilly Circus • +44 20/73 00 80 00 • www.royalacademy.org.uk • Sa–Do 10–18 Uhr, letzter Einlass 17.30 Uhr, Fr 10–22 Uhr

✳ Royal Opera House

Für die Ballerina in uns: Im Royal Opera House gibt es 1A **klassischen und zeitgenössischen Tanz** (und Oper). Der Plan sieht so aus: zuerst einen Drink und Snacks in der »Opera Tavern« (S. 27) um die Ecke, dann verzaubern lassen von der Beinarbeit der Profis in dem herrlich plüschigen Opernhaus. Tipp: der Blick von der Terrasse des Restaurants im dritten Stock über Covent Garden, tagsüber offen für alle.

Bow St, WC2E • U-Bahn: Covent Garden • +44 20/73 04 40 00 (Tickets) • www.roh.org.uk

✳ Sir John Soane's Museum

Exzentrisch und ein bisschen durchgeknallt: Das ehemalige Wohnhaus von

↑ *Badespaß vor der National Portrait Gallery – die Statue genießt das kühle Nass, die Besucher hohe Kultur.*

Architekt John Soane (1753–1837) ist ein **Museum** voll kurioser Objekte und ausgefallener Architektur. Besucher tauchen ein in eine bunt gefüllte Schatzkiste. Lange Schlangen bilden sich am ersten Dienstag jeden Monats, wenn von 18 bis 21 Uhr Besichtigungstouren bei Kerzenlicht angeboten werden: Nur die ersten 200 kommen rein.

13 Lincoln's Inn Fields, WC2A • U-Bahn: Holborn • +44 20/74 05 21 07 • www.soane.org • Di–Sa 10–17 Uhr, letzter Einlass 16.30 Uhr

* Somerset House

Das Somerset House, ein bildschönes Gebäudeensemble aus dem 18. Jahrhundert, ist ein **Zentrum für Kultur** und Kulinarisches. Der Innenhof wird im Sommer von Springbrunnen, im Winter von einer Eisbahn geschmückt. Es gibt Cafés, Restaurants und wechselnde Ausstellungen in den East Wing und Embankment Galleries, oft mit Mode- und Designthemen. Im Sommer gehören Konzerte und Open-Air-Kino zum Programm.

Strand, WC2R • U-Bahn: Charing Cross, Temple • +44 20/78 45 46 00 • www.somersethouse.org.uk • Innenhof tgl. geöffnet 7.30–23 Uhr, Galerien 10–18 Uhr

* St Martin-in-the-Fields

Von den Stufen von St Martin-in-the-Fields, der Gemeindekirche des Buckingham Palace, hat man einen guten Blick auf den Trafalgar Square. In der **Kirche**, die 1726 fertiggestellt wurde, finden *Lunchtime*-Konzerte statt: Montags, dienstags und freitags spielen um 13 Uhr meist junge Talente. Originelles bietet der Souvenirshop in der Krypta!

Trafalgar Square, WC2N • U-Bahn: Charing Cross • +44 20/77 66 11 00 • www.smitf.org • Besichtigung: Mo, Di, Fr 8.30–13 und 14–16 Uhr, Mi 8.30–13.15 und 14–17 Uhr, Do 8.30–13.15 und 14–18 Uhr, Sa 9.30–18 Uhr, So 15.30–17 Uhr

* Tate Britain

Die »Heimat britischer Kunst von 1500 bis heute« liegt seit 1897 am Nordufer der Themse, als Sir Henry Tate seine **Sammlung** der Nation spendete. Seit Frühjahr 2013 sind die Exponate besucherfreundlich in chronologischer Rei-

Don't miss

Die Themse-Szenerie hinter der Seamen's Hall am Südende des Somerset-House-Innenhofs. Im Frühling und Sommer werden dazu auf der River Terrace Cocktails und Snacks serviert.

henfolge arrangiert, von Francis Bacon bis David Hockney. Romantikerinnen sei John Millais' *Ophelia* ans Herz gelegt oder die *Lady of Shalott* von John William Waterhouse.

Millbank, SW1P • U-Bahn: Pimlico • +44 20/78 87 88 88 • www.tate.org.uk • Tgl. 10–18 Uhr, an ausgewählten Freitagen bis 21.30 Uhr

Wallace Collection

Am Manchester Square nördlich der Oxford Street wartet eine wunderbare Überraschung: In einem Anwesen aus dem 18. Jahrhundert zeigt die Wallace Collection eine der erlesensten **europäischen Kunstsammlungen**, die im 18. und 19. Jahrhundert von den vier Marquesses of Hertford und Sir Richard Wallace, Sohn des vierten Marquess, zusammengetragen wurde. Hübsch: »Café Bagatelle« im überdachten Innenhof.

Hertford House, Manchester Square, W1U • U-Bahn: Bond St • +44 20/75 63 95 00 • www.wallacecollection.org • Tgl. 10–17 Uhr

Westminster Abbey

In der **gotischen Kathedrale** wird seit dem 11. Jahrhundert gekrönt, begraben und geheiratet. Mehr als 3500 Monarchen und berühmte Persönlichkeiten fanden hier ihre letzte Ruhestätte. Eduard der Bekenner ließ die Kirche und Abtei an der Stelle eines Benediktinerklosters ab 1045 bauen. Im 13. Jahrhundert sorgte Heinrich III. für ihre heutige, geradezu grandiose Gestalt. Die hiesigen Kirchendienertouren bieten besondere Einblicke.

U-Bahn: Westminster • +44 20/72 22 51 52 • www.westminster-abbey.org • Mo, Di, Do, Fr, Sa 9.30–15.30 Uhr, Mi 9.30–18 Uhr • £ 20

White Cube

1993 gründete Kunstimpresario Jay Jopling im Stadtteil St James's die **Galerie** White Cube, spirituelle Heimat der die Kunstszene aufmischenden *Young British Artists*. 2000 folgte der Umzug ins hippe Hoxton, wo die Galerie inzwischen geschlossen wurde. 2006 ging es für White Cube wieder in das traditionelle St James's, wo sich eine modernistische weiße Box mit Glasdach in einem Hinterhof versteckt.

25–26 Mason's Yard, SW1Y • U-Bahn: Green Park • +44 20/79 30 53 73 • www.whitecube.com • Di–Sa 10–18 Uhr

Shopping

Londons Zentrum ist Einkaufsnirvana und Geburtsstätte neuer Trends. Im 2012 auf der Regent Street eröffneten »Burberry Super Store« treffen sich digitale und physische Welt. Verkäufer sind mit iPads ausgerüstet, Spiegel verwandeln sich in Bildschirme. »Selfridges« eröffnete 2013 mit dem Denim Studio die größte Jeansabteilung der Welt auf 2400 Quadratmetern. Ende 2013 schlug die US-Kultmarke »J.Crew« auf der Regent Street auf, die bestes Mainstream-Shopping bietet. Kleine, feine Geschäfte gibt es in der von Piccadilly abgehenden Burlington Arcade aus dem 19. Jahrhundert. Geldbeutel bereithalten dann in Covent Garden, Londons charmanter Shopping-Ecke voller Boutiquen in alten Gassen.

✳ & Other Stories

Mode allein reicht nicht. Das wissen die & Other Stories-Macher aus dem »H&M«-Stall und haben auf 1000 lichten Quadratmetern auf der Regent Street ganz viel an Accessoires integriert. Die Riesenauswahl an Kosmetikprodukten ist komplementär zu den jeweiligen Kollektionen gestaltet, und die Bade- und Körperdüfte wurden eigens ausgewählt von Ben Gorham, dem Gründer des schwedischen Kultparfümlabels »Byredo«.

256–258 Regent St, W1B • U-Bahn: Oxford Circus • +44 20/74 79 70 70 • www.stories.com • Mo–Fr 10–21 Uhr, Sa 10–20 Uhr, So 12–18 Uhr

✳ Blackout II Vintage

Hier wurden schon »alte Sachen« verkauft, als Retro noch weit davon entfernt war, ein Trend zu sein. Blackout II Vintage ist eine etablierte Anlaufstelle in London für **Vintage**-Liebhaberinnen, darunter übrigens die Sängerin Paloma Faith, die den Laden zu einem ihrer Lieblingsshops kürte. Die Boutique ist vollgepackt mit Kleidern aus den 1920er- bis 1980er-Jahren plus ganz viel Drumrum wie Hüten, Schuhen, Schmuck und Handtaschen.

51 Endell St, WC2H • U-Bahn: Covent Garden • +44 20/72 40 50 06 • www.blackout2.com • Mo–Fr 11–19 Uhr, Sa 11.30–18.30 Uhr

⚹ Daunt Books

Ein Traum für alle Bücherwürmer: Daunt Books in der Marylebone High Street ist eine der **schönsten Buchhandlungen** Londons in einem edwardianischen Gebäude und bietet eine erstklassige Auswahl, vor allem an Reiseliteratur. Eine lange Eichengalerie mit Oberlicht verströmt den Charme vergangener Zeiten.

83 Marylebone High St, W1U • U-Bahn: Baker St, Bond St • +44 20/ 72 24 22 95 • www.dauntbooks.co.uk • Mo–Sa 9–19.30 Uhr, So 11–18 Uhr

⚹ Dover Street Market

Dieses Etablissement als einen Shop zu bezeichnen, ist irreführend. »Kunstinstallationen im Modebereich« trifft es eher. Verschiedene Designer gestalten die Räumlichkeiten passend zu den Kollektionen. Namen wie Alaïa oder Alexander McQueen lassen durchblicken, welche Preisklasse vorherrscht. Daneben gibt's weniger bekannte **Labels** und die »Rose Bakery« im oberen Stock für eine erschwingliche Tasse Tee.

17–18 Dover St, W1S • U-Bahn: Green Park • +44 20/75 18 06 80 • www.doverstreetmarket.com • Mo–Mi 11–18.30 Uhr, Do–Sa 11–19 Uhr, So 12–17 Uhr

Stilvoll in ein anderes Jahrhundert eintauchen: »Daunt Books« heißt Leseratten willkommen. →

⚹ Fenwick

Für viele das hübscheste **Kaufhaus** in der ganzen Stadt und seit 1891 eine Institution auf der Bond Street: Fenwick bietet ein Rundumpaket für Ladys, nicht ganz billig – natürlich –, aber der Mix aus witziger junger Designermode und etablierten Namen, Accessoires und Beauty-Angeboten inklusive Nagelbar und *eyebrow threading* stimmt. Weitere Pluspunkte hier sind das Personal und das schicke Restaurant »Bond & Brook«.

63 New Bond St, W1A • U-Bahn: Bond St• +44 20/76 29 91 61 • www.fenwick.co.uk • Mo, Di, Mi, Fr, Sa 10–19 Uhr, Do 10–20 Uhr, So 12–18 Uhr

⁕ Fortnum & Mason

An dieser Traditionseinrichtung kommt keiner vorbei: Das stilvolle **Kaufhaus** wurde 1707 als Lebensmittelhandlung gegründet und schnell zum Renner bei der High Society inklusive der Königin. Heute bietet es eine Prise alte Schule mit Holzverkleidung, Leuchtern und Personal im Gehrock. Das Angebot: feinste Schokolade, Pralinen, Tee, Marmelade, Haushaltswaren, Modeaccessoires und eine fantastische Parfümerie.

181 Piccadilly, W1A ▪ U-Bahn: Piccadilly Circus, Green Park ▪ +44/845 300 1707 ▪ www.fortnumandmason.com ▪ Mo–Sa 10–21 Uhr, So 12–18 Uhr

⁕ Laura Lee Jewellery

Für ihren Glastonbury-Besuch 2013 trug Kate Moss eine der Ketten von Laura Lee, und auch Keira Knightley, Leona Lewis und Judi Dench mögen die femininen **Schmuckkreationen** der britischen Designerin in Gold, Silber und mit ausgefallenen Steinen. Der Laden in Covent Gardens Seven-Dials-Distrikt ist genauso hübsch wie die Ketten, Armbänder und Ringe, die übrigens nicht komplett unerschwinglich sind.

42 Monmouth St, WC2H ▪ U-Bahn: Covent Garden ▪ +44 20/73 79 90 50 ▪ www.lauraleejewellery.com ▪ Mo–Mi, Fr 10–18 Uhr, Do 10–19 Uhr, Sa 11–18 Uhr

⁕ Liberty

Egal, wie groß oder klein das Budget ist, Liberty ist ein Muss! Das Gebäude im Pseudo-Tudorstil ist Kult, das **Kaufhaus** seit 1875 eine Institution. Hier verbinden sich Tradition und Innovation perfekt in Mode, Kosmetik, Accessoires und natürlich den Liberty-Mustern, die in allen Variationen verarbeitet werden. Mit seinen charakteristischen Treppengängen und Holzbalkonen ist das Liberty außerdem einfach schön!

Regent St, W1B ▪ U-Bahn: Oxford Circus ▪ +44 20/77 34 12 34 ▪ www.liberty.co.uk ▪ Mo–Sa 10–20 Uhr, So 12–18 Uhr

⁕ Maggie Owen

Noch so ein Lädchen mit ganz viel Charakter: In einem alten Milchgeschäft eröffnete Maggie Owen im Jahr 2006 einen Shop für ausgefallenen **Modeschmuck** internationaler Designer. Was hier verkauft wird, ist exquisit, individuell und in Handarbeit gefertigt, wie zum Beispiel die wunderschönen, vom

Geht gar nicht

Die billigen Souvenirshops, Ramschläden und häufig Schülergruppen aus aller Welt am Ostende der Oxford Street zur Tottenham Court Road Station. Ziemlich nervig!

!Besser shoppen abseits der Oxford Street

Vergesst die Oxford Street und die »Top Shops« und »Primarks« dieser Welt! Im Zentrum von London gibt es charmante Einkaufsdörfchen, die jegliche Shoppingwünsche erfüllen. Direkt hinter der Oxford Street versteckt sich der St Christopher's Place (www.stchristophersplace.com). Durch eine Gasse neben »Selfridges« geht es auf einen kleinen Platz, der von Shops, Cafés und Restaurants gesäumt wird. Wer in Richtung Norden weitergeht, landet auf einer Einkaufsmeile mit Stil: Die Marylebone High Street (www.marylebonevillage.com) zieht sich als Hauptader durch das ehemalige Dorf Marylebone und lädt mit Abstechern in kleine Nebenstraßen und einem gelungenen Mix an Boutiquen und Restaurants zum Flanieren und Einkaufen ein.

Im Nordteil von Soho liegt die berühmte Carnaby Street im Zentrum eines trendigen Einkaufsviertels (www.carnaby.com). Hier hat sich in den letzten Jahren in puncto Neueröffnungen einiges getan, insbesondere am südlichen Ende der Straße, wo rund um den hübschen Innenhof Kingly Court auf drei Stockwerken Konzeptboutiquen Ungewöhnliches bieten.

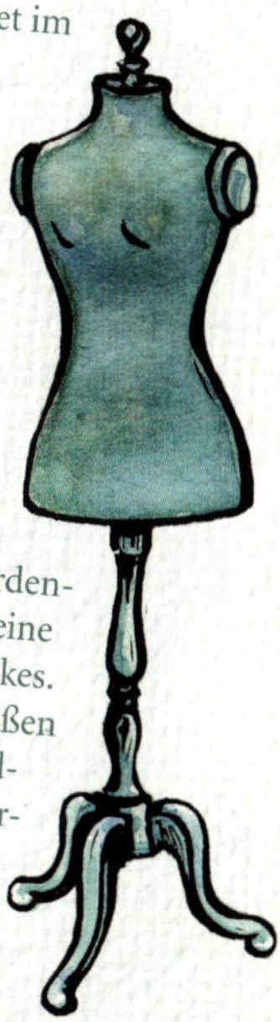

Und dann wäre da noch Covent Garden (www.coventgardenlondonuk.com): Die Ecke rund um den berühmten ehemaligen Obst- und Gemüsemarkt mit ihren umgebauten Lagerhäusern und dem Kopfsteinpflaster hat Charakter. Direkt an der Piazza in der großen Covent-Garden-Markthalle und im Jubilee-Markt daneben gibt es viele kleine Shops und Stände für Kunsthandwerk, Schmuck und Antikes. In Richtung Norden erstrecken sich die Haupteinkaufsstraßen Long Acre, Neal Street und Floral Street. Hier locken Trendmarken sowie coole Schuh- und Modeboutiquen. Nicht verpassen: Seven Dials im Norden von Covent Garden, wo sieben Sträßchen mit originellen Shops und Cafés auf einen Platz zulaufen – das ist urbane Dorfatmosphäre in ihrer schönsten Form!

Barock inspirierten Schmuckstücke des »Extasia«-Labels.

13 Rugby St, WC1N • U-Bahn: Russell Square • +44 20/74 04 70 70 • www.maggieowenlondon.com • Mo–Sa 11–18 Uhr

✳ Paul A. Young

Paul A. Youngs Lädchen in Soho ist ein Paradies für *chocoholics*, wie sie auf Englisch heißen. Der **Schokoladenmacher** gehört zu den führenden seiner Zunft und ist bekannt für seine innovativen Geschmackskombinationen wie Bergamotte mit Honig oder Kardamom mit Ingwer. Konventionelle Geschmäcker werden ebenso befriedigt mit einer feinen Auswahl an Trüffeln und Pralinen. Preisgekrönter Klassiker: die *sea salted caramels*.

143 Wardour St, W1F • U-Bahn: Piccadilly Circus • +44 20/74 37 00 11 • www.paulayoung.co.uk • Mo–Mi 10–20 Uhr, Do 10–21 Uhr, Fr, Sa 10–20 Uhr, So 12–19 Uhr

✳ Penhaligon's

Herrlich altmodisch und *very British* tritt diese Covent-Garden-**Parfümerie** auf: 1872 kreierte William Penhaligon sein erstes Parfüm, das *Hammam Bouquet* – es ist noch heute im Programm vertreten. Und jedes Jahr kommen neue Düfte dazu. Die wunderschönen Flaschen in ihrem original viktorianischen Design sind echte kleine Kunstwerke, ausgestellt in dunklen Holzvitrinen. Teuer, aber dafür etwas wirklich Besonderes.

41 Wellington St, WC2E • U-Bahn: Covent Garden • +44 20/78 36 21 50 • www.penhaligons.com • Mo–Mi 10–18 Uhr, Do–Sa 10–19 Uhr, So 12–18 Uhr

✳ Persephone Books

Individueller **Buchladen** in einem mehr als 300 Jahre alten Gebäude. Die Persephone-Bücher mit ihren charakteristischen hellgrauen Einbänden und den individuell gestalteten Vorsatzpapieren sind unverwechselbar. Das Programm des kleinen Verlags birgt Werke von, für und über Frauen. Nicht zu literarisch, aber auch nicht zu kommerziell – einfach lesenswert.

59 Lamb's Conduit St, WC1N • U-Bahn: Russell Square • +44 20/72 42 92 92

Don't miss

Fragrance profiling: Bei »Penhaligon's« können sich Kunden kostenfrei (und nach Anmeldung) ihren Duft-Favoriten erschnüffeln und einiges über die Geschichte der Traditionsmarke lernen.

· www.persephonebooks.co.uk · Mo–Fr 10–18 Uhr, Sa 12–17 Uhr

✳ Poste Mistress

Exklusivere Schwester der britischen »Office«-Kette, Liebling für erschwingliche trendige **Schuhe** und mit Dutzenden Shops in London vertreten. Bei Poste Mistress in Covent Garden gibt es im Retro-Boudoir-Stil ausgefallene Schuhmodelle von Vivienne Westwood, Dries van Noten oder »Opening Ceremony«, aber auch Alltagstreter von »Converse« und Bezahlbares vom eigenen Label.

61–63 Monmouth St, WC2H · U-Bahn: Covent Garden · +44 20/73 79 40 40 · www.office.co.uk · Mo–Sa 9–18 Uhr, So 10.30–17.30 Uhr

✳ The Conran Shop

Die Marylebone High Street ist eine der beliebtesten Einkaufsstraßen in London, und das hat viel mit dem 1998 eröffneten Conran Shop zu tun. Design-Papst und Restaurateur Terence Conran wählte ehemalige Stallungen am Nordende der Straße für seine feine Auswahl an **Möbeln**, Wohnaccessoires und Geschenken. Badartikel, Bildbände, Spielzeug, rosa Rollschuhe – es gibt alles!

55–57 Marylebone High St, W1U · U-Bahn: Baker St, Bond St · +44 20/77 23 22 23 · www.conranshop.co.uk · Mo–Sa 8.30–19 Uhr, So 10–17 Uhr

✳ Thornback & Peel

2007 gründeten Juliet Thornback und Delia Peel, Floristin und Theaterdesignerin, ein **Stofflabel** und bedrucken nun Servietten, Hand- und Taschentücher, Schürzen und alles fürs Heim auf britisch-exzentrische Art und mit Augenzwinkern. Inspirationen sind Muster vergangener Jahrhunderte. Häschen-, Hirsch-, Käferchen- und Obstdrucke bevölkern die wunderbare Boutique.

7 Rugby St, WC1N · U-Bahn: Holborn · +44 20/78 31 28 78 · www.thornbackandpeel.co.uk · Mo–Sa 11–18 Uhr

✳ VV Rouleaux

Dieses Geschäft verstehen wohl nur Frauen: **Bänder, Schleifen, Spitze, Federn und Kunstblumen** geben sich in diesem Eckladen in Marylebone ein buntes Stelldichein. Wer braucht das Zeug? Modedesigner auf jeden Fall, Inneneinrichter auch, und überhaupt – Federn kann man an Hüte stecken, mit Bändern kann man dekorieren. Und mehr gibt es da nicht zu verstehen. Tolle Sets zum Karten-Selber-Basteln!

102 Marylebone Lane, W1U · U-Bahn: Bond St · +44 20/72 24 51 79 · www.vvrouleaux.com · Mo, Di, Fr, Sa 9.30–18 Uhr, Mi 10.30–18 Uhr, Do 9.30–18.30 Uhr

Restaurants & Cafés

Das Vorurteil vom grausigen Essen in London hält sich hartnäckig. Wenn es nicht schmeckt, ist man aber selbst schuld, denn die Auswahl an Cafés und Restaurants im Zentrum ist immens. Wer viel mit Sightseeing und Einkaufen beschäftigt ist und wenig Zeit und Geld für die Nahrungsaufnahme hat, kann sich an tolle Fast-Food-Ketten halten, die so gar nichts mit »McDonald's« zu tun haben. Bei »Pret A Manger«, »Eat« oder »Crussh« gibt es Sandwiches, Suppen und Asiatisches. »Marks & Spencers«-Supermärkte bieten Sandwiches und Fertigmahlzeiten. Perfekt für pfiffige Restaurantideen sind die Straßen von Soho, in Mayfair wird es schick, und die kleine Fußgängerzone Heddon Street hinter der Regent Street widmet sich mit Haut und Haaren dem Thema Essen und Trinken.

✳ Barrafina

23 Stühle an der Theke, ein paar Tische auf dem Bürgersteig, mehr gibt es hier nicht. Wer in der tollen **Tapasbar**, die seit ihrer Eröffnung 2007 zu den Lieblingen in Soho gehört, die leckeren Gerichte genießen möchte, muss je nach Tageszeit Wartezeiten in Kauf nehmen – Reservieren ist nicht. Hier an einem lauen Sommerabend zu sitzen ist ein tolles Soho-Erlebnis!

54 Frith St, W1D • U-Bahn: Leicester Square, Piccadilly Circus • www.barrafina.co.uk • Mo–Sa 12–15 und 17–23 Uhr, So 13–15.30 und 17.30–22 Uhr • Tapas ab £ 6

✳ Busaba Eathai

Wie komme ich mit dem coolen Typen ins Gespräch? Einfach fragen, was er da isst? Im Busaba Eathai geht das! Das moderne **Thairestaurant** war eines der ersten mit Gemeinschaftstischen, und man sitzt so dicht an dicht, dass man sich beim Verzehr von Thai-Nudeln und Co zwangsweise näher kommt. Ein Dau-

Don't miss

Afternoon tea in einem feinen Londoner Hotel. Die fast £ 40 (!) lohnen, etwa im »Brown's« (www.brownshotel.com) oder beim *fashionista afternoon tea* im »Berkeley« (www.the-berkeley.co.uk).

erbrenner in Soho. Lässig, laut, lange Schlangen am Abend, gute Preise.

106–110 Wardour St, W1F • U-Bahn: Piccadilly Circus • www.busaba.com • Mo–Do 12–23 Uhr, Fr, Sa 12–23.30 Uhr, So 12–22 Uhr • Hauptgerichte ab £ 7

Fernandez & Wells

Diese Mischung aus **Café/Bistro/Tapasbar** gibt es gleich drei Mal in Soho. Hier werden hochwertige Produkte verarbeitet, und die Sandwiches und *bocadillos* mit englischem Schinken, Käse, Chorizo oder *jamon iberico* sind lecker. Die Beak Street ist der richtige Stop für Frühstück oder Kaffee und Kuchen zwischendurch. Die Läden in der Lexington Street und im St Anne's Court sind am Abend länger geöffnet.

43 Lexington St, 73 Beak St, 16a St Anne's Court, W1F • U-Bahn: Piccadilly Circus • www.fernandezandwells.com • Lexington St: Mo–Fr 11–22 Uhr, Sa, So 12–22 Uhr • Beak St: Mo–Fr 7.30–18 Uhr, Sa, So 9–18 Uhr • St Anne's Court: Mo–Mi 8–22 Uhr, Do, Fr 8–23 Uhr, Sa 12–23 Uhr

Fischer's

Ein **Wiener Kaffeehaus** im Stil der 20er Jahre mitten in London? Muss man nicht haben, wird mancher sagen. Ist aber trotzdem einfach ganz wunderbar, wenn es so gut gemacht ist, wie Fischer's auf der Marylebone High Street. Stilvoll, gemütlich, voller fantastischer Einrichtungsdetails. Freundlicher Service, leckere Sachertorte, gutes Schnitzel oder einfach nur ein Kaffee – hier fühlt man sich wohl.

50 Marylebone High St, W1U • U-Bahn: Bond St • www.fischers.co.uk • Mo–Sa 8–23 Uhr, So 8-22.30 Uh

Hakassan

Was Hugh Grants Figur in About a Boy für ein erstes Date recht war, soll uns nur billig sein. Schicke Klamotten an und auf ins Hakassan für einen besonderen Abend in dekadentem Dekor. Die moderne asiatische Küche ist mit Michelin-Stern gekürt. Nach dem Dinner kann man direkt an die 16 Meter lange

Bar wechseln für einen der speziellen Hauscocktails. Donnerstags ist late night lounge mit DJ.

8 Hanway Place, W1T · U-Bahn: Tottenham Court Rd · +44 20/ 79 27 70 00 · www.hakkasan.com · Mo–Fr 12–15.15 Uhr, Sa, So 12–16.15 Uhr, Mo, Di, Mi So 18–23.15 Uhr, Do–Sa 18–0.15 Uhr · Menü ab € 40

6 La Fromagerie

Wunderbarer Delikatessenladen mit Tasting Café für Frisches und Leckeres vom Land. Man sitzt an einem Gemeinschaftstisch oder an einem der umkämpften Vierer- oder Zweiertische (viel mehr gibt es nicht) und genießt guten Käse, feinen Schinken und ein Glas Wein. La Fromagerie bietet einen fantastischen cheese room.

2–6 Moxon St, W1U · U-Bahn: Bond St · www.lafromagerie.co.uk · Mo–Fr 8–19.30 Uhr, Sa 9–19 Uhr, So 10–18 Uhr (warme Küche nur bis 16 Uhr) · Hauptgerichte ab € 7

Don't miss

Londons einzigen Slow Food & Living Market: Im Innenhof des Rosewood Hotels unweit von Covent Garden findet jeden Sonntag (10–15.30 Uhr) ein Markt statt, der lokale Produkte anbietet. Tolle Sache, schöne Umgebung.

L'Eto Caffe

Das ist wirklich gemein: Im Fenster von L'Eto Caffe wird eine solch unwiderstehliche Vielfalt an ausgefallenen **Kuchen, Törtchen und Co** aufgefahren, dass man quasi gezwungen ist, erstens: stehenzubleiben und zu staunen und zweitens: reinzugehen und zu bestellen. Weder besonders schick noch gemütlich, aber immer sehr gut besucht. Warum wohl ...?!

155 Wardour St, W1F · U-Bahn: Piccadilly Circus · +44 20/74 94 49 91 · www.letocaffe.co.uk · Mi–Sa 8–23 Uhr, So–Di 9–21 Uhr

Maison Bertaux

Auf der Greek Street wurde 1871 Londons älteste französische **Patisserie** eröffnet. Maison Bertaux serviert noch immer auf engem Raum Kaffee und Kuchen. Ein Soho-Klassiker und einer der besten Orte, um das ganz eigene Straßenleben dieses Londoner Viertels zu beobachten.

28 Greek St, W1D · U-Bahn: Piccadilly Circus · +44 20/74 37 60 07 · www.maisonbertaux.com · Mo–Sa 9–23 Uhr, So 9–20 Uhr

Notes

Im Touristenrummel um Trafalgar Square ist das Notes eine prima Anlaufstelle für Kaffee, Snacks oder ein Glas

Wein in entspanntem Ambiente. Viel Holz, ein Gemeinschaftstisch im hinteren Teil, wo auf einem Bildschirm Filmklassiker flimmern – dieses **Café-Bistro** ist eine tolle Alternative in einer Ecke Londons, die von Ketten dominiert ist.

31 St Martin's Lane, WC2N • U-Bahn: Charing Cross, Leicester Square • +44 20/72 40 04 24 • www.notes-uk.co.uk • Mo–Mi 7.30–21 Uhr, Do, Fr 7.30–22 Uhr, Sa 9–22 Uhr, So 10–18 Uhr

✳ Nopi

Im ersten **Restaurant** des aus Israel stammenden Kochs Yotam Ottolenghi, der sich mit seinen Delis in London einen Namen gemacht hat, geht es ums Teilen. Von daher: eine Mischung aus den Salat-, Gemüse-, Fisch- und Fleischvarianten zusammenstellen und dann fröhlich gegenseitig vom Teller stehlen. Witzig: das weiße Kacheldekor mit Goldrand.

21–22 Warwick St, W1B • U-Bahn: Piccadilly Circus • +44 20/74 94 95 84 • www.nopi-restaurant.com • Mo–Fr 8–12 Uhr (Frühstück), 12–14.45 und 17.30–22.15 Uhr, Sa 10–11.30 Uhr (Frühstück), 12–17.30 und 17.30–22.15 Uhr, So 10–12.30 Uhr (Frühstück), 12–16 Uhr • Gerichte ab £ 9

Covent Gardens Boutiquen abgeklappert? Lust auf einen Apero? In der »Opera Tavern« gibt es an der Bar noch feine Tapas dazu. →

✳ Opera Tavern

Als **Tapasbar und Restaurant** ideal für einen Aperol oder Campari Spritz und einen Happen vor dem Opern- oder Musicalbesuch. Im Erdgeschoss ist die Atmosphäre informeller. Neben den wenigen Tischen steht vor allem die Bar für Essen und Trinken im Mittelpunkt. Im ersten Stock gibt es einen *dining room*. Sehr leckeres Essen und neben den Klassikern auch innovative Tapas-Variationen.

23 Catherine St, WC2B • U-Bahn: Covent Garden • +44 20/78 36 36 80 • www.operatavern.co.uk • Mo–Fr 12–15 Uhr (danach nur noch Snacks), 17–23.30 Uhr, Sa 12–23.30 Uhr (durchgehende Küche), So 12–17 Uhr (nur Mittagessen) • Tapas ab £ 5

✳ Pollen Street Social

Der ehemalige Gordon-Ramsay-Mitarbeiter James Atherton gehört zu den besten Köchen Großbritanniens, und seinem alten Chef steht er in nichts nach. 2011 eröffnete er in Mayfair Pollen Street Social, wo **Michelinstern-prämierte Küche** in entspannter Atmosphäre präsentiert wird. Super Lunch-Menü für € 26, separate Cocktail- und Dessertbars. Zum Abschied gibt's ein kleines Geschenk.

5 Pollen St, W1S • U-Bahn: Oxford Circus • +44 20/78 70 37 30 • www.pollenstreetsocial.com • Mo–Sa 12–14.30 Uhr (Lunch), 18–22.30 Uhr (Dinner) • Hauptgerichte ab € 29

✳ Princi

2008 kam die **Mailänder Bäckerei** Princi nach London und wurde im Handumdrehen zu einer der Lieblingsadressen in Soho. Kein Wunder: Geöffnet ist hier durchgehend, und das Angebot aus Antipasti, Pasta, Kuchen, Pizza und Aperitifs bietet garantiert für jeden etwas. Entweder Selbstbedienung oder mit Tischservice in der Pizzeria. Am besten sind die begehrten Fensterplätze mit Blick auf die Wardour Street.

135 Wardour St, W1F • U-Bahn: Piccadilly Circus • +44 20/74 78 88 88 • www.princi.com • Mo–Sa 8–0 Uhr (Pizzeria bis 23.30 Uhr), So 8.30–22 Uhr • Pizza ab € 6

✳ Riding House Café

Das Riding House Café eignet sich bestens für Frühstück und Brunch mit Avocado auf Toast, Smoothies in Retro-Milchflaschen oder Buttermilchpfannkuchen. Die **Brasserie** ist funky – lange Bar mit türkisfarbenen Sesseln, Gemeinschaftstisch mit alten Holzklappstühlen – und, wenig verwunderlich, der Liebling aller *fashionistas*. Die Ganztagskarte bietet durchgängig Leckeres.

43–51 Great Titchfield St, W1W • U-Bahn: Oxford Circus • +44 20/79 27 08 40 • www.ridinghousecafe.co.uk • Mo–Fr 7.30–22 Uhr, Sa 9–22 Uhr, So 9–21.30 Uhr • Kleine Gerichte ab € 5.50

✳ Scoop

Wer auf der kleinen Straße Short's Garden in Covent Garden eine Schlange sieht, ist richtig: Bei Scoop gibt's italienisches

Geht gar nicht

»Wir zahlen getrennt.« Wie die Kosten aufgeteilt werden, darum kümmern sich die Gäste. Bitte also nicht beim Bezahlen von der Bedienung verlangen, alles auseinanderzuklamüsern.

gelato der Extraklasse – viele Sorten, toll präsentiert, lecker!

40 Short's Gardens, WC2H • U-Bahn: Covent Garden • +44 20/72 40 70 86 • www.scoopgelato.com • Mo–Mi 12–22.30 Uhr, Do 12–23 Uhr, Fr–So 12–23.30 Uhr

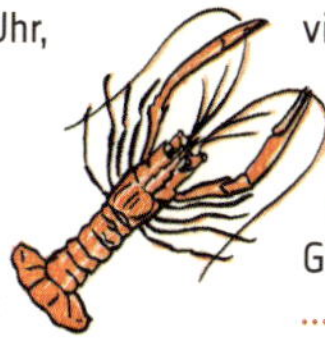

✳ Spuntino

Telefonisch reservieren? Geht hier nicht! Der **Miniladen im Retro-NY-Stil** – die Kacheln an der Bar stammen noch aus der Metzgerei, die hier mal war – steht für die neue Restaurantszene: *grungy*-schick, das Essen ist orginell, amerikanisch und italienisch angehaucht. Man sitzt an der Bar, teilt und bewundert die Tattoos des netten Personals.

61 Rupert St, W1D • U-Bahn: Piccadilly Circus • www.spuntino.co.uk • Mo–Mi 12–0 Uhr, Do–Sa 12–1 Uhr, So 12–23 Uhr • Kleine Gerichte ab £ 5

✳ Stockpot

Ein **Soho-Klassiker**, dessen Retrostil nicht einmal gewollt ist: Der Laden ist einfach so alt. Das Publikum: Bürohengst trifft abgehalfterten Künstler trifft Hipster trifft Touri – *wonderful*!

18 Old Compton St, W1D • U-Bahn: Leicester Square • +44 20/72 87 10 66 • Mo, Di 9–23.30 Uhr, Mi–Sa 9–0 Uhr, So 12–23.30 Uhr • Hauptgerichte ab £ 4

✳ The Wolseley

In der ehemaligen Bank im Dekor der 1920er-Jahre wird seit 2003 im Stil eines **europäischen Kaffeehauses** gespeist. Von Frühstück bis Dinner inklusive feinem *afternoon tea* (reservieren!) ist das Wolseley eine legendäre Ganztagslokalität. Oft sieht man hier Promis. Im Eingangsbereich gibt's meist Plätze für Gäste ohne Reservierung.

160 Piccadilly, W1J • U-Bahn: Green Park • +44 20/74 99 69 96 • www.thewolseley.com • Mo–Fr 7–0 Uhr, Sa 8–0 Uhr, So 8–23 Uhr • Hauptgerichte ab £ 12.75

✳ The Providores & Tapa Room

Im Tapa Room (hat nichts mit Tapas zu tun) unten, **Café und Weinbar**, gibt's in lässiger Atmosphäre ein Ganztagsmenü und ausgefallenes Frühstück – reservieren geht nicht. »Richtig« essen kann man oben im The Providores. Die Küche ist oben wie unten innovativ.

109 Marylebone High St, W1U • U-Bahn: Bond St • +44 20/79 35 61 75 • www.theprovidores.co.uk • Tapa Room: Mo–Fr 9–11.30 Uhr, 12–22.30 Uhr, Sa 10–15 Uhr, 16–22.30 Uhr, So 10–15 Uhr, 16–22 Uhr • The Providores: Mo–Fr 12–14.45 Uhr, 18–22.30 Uhr, Sa, So 12–15 Uhr, Sa 18–22.15 Uhr, So 18–22 Uhr • Tapa Room: Gerichte ab £ 7, The Providores: Hauptgerichte ab £ 17

Wellness

Für Verwöhnaktionen muss man in London recht tief in die Tasche greifen. Im Zentrum gibt es einige luxuriöse Hotelspas. Das Wort »Wellness« übrigens ist eine deutsche Erfindung und wird hier wenig genutzt. Was in Deutschland darunter verstanden wird, fällt in London eher unter den Begriff *wellbeing* und mit Spa werden in erster Linie Schönheitssalons bezeichnet. Spapuristen seien also gewarnt: Das zu einem Spa gehörende Wasserelement, wie ein Thermalpool, fehlt in Londoner Spas oft. Für alles Kosmetische sind außerdem die entsprechenden Abteilungen der großen Kaufhäuser zu empfehlen. Hier kann man sich auch zwischendurch die Nägel machen lassen oder Schminktipps abholen. Die besten Zentrums-»Wellnessoasen« sind aber die Parks!

✳ Dorchester Spa

Was ist eine **Spatisserie**? Ganz einfach: Spa plus Patisserie! Zu erleben im Dorchester Hotel, wo man nach der Verschönerung Champagner oder Tee genießen kann. In der Art-déco-Beauty-Oase im Untergeschoss des Hotels lassen Carol-Joy-*Facials* mit Wirkstoffen wie Diamantenstaub (ab £ 120) die Gesichter strahlen.

Park Lane, W1K • U-Bahn: Hyde Park Corner • +44 20/73 19 71 09 • www.thedorchester.com • Mo–Sa 7–21 Uhr, So 8–21 Uhr

✳ ESPA Life at Corinthia

Luxus-Spa auf 3300 Quadratmetern im grandiosen »Corinthia Hotel«. Das neue Konzept der ESPA-Marke ist ein Rundumservice: Schönheit, Wellness, Fitness. Alles ist superschick, auch der *thermal floor* mit Pool, Dampfbad, Sauna und beheizten Marmorliegen. Man erschnuppert sich selbst sein Öl für die Behandlungen.

Whitehall Place, SW1A • U-Bahn: Embankment, Charing Cross • +44 20/73 21 30 50 • www.espalifeatcorinthia.com • Mo–Fr 8–21 Uhr, Sa 8–

Don't miss

Pausen im Park, gerne mit Picknick – am schönsten geht das im St James's Park (1536) nahe dem Buckingham Palace. Er ist der kleinste und am schönsten angelegte der sieben royalen Parks.

20 Uhr, So 9–20 Uhr • Thermal-Floor-Tagespass £ 95

✳ Neal's Yard

In Covent Garden gibt es einen **»Wellness-Innenhof«** mit grün bewachsenen, bunten Häuschen. Im Angebot: die Naturkosmetiklinie Neal's Yard Remedies, die »Neal's Yard Salad Bar« als Veggie-Mekka, eine gesunde Saft-Bar, das »Wild Food Café« (ebenso gesund) und ein *walk-in-backrubs*-Laden für eine schnelle Massage zwischendurch.

Neal's Yard (Eingang von Short's Gardens), WC2H • U-Bahn: Covent Garden

✳ Selfridges Beauty Hall

Die Beauty Hall für **Make-up und Kosmetik** im »Selfridges« war die weltweit erste, als sie 1910 eingeweiht wurde. Der 2012 eröffnete Beauty Workshop bietet neueste Produkte, Make-up-, Haar- und Nagelservice. Webseite checken für Events mit Make-up-Artists, Produktvorstellungen und Specials!

400 Oxford St, W1A • U-Bahn: Bond St • +44 20/73 18 24 08 • www.selfridges.com • Mo–Sa 9.30–22 Uhr, So 11.30–18 Uhr

✳ So Spa Sofitel

Elegant: Das **Spa** des Sofitel ist in einer alten Bank untergebracht, originale Stuckdecken inklusive. Beliebt ist der Hamam im Kellergeschoss, in dem man sich weit vom Lärm der Großstadt entfernt fühlt. Für die Gesichts- und Körperbehandlungen werden hochwertige französische Produkte verwendet. Spezialität: das *Rejuvenating Facial Treatment.* Oder: Maniküre und Pediküre – mit Martini oder einem *pint* Bier!

6 Waterloo Place, SW1Y • U-Bahn: Piccadilly Circus, Charing Cross • +44 20/77 47 22 04 • www.sofitelstjames.com • Mo–Sa 8–21 Uhr, So 10–20 Uhr

↑ *Schicker geht es kaum: Im »ESPA Life at Corinthia« erwartet frau eine Welt aus Luxus, Glitzer und Glamour.*

Ausgehen

Wer im Zentrum von London am Abend ausgehen möchte, muss rund um Piccadilly und Leicester Square mit Touristen- und Teenageralarm rechnen. Wo bunte Leuchtreklamen glitzern, rechnet eine bestimmte Klientel mit Unterhaltung. Das Nachtleben ist bunt, laut und auch mal grölend. Mittendrin liegt Soho, Treffpunkt der Schwulenszene und Ausgeh-Dauerbrenner. In den Gassen zwischen Shaftesbury Avenue und Oxford Street mit seinen Überbleibseln einer einst florierenden Sexindustrie trifft Halbwelt auf Trendsetter. Das ist prima zum Leute-Beobachten, und Soho ist Szenetreffpunkt mit einigen der angesagtesten Locations der Stadt. Wer es ruhiger mag, kann in den schicken Hotelbars stilvolle Cocktailabende verbringen.

* American Bar Savoy Hotel

Klassiker in einem der berühmtesten Hotels der Welt. In der **Bar** mit Art-déco-Elementen hängt noch der Geist der 1920er-Jahre in der Luft – *Great Gatsby* lässt grüßen. Serviert werden klassische amerikanische Cocktails, während im Hintergrund ein Pianist die passende Jazzuntermalung liefert. Reservieren kann man nicht, ordentliches typisch Londoner Schlangestehen ist unter Umständen angesagt. In dieser Umgebung erträglich.

100 Strand, WC2R • U-Bahn: Charing Cross • www.fairmont.com/savoy-london • Mo–Sa 11.30–0 Uhr, So 12–0 Uhr

* Bourne and Hollingsworth

Blumentapete, Spitzendecken, rüschige Lampenschirme: Diese originelle **Kellerbar** ist unverhohlen retro und zelebriert Omas Einrichtungsästhetik. Kreative Cocktails, gerne mit britischem Touch, werden in Teetassen und Marmeladengläsern serviert. Perfekt für einen entspannten After Shopping Drink (Oxford Street ist um die Ecke); ab donnerstags

Don't miss

Nachts vor der legendären »Bar Italia« auf der Frith Street an einem Cappuccino nippen – das gehört zum London-Initiationsritual. Die Soho-Legende hat bis 5 Uhr und ab 7 Uhr auf und ist nicht zu verfehlen.

Von außen gänzlich unauffällig, dafür innen umso stilvoller: der »Experimental Cocktail Club« in Chinatown. Mondän muss manchmal sein.

wird es in dem Mini-Venue schnell voll. Besser reservieren, ansonsten Stehplatz.

28 Rathbone Place, WC1T · U-Bahn: Tottenham Court Rd · +44 20/ 74 20 29 00 · www.bourneandhollingsworth.com · Mo, Di 17–1 Uhr, Mi–Sa 17.30–1.30 Uhr

✳ Claridge's Bar

In der Art-déco-Umgebung dieser Lokalität fühlt man sich wie ein Hollywood-Star der 1920er-Jahre. Als eines der besten Hotels in London muss das Claridge's in Mayfair natürlich eine standesgemäße **Bar** haben, und wer laute Clubabende nicht mehr braucht, wird sich im entspannten Schick wohlfühlen. Die Stimmung ist lebhaft, die Drinks fantastisch, das Personal aufmerksam. Einziger Wermutstropfen: Reservierungen sind nicht möglich.

49–55 Brook St, W1K · U-Bahn: Bond St · www.claridges.co.uk · Mo–Sa 12–1 Uhr, So 12–0 Uhr

Don't miss

West-End-Musicals. Die London-Produktionen sind alle Weltklasse (Tickets über www.tkts.co.uk), dennoch ein Tipp: *Once*, basierend auf dem gleichnamigen Film, verzaubert seit 2013 das Publikum.

✳ Donovan Bar Brown's Hotel

Hotelbars haben sich zunehmend zu eigenständigen Ausgeh-Destinationen entwickelt, und in London finden sich in Hotels einige der besten Bars der Stadt. Die Donovan Bar im »Brown's Hotel« in Mayfair etwa verbeugt sich vor dem gefeierten britischen Fotografen Terence Donovan: Sie ist mit 50 seiner kultigen Schwarz-Weiß-Fotografien dekoriert und ein gemütlicher Ort mit kleinen Tischen und Winkeln. Live-Jazz ab 21 Uhr.

Albemarle St, W1S · U-Bahn: Green Park · +44 20/74 93 60 20 · www.brownshotel.com · Mo–Sa 11–1 Uhr, So 12–0 Uhr

✳ Experimental Cocktail Club

Hier darf man sich nicht von der schäbigen Eingangstür ohne Namen (dafür mit einem roten Fleck) abschrecken lassen: Abenteuerlustige Cocktailfreundinnen werden in dieser glamourös-heruntergekommenen **Bar in Chinatown** mit feinen Kreationen belohnt. Die Klientel ist gerne mal schicker, die Atmosphäre trotzdem lässig. Es gibt DJs und an Dienstagen Livemusik. Besser reservieren, dann macht der Türsteher keinen Ärger!

13a Gerrard St, W1D · U-Bahn: Leicester Square · reservation@chinatownecc.com, www.chinatownecc.com · Mo–Sa 18–3 Uhr, So 18–0 Uhr · nach 23 Uhr £ 5 Eintritt

✳ Graphic

Moderne **Bar und Galerie** in einem, zu sehen gibt es regelmäßig wechselnde Kunstinstallationen verschiedener *urban artists*. Die Lage am Golden Square in Soho zieht viele Kreative und Künstler an. Wenn man es gerne anzugfrei hat, ist man hier genau richtig. Es ist immer was los, donnerstags bis samstags sorgen DJs mit Funk, Soul, Disco, House und Old School für Stimmung. Kleines Bonbon: Die Bar hat mehr als 180 Ginsorten im Angebot.

4 Golden Square, W1F • U-Bahn: Piccadilly Circus • +44 /20 72 87 92 41 • www.graphicbar.com • Mo–Fr 9.30–0 Uhr, Sa 12–0 Uhr, So 12–21 Uhr

✳ Little Italy

Ausgehen in London kann stressig sein, vor allem, wenn man Dinner, Drinks und Tanzen unter einen Hut bringen möchte. Das Little Italy in Soho ist an sich ein Restaurant, doch der Laden verwandelt sich im Laufe des Abends automatisch in einen ***Party Space*** mit alberner Discomusik – dafür aber ganz ohne Gästeliste und komplizierte Eintrittsmodi. Die soeben aufgenommenen Kalorien kann man hier also direkt wieder abtanzen!

21 Frith St, W1D • U-Bahn: Leicester Square, Piccadilly Circus • +44 20/ 77 34 47 37 • www.littleitalysoho.co.uk • Mo–Sa 12–4 Uhr, So 12–23.30 Uhr

✳ Lab Bar

In einer der lässigsten **Bars** in Soho wird Cocktailmixen ernst genommen: LAB steht für London Academy of Bartenders. Die Atmosphäre ist unprätentiös, der Look 70ies, auf den Toilettentüren steht *bitches* und *bastards*. DJs sind jeden Abend im Einsatz; es wird früh voll. Die Experten hinter der Bar helfen, wenn man von der langen Cocktailkarte überfordert ist, oder mischen nach persönlichen Vorlieben.

12 Old Compton St, W1D • U-Bahn: Leicester Square • +44 20/74 37 78 20 • www.labbaruk.com • Mo–Sa 16–0 Uhr, So 16–22.30 Uhr

✳ Radio Bar

Wow, diese Aussicht: St Paul's Cathedral, The Shard, South Bank, London Eye – die **Dachterrasse** der Radio Bar über dem 10. Stock des »ME London«-Hotels lockt Besucher mit spektakulären Ausblicken. Draußen sitzt man im Ibizastil auf Loungemöbeln, drinnen steht eine kleine Bar im Mittelpunkt mit DJs am Abend. Früh kommen oder reservieren. Am Abend wird Mindestverzehr verlangt, bei der Reservierung checken!

336–337 Strand, WC2R • U-Bahn: Charing Cross, Temple • +44 845/ 601 89 80 • www.melia.com • Tgl. 7–3 Uhr

The Arts Theatre Club

Die Deko in dieser Kellerbar im Flüsterkneipenstil der 1920er-Jahre ist herrlich. Der **Club** wurde tatsächlich in dieser Zeit von einer Gruppe Schauspielern gegründet, und die Bühne ist für eine feucht-fröhliche Nacht perfekt: Ein altes Piano fungiert als DJ-Pult, das Licht ist gedämpft und Cocktails werden – dem Motto Prohibition getreu – in Teekannen serviert. Tanzbare Musik, die Spaß macht.

50 Frith St, W1D • U-Bahn: Leicester Square • +44 20/72 87 92 36 • www.theartstheatreclub.com • Mo 17.30–1 Uhr, Di–Sa 17.30–3 Uhr • Fr, Sa £ 10

The Social

Perfekt für entspanntes Clubbing in unprätentiöser Gesellschaft: oben kleine DJ-Bar, unten **Kellerclub**. Wer in der Bar sitzen möchte, sollte reservieren. Ansonsten an die Theke drängen, wo nette Jungs bedienen. Wechselnde Clubabende, wie Hip-Hop, Karaoke und *Friday-night*-Disco zum Abtanzen mit DJane Anna Greenwood. Guter Publikumsmix, auch für Ü35 geeignet!

5 Little Portland St, W1W • U-Bahn: Oxford Circus • +44 20/76 36 49 92 • www.thesocial.com • Mo–Mi 12–0 Uhr, Do–Sa 12–1 Uhr • Club nach 21 Uhr £ 5

Weekend Film Club

Die Boutique-Hotelbetreiber »Firmdale« bieten in drei ihrer charmanten Hotels am Wochenende Kinoabende inklusive Dinner: Zum Covent Garden, Soho und Charlotte Street Hotel gehören jeweils sehr schicke, kleine **Kinos** mit bequemen Sesseln. Erst essen (2-Gänge-Menü), dann schauen. In Covent Garden wird der nicht-exklusive Club an Samstagen, in den beiden anderen Häusern an Sonntagen angeboten.

Informationen und Programm: www.firmdalehotels.com • Film und Essen £ 35

Don't miss

Klassisches After Work à la London, zu erleben am Shepherd Market zwischen Piccadilly und Curzon Street: erst ins Pub, dann was essen – ein typischer Londoner Abend, wenn es nicht zu spät werden soll.

! DJane ohne Scratchen

»Nicht schon wieder Rihanna.« Irgendwann hatte Diana Francis die Nase voll vom immer gleichen Chartsgedudel. Die 45-Jährige beschloss, aktiv zu werden: Seit 2012 betätigt sich die Produktionsleiterin bei einer TV-Produktionsgesellschaft nebenbei als DJane. Aber als eine, die einfach nur auf *play* drücke, wie sie lachend zugibt. Denn scratchen und mixen kann sie (noch) nicht. Sie spielt ihre Playlisten ab, im Duo mit einem Freund, der das »richtige« DJing übernimmt: »Er legt Dubstep auf; ich spiele alles von obskurem Funk bis zur Dschungelbuch-Melodie.«

Der Geschmack der Musikliebhaberin ist eklektisch. Sie möchte Leute zum Tanzen bringen; alles ist erlaubt. In demselben Geist und ohne Szene-Verbindungen, außer, dass sie seit Jahren in Londons Nachtleben unterwegs ist, schrieb sie Pubs und Bars an: »Darf ich bei Euch auflegen?« Das »Social« (s. links) sagte zu ihrem eigenen Erstaunen direkt Ja. Diana ist eine echte Londonerin und damit typischerweise nicht aus London; in Birmingham aufgewachsen, kam sie 2002 nach London. Woanders zu leben, kann sie sich nicht vorstellen: »Hier wird so viel geboten. Und man kann auch super alleine ausgehen. Ich bin schon kurz vor 12 spontan an Silvester losgezogen und habe die Nacht mit Fremden durchgemacht, oder bin an einem Valentinstag in einer Bar mit einem 'Anti-Valentins-Club' ins Gespräch gekommen. Der Abend wurde superlustig.«

Dianas offene und kommunikative Art hilft natürlich, aber sie lässt es nicht gelten, dass Londoner, wie oft behauptet, unfreundlich sind. Ihre Lieblingsausgehecke ist der Norden, rund um Angel – »ein unprätentiöser Mix an Leuten und Locations«. Ihr ultimativer Tipp für eine *girls' night out* ist »The Arts Theatre Club« (s. links : »Am besten donnerstags, noch nicht ganz Wochenende, aber schon super Stimmung!«

Übernachten

Grundsätzlich gilt: Wer mitten in London nächtigen möchte, zahlt oft mehr und muss zum Teil mit – für deutsche Standards – sehr kleinen Zimmern rechnen. Aber der Platz fehlt eben einfach, und der Durchschnittsindustriestandard ist niedriger. Viele Hotels sind in viktorianischen Gebäuden mit häufig abenteuerlichen Verwinkelungen untergebracht; jede Ecke wird ausgenutzt. Mit entsprechendem Budget ist natürlich jeglicher Luxus zu haben: London fehlt es nicht an schicken Designhotels oder traditionellen Fünf-Sterne-Häusern wie »Savoy«, »Dorchester« oder »Claridge's«. Aber nicht verzagen, es gibt auch einiges an guten Mittelklassehäusern, und wer mit der besten Freundin Zimmer und Kosten teilt, kommt so oder so gut weg.

✳ Citadines Prestige Trafalgar Square

Das kann sich für kleine Gruppen rechnen: Nur wenige Schritte vom Trafalgar Square bietet das Citadines **Studios und Selbstversorger-Appartements** für bis zu sechs Personen. Das Hotel wurde erst vor wenigen Jahren renoviert und die Zimmer sind modern und schick eingerichtet. Die Appartements mit separatem Schlafzimmer, Bad und kleiner Küche sind größer als so manche Londoner Wohnung.

18/21 Northumberland Avenue, WC2N • U-Bahn: Embankment, Charing Cross • +44 20/77 66 37 00 • www.citadines.com • App. für 4 Pers. ab £ 259

Geht gar nicht

Sich über kleine Zimmer beschweren. Die Größenkategorien sind in London nun mal anders als in Deutschland, und mal ehrlich: Wer kommt schon an die Themse, um viel Zeit im Hotelzimmer zu verbringen?

✳ Comfort Inn Victoria

Für das **schmalere Budget**: Macht von außen wenig her, wurde innen aber 2012 komplett renoviert. Bunte Lobby, nettes, hilfsbereites Personal, und die Zimmer haben vernünftige Größen inklusive guter Vierbettoptionen. Das ordentliche

Frühstücksbuffet ist im günstigen Preis inbegriffen.

18–24 Belgrave Rd, SW1V · U-Bahn: Victoria · +44 20/72 33 66 36 · www.comfortinnvictoria.co.uk · EZ/DZ ab £ 69/£ 79

✳ Dean Street Townhouse

Das Dean Street Townhouse mitten in Soho gehört zur Soho-Haus-Gruppe und zieht eine entsprechende Klientel an – Medienleute- und Promialarm! Das georgianische Stadthaus ist **schick** ausgestattet in einem Mix aus Tradition und Coolness. Die *Tiny*-Zimmerkategorie ist genau das: 15 Quadratmeter. *Small* und *medium* haben 23 bzw. 32 m². »Cowshed«-Produkte im Bad, hurra! Und Bar und Restaurant sind auch super.

69–71 Dean St, W1D · U-Bahn: Leicester Square, Piccadilly Circus · +44 20/74 34 17 75 · www.deanstreettownhouse.com · EZ/DZ ab £ 100/£ 180

✳ Doubletree by Hilton Westminster

Das moderne **Hotel** versteckt sich nahe der Themse in einer Wohngegend neben dem »Burberry«-Firmensitz. Von hier kann man schön am Fluss entlangschlendern bis Westminster Abbey und zum London Eye. Tate Britain ist direkt nebenan. In den hellen Zimmern, zum Teil mit super Aussicht, stehen iMacs.

↑ *Londons Designhotels strapazieren das Budget. Bescheidenere Mädels schlafen aber auch gut in kleinen Häusern wie dem »Comfort Inn Victoria«.*

30 John Islip St, SW1P · U-Bahn: Pimlico, Westminster · +44 20/76 30 10 00 · http://doubletree3.hilton.com · EZ/DZ ab £ 139

✳ Hazlitt's Hotel

Für alle Romantikerinnen, die mit einem großzügigen Budget ausgestattet sind. Die Räumlichkeiten dieses diskreten kleinen **Hotels** verteilen sich auf gleich drei historische Häuser in Soho. Der bekannte Essayist William Hazlitt lebte hier im 18. Jahrhundert. Es gibt keinen Fahrstuhl, dafür knarrende Treppen, aber ansonsten alle Annehmlichkeiten des 21. Jahrhunderts. Die Zimmer sind mit Antiquitäten ausgestattet. Auch toll: die freistehenden viktorianischen Badewannen!

6 Frith St, W1D • U-Bahn: Leicester Square • +44 20/74 34 17 71 • www.hazlittshotel.com • EZ/DZ ab € 275

✳ Hoxton Holborn

2014 eröffnete mit dem Hoxton Holborn der zentrale Ableger Hoxton in Shoreditch (s. S. 143). Die Lobby ist ein beliebter Treffpunkt für Londons mobile Arbeiterschaft, die mit dem Mac im Gepäck hier das Konzept Büro neu definiert. Die Zimmer sind **retro-modern**, das kleinste (12 Quadratmeter) nennt sich ehrlicherweise *shoebox*. Praktisch: Neben Restaurant und der hauseigenen Kaffeebar Holborn Grind gehört zum Hotel auch ein Nagelsalon.

199-206 High Holborn, WC1V • U-Bahn: Holborn • +44 20/76 61 30 00 • www.thehoxton.com • EZ/DZ ab € 100

Don't miss

Die »Vista Bar« des »Trafalgar«. Eine der besten Dachterrassen Londons mit Premiumsicht auf die Stadt, ist sie für alle ab 12 Uhr geöffnet zum Essen und Trinken. Bei Sonnenschein: reservieren!

✳ myhotel Bloomsbury

Lebhaftes **Hotel**. Das Gebäude mit Café, in dem es auch Frühstück gibt, und Restaurant besticht durch Bestlage: Das British Museum, Soho, Covent Garden und Oxford Street sind zu Fuß erreichbar. Die Zimmer sind, wie meist im Zentrum, klein, aber nett eingerichtet. Für zwei sollte man ein *superior double* wählen. Im Behandlungsraum unten kann man sich mit Massagen und *reflexology*
verwöhnen lassen.

11–13 Bayley St, WC1B • U-Bahn: Tottenham Court Rd • +44 20/30 04 60 00 • www.myhotels.com • EZ/DZ ab € 150

✳ Park Plaza Westminster Bridge

Wirkt von außen wie ein Businesshotel-Bunker, bietet aber viel speziell für die Damen: Die balinesische Spagruppe Mandara unterhält hier ihr einziges Spa in Europa. In der »Primo Bar« (24 Stunden geöffnet, für den Absacker!) gibt es jeden Abend Livemusik und DJs. Außerdem finden regelmäßig *Ladies Nights* statt: Cocktails für € 4 und gratis Mini-Spa-Behandlungen. Die Zimmer sind **modern** und großzügig.

200 Westminster Bridge Rd, SE1 • U-Bahn: Westminster, Waterloo • 00 800 814 700 00 (gebührenfrei aus Europa) • www.parkplaza.com • EZ/DZ ab € 179/€ 189

✳ The Nadler Soho

Boutique-Hotel mitten in Soho und trotzdem ruhig beim Soho Square gelegen. Auf der Fassade: eine Figur der Mondgöttin Selena, die extra für das 2013 eröffnete Hotel angefertigt wurde. Die modern ausgestatteten Zimmer sind in den günstigeren Kategorien klein, bestechen aber mit Extras wie einer clever versteckten Miniküche (mit Brita-Wasserfilter). Die Rezeptionsmitarbeiter helfen als *local ambassadors* mit Tipps.

10 Carlisle St, W1D, U-Bahn: Tottenham Court Rd ▪ +44 20/36 97 36 97 ▪ www.thenadler.com ▪ EZ/DZ ab £ 145/£ 155

✳ The Trafalgar

Boutique-Hotel am Trafalgar Square. Die Lage hat ihren Preis, aber ein Zimmer ab £ 180 ist zu zweit noch immer ein guter Deal. Die Einrichtung ist minimalistisch-schick mit großem Bad. Die »Rockwell Bar«, wo donnerstags und freitags DJs auflegen, bietet sich an für einen Drink nach dem Sightseeing-Tag.

2 Spring Gardens, Trafalgar Square, SW1A ▪ U-Bahn: Embankment, Charing Cross ▪ +44 20/78 70 29 00 ▪ www.thetrafalgar.com ▪ EZ/DZ ab £ 180

✳ Victoria Park Plaza

Ein **modernes Vier-Sterne-Hotel** direkt am Bahnhof Victoria in guter Mittelpreisklasse. Von hier erreicht man zu Fuß Topattraktionen wie Buckingham Palace, Westminster Abbey, Houses of Parliament und Big Ben. Äußerst praktisch: Bar und Restaurant »Tozi« auf der Rückseite des Hotels ist prima für italienische *cicchetti* (kleine Speisen) und einen Prosecco nach dem anstrengenden Asphalttreten.

239 Vauxhall Bridge Rd, SW1 ▪ U-Bahn: Victoria ▪ 00 800 814 700 00 (gebührenfrei aus Europa) ▪ www.parkplaza.com ▪ EZ/DZ ab £ 179/£ 189

✳ Z Hotel Soho

Wer das **Hotel** wirklich nur zum Schlafen braucht und zentral nächtigen möchte, ist hier richtig: Die Zimmer sind supermini, aber clever eingerichtet. Doppelbett, Duschbad, TV, kostenlos WLAN, Thierry-Mugler-Badartikel – das bekommt man alles auf rund 14 Quadratmetern in der Queen-Kategorie. Für beste Freundinnen, die alles teilen. Nettes Personal, kleiner Innenhof, am Abend gibt's gratis Wein und Käse.

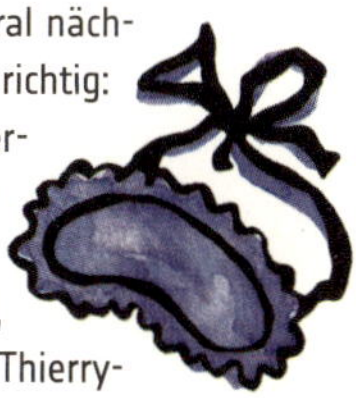

17 Moor St, W1D ▪ U-Bahn: Leicester Square ▪ +44 20/35 51 37 01 ▪ www.thezhotels.com ▪ EZ/DZ ab £ 85/£ 100

Der Westen

Kensington, Chelsea, Notting Hill, Hyde Park – ein wenig chi-chi und ganz schön grün

Der Royal Borough of Kensington and Chelsea, die Königlichkeit im Namen lässt es vermuten, trägt die Nase etwas höher. Der Bezirk, zu dem mit Chelsea, Kensington, Notting Hill und Teilen von Belgravia einige der teuersten Wohnviertel Londons gehören, schließt im Westen an Westminster an. Rund um Knightsbridge mit den Kaufhäusern Harrods und Harvey Nichols als Fixpunkten regiert der Konsum, oft in seiner teuren Form. In South Kensington bietet ein Ensemble an Weltklassemuseen ein wunderbares Kulturprogramm. Umbaumaßnahmen haben in den letzten Jahren rund um die U-Bahn-Station eine verkehrsberuhigte Zone mit nettem Café- und Restaurantzentrum entstehen lassen.

In Chelsea, gen Südwesten, war die legendäre King's Road Zentrum der *Swinging Sixties*; heute rangieren hier *yummy mummies* mit ihren dicken Geländewagen, die in London nur *Chelsea tractors* heißen. (Und das geht oft schief.) Im 16. Jahrhundert ein Themse-Fischerdorf, im 18. Jahrhundert Tummelplatz für Schriftsteller, später für Mick Jagger und Co, ist Chelsea heute sehr beliebt bei der Finanzoberklasse mit dem nötigen Kleingeld für die pastellfarbenen Häuser, die sich hier in idyllischen Seitenstraßen reihen.

Notting Hill im Nordwesten des Bezirks wartet genauso mit putzigen Häuslein auf, zudem mit einer gewissen Claudia Schiffer, und … Da war doch noch was … Ach ja, der Portobello Road Market! Die meisten kommen nur am Wochenende nach Notting Hill, aber wenn es irgendwie geht, sollte man an weniger touristenlastigen Tagen durch das Viertel schlendern – das lohnt sich, genau wie die hiesige lebhafte Bar- und Restaurantszene.

Inmitten all dessen liegt auch noch Londons zentrale Riesenspielwiese zum Skaten, Joggen, Bootfahren, Radeln, Spazierengehen und Durchatmen: der Hyde Park mit den im Westen anschließenden Kensington Gardens.

Paradise by Way of Kensal Green
North Kensington
Carmelite Monastery
Westbourne Green
The Summerhouse
Westway
Book & Kitchen
The Jacksons
Bumpkin Restaurant
Westbourne Park Villas
The Cow
Porchester Spa
Museum of Brands, Packaging and Advertising
Portobello Star
The Tabernacle
Montgomery Place
Walmer Castle
Bishop's Bridge Rd.
Granger & Co
Portobello Market
The Lonsdale
Beach Blanket Babylon
Paul Smith Westbourne House
Latimer Road
Bayswater
Queensway
Notting Hill
Notting Hill Gate
Notting Hill Arts Club
BBC Television Centre
Westfield London Shepherd's Bush
Churchill Arms
Holland Park
The Windsor Castle
Kensington Palace
Shepherd's Bush
The Orange
Holland Park
Holland Opera Holland Park
Uniqlo
Piano Bar
K West Hotel & Spa
Leighton House
High Street Kensington
Roof Gardens
Locanda Ottoemezzo
The Abingdon
Kensington (Olympia)
Brook Green
The Grand Hall Olympia
Kensington
NH Hotel Cromwell Road
Millennium Bailey's Hotel London Kensington
West
Hammersmith
Kensington
The Nadler Kensington
K+K Hotel George
Earl's Court
West Kensington
Barons Court
Earl's Court Exhibition Bldg.
Riverside Studios
Hammersmith Cemetery
The Troubadour
Barons Court
West Brompton
West Brompton
Brompton Cemetery
The Sporting Page
Richmond
Themse
Fulham Broadway
Barclay House London
Eel Brook Common
Fulham
Megan's Restaurant and Deli

Kultur
Shopping
Restaurant
Wellness
Ausgehen
Übernachten
0
400 m
Paddington
Paddington Station
Marylebone
Soho
Mayfair
Hyde Park
Lancaster Gate
The Long Water
Serpentine Gallery
The Serpentine
The Serpentine Bar & Kitchen
Green Park
St. James's
Green Park
St. James's Palace
London Library
St. James's Park
Hyde Park Corner
Knightsbridge
Buckingham Palace
Buckingham Palace Gardens
The Royal Mews
Westminster
Royal Geographical Society
Royal Albert Hall
Zuma
Knightsbridge
Berkeley Spa & Health Club
Belgrave Square
Harrods Food Hall
Victoria and Albert Museum
Brompton Oratory
Natural History Museum
Rembrandt Hotel
Ampersand Hotel
South Kensington
Oddono's
Number Sixteen
Myhotel Chelsea
Brompton
Ushvani
Cadogan Hall
Colbert
Belgravia
Victoria
Victoria Station
Peggy Porschen Parlour
Tomtom Coffee House
Westminster Cathedral
Brora
Peter Jones
Royal Court Theatre
Lululemon
Sloane Square
Cath Kidston
Liz Earle Skincare & Treatments
Chelsea
Saatchi Gallery
Artisan Du Chocolat
The Orange
Incredible You
Pimlico
Gallery
Neal's Yard Store & Therapy Rooms
Lush Spa
Phat Phuc Noodle Bar
Anthropologie
Royal Hospital Chelsea
Ranelagh Gardens
Proud Chelsea
The Exchange
Gail's
Chelsea Physic Garden
French Sole
Designers Guild
Reflexions
Bluebird + at Bluebird
Rococo Chocolates
Themse
Chelsea Bridge
Albert Bridge
Battersea Bridge
Pestana Chelsea Bridge
The Children's Zoo
Battersea Park
Nine Elms
Casse-Croûte
New Covent Garden Market
Katherine Hooker

Kultur

Willkommen in Londons Museenland! Wer das Konsumparadies Knightsbridge in Richtung Westen verlässt, kommt zum Komplex des Victoria & Albert Museum, Natural History und Science Museum. Dieser Kern von »Albertopolis« wurde im 19. Jahrhundert initiiert vom Gemahl Königin Victorias, Prinz Albert von Sachsen-Coburg-Gotha, der als Förderer von Kunst und Wissenschaft ein Zentrum für akademische Institutionen und Kultur in South Kensington startete. Zu seinem Erbe gehören auch die Royal Albert Hall, die Royal Geographical Society, das Imperial College of Science und das Royal College of Art. Die romantische Liebesgeschichte zwischen Königin Victoria und Albert kann man im Kensington Palace nachverfolgen.

* Brompton Oratory

Londons auffallendste **katholische Kirche** erhebt sich in Sichtweite zu »Harrods«. Im Jahr 1880 wurde sie erbaut nach dem Vorbild der *Gesù*-Kirche in Rom, verziert mit vielen Mosaiken und Skulpturen. Hier geht es noch streng katholisch zu, inklusive lateinischer Messe an Sonntagen. Taufen oder Hochzeiten von Society-Familien gehören auch zum Programm. Und auch wenn man mit Religion nichts am Hut hat, findet man hier doch wertvolle Momente der Ruhe.

Brompton Rd, SW3 • U-Bahn: South Kensington • +44 20/78 08 09 00 • www.bromptonoratory.com • Tgl. 6.30–20 Uhr

Don't miss

Den schönen Garten hinter dem Leighton House – bei gutem Wetter perfekt für ein paar ruhige Minuten und frei zugänglich, auch ohne Eintritt für das Haus.

✳ Cadogan Hall

Die **Spielstätte** mit 900 Plätzen und feiner Akustik, eine der führenden Konzerthallen in London, ist Sitz des Royal Philharmonic Orchestra. Die ehemalige Kirche, gleich um die Ecke vom Sloane Square gelegen, wurde nach aufwändiger Renovierung im Jahr 2000 wieder eröffnet und bietet seitdem als Cadogan Hall ein erlesenes Programm nicht nur aus klassischen Konzerten, sondern auch mit Zeitgenössischem, Jazz- und Folkmusik.

5 Sloane Terrace, SW1X • U-Bahn: Sloane Square • +44 20/77 30 45 00 • www.cadoganhall.com

✳ Kensington Palace

Ja, liebe Diana-Fans, dies war ihr Londoner Wohnsitz. Der öffentliche Teil des **Palasts** aus dem 17. Jahrhundert (im privaten Bereich leben William und Kate) ist nach der Renovierung ein echtes Schmuckstück. Im Mittelpunkt der Ausstellung über Königin Victoria, die hier zur Welt kam, steht deren Liebesgeschichte zu Prinz Albert. Außerdem sind Kleider der Queen, von Prinzessin Margaret und von Diana zu sehen.

Kensington Gardens, W8 • U-Bahn: High St Kensington • 0844/482 77 77 (innerhalb UK), +44 20/31 66 60 00 • www.hrp.org.uk • März–Okt. tgl. 10–18 Uhr, letzter Einlass 17 Uhr, Nov.–Feb. tgl. 10–17 Uhr, letzter Einlass 16 Uhr • März–Okt £ 15.90, Nov.–Feb £ 15

↑ *Willkommen im Kensington Palace: In herrlichster Parkumgebung wartet eine eindrucksvolle Dame namens Queen Victoria auf Besuch.*

✳ Leighton House

In der Nähe des Holland Park steht das **Traumhaus** des Künstlerfürsten Frederic Leighton (1830–1896), in das man am liebsten einziehen würde. Die Arab Hall nach dem Vorbild eines maurischen Palastes in Italien mit arabischen Kacheln, Mosaiken und einem Marmorbrunnen in der Mitte ist ein Juwel. Im großen Studio im Obergeschoss schmücken Gemälde von Leightons präraffaelitischen Freunden die Wände.

12 Holland Park Rd, W14 • U-Bahn: High St Kensington, Olympia • +44 20/76 02 33 16 • www.rbkc.gov.uk • tgl. außer Dienstag 10–17.30 Uhr • £ 7

✳ Museum of Brands, Packaging & Advertising

Dieses kuriose **Museum** in Notting Hill präsentiert 12 000 privat gesammelte Gegenstände zu Großbritanniens Verbraucherkultur vom viktorianischen Zeitalter bis heute – egal, ob Kosmetikartikel, Keksdosen, Süßigkeiten, Waschmittel, Werbeposter oder Spielzeug. Seit der bei Besuchern sehr beliebte nostalgische Anschlag auf die Sinne im Sommer 2015 von einem kleinen Hinterhof in ein größeres Venue umzog, gibt es mehr Platz für die vielen Objekte und neue Inhalte zum Thema TV Werbung.

111–117 Lancaster Rd, W11 • U-Bahn: Ladbroke Grove • +44 20/79 08 08 80 • www.museumofbrands.com • Di–Sa 10–18 Uhr, So 11–17 Uhr • £ 6.50

✳ Natural History Museum

Ohne Zweifel eines der interessantesten **naturhistorischen Museen** weltweit und mit seiner romanisch-byzantinischen Architektur und der Terrakotta-Fassade ein Hingucker. Am letzten Freitag im Monat ist *late night* bis 22.30 Uhr mit originellen Events, Livemusik, Cocktails und toller Atmosphäre. Die Eisbahn im Vorhof gehört zu den populärsten Winterattraktionen der Stadt.

Cromwell Rd, SW7 • U-Bahn: South Kensington • +44 20/79 42 50 00 • www.nhm.ac.uk • Tgl. 10–17.50 Uhr, letzter Einlass 17.30 Uhr

✳ Opera Holland Park

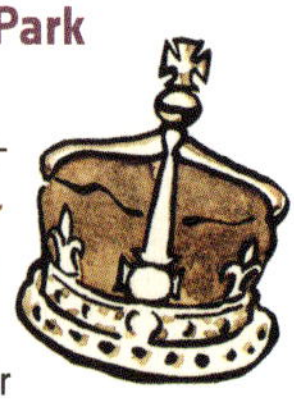

Ein Höhepunkt der Londoner Sommersaison sind die **Freiluft-Opernaufführungen** im Holland Park Theatre, das speziell für diese Produktionen in dem hübschen Park errichtet wird. Die Struktur ist überdacht und seitlich offen; den anerkannt hochwertigen Produktionen verleiht die Parkumgebung einen besonderen Charme. Und nichts geht in London ohne Picknick: Tisch buchen und Speisen selbst mitbringen.

Holland Park, Kensington High St, W8 • U-Bahn: High St Kensington, Holland Park • +44 20/73 61 35 70 • www.operahollandpark.com • Juni–Sept.

✳ Proud Chelsea

Zwischen einem Café und einem Schuhgeschäft befindet sich auf der King's Road eine der **populärsten Privatfotogalerien** in Europa. Die Proud Galleries konzentrieren sich auf Fotokunst, die Momente der Populärkultur festhält. Musik, Film und Mode sind die Themen. Die Minigalerie zeigt regelmäßig Bilder renommierter Fotografen, und von Mick Jagger bis David Bowie haben hier schon alle aus dem Fenster geblickt.

161 King's Rd, SW3 • U-Bahn: Sloane Square • +44 20/73 49 08 22 • www.proudonline.co.uk • Tgl. 10–19 Uhr, Mi bis 20 Uhr

! Spaziergang durch Chelsea

Los geht's bei Knightsbridge Station, wo die ausgefallenen Schaufensterdekos des Kaufhauses »Harvey Nichols« die Blicke auf sich ziehen. Entlang der exklusiven Shoppingmeile Sloane Street schlendern wir in Richtung Süden runter zum Sloane Square. Wenige Meter davor: die Konzerthalle Cadogan Hall (S. 47) links auf der Sloane Terrace. Am Sloane Square liegt links das Royal Court Theatre (S. 50), daneben die »Brasserie Colbert« (S. 58). Wer lieber Rast macht als spazieren zu gehen, kann hier bereits die erste Ruhepause einlegen. Ansonsten direkt den Sloane Square überqueren, die King's Road rechts liegen lassen und geradeaus weiter in die Lower Sloane Street. Kurz vor der Kreuzung Pimlico Road (links)/Royal Hospital Road (rechts) lockt die Schokoboutique »Artisan du Chocolat« (S. 52).

Kunst- und Antiquitätenliebhaberinnen können einen Linksschlenker in die Pimlico Road machen, die voller ausgefallener Geschäfte ist. Ansonsten biegt man rechts ab in die Royal Hospital Road und zum Komplex des Royal Hospital Chelsea (S. 50). Weiter geht es, bis links der Swan Walk abgeht mit dem Eingang zur grünen Oase Chelsea Physic Garden (S. 65). Am Ende der Royal Hospital Road an der Themse geht es rechts in den Cheyne Walk mit seinen schönen alten Häusern. Geradeaus weiter führt zur Linken die pastellfarben gehaltene Albert Bridge über die Themse zum Battersea Park am gegenüberliegenden Ufer. Oder, wenn der Appetit auf Süßes schon überhand nimmt, rechts in die Oakley Street, weiter bis zur Kreuzung King's Road in die Bäckerei mit Café »Gail's« (S. 59). Dann geht es rechts weiter auf der King's Road und in Richtung Osten, vorbei an der kleinen Fotogalerie Proud Chelsea (s. links) und zahlreichen Shops. Am Ostende der Straße, kurz vor dem Sloane Square, sorgt die Saatchi Gallery (S. 50) am Duke of York Square für eine Prise moderne Kunst. Ein abschließendes Glas Wein bekommt man ebenfalls hier, in der »Gallery Mess Bar«.

✳ Royal Albert Hall

Die wunderbare Royal Albert Hall ist eine von Londons besten **Konzerthallen**. Das imposante Gebäude mit seinem kuppelbedeckten Zuschauerraum hat keinen Standesdünkel: ob Klassik, Rock, Pop oder Flamencoshows – hier findet alles sein Publikum. Am bekanntesten sind die von Juli bis September stattfindenden Henry Wood Promenade Concerts, weltweit bekannt als *Proms*. Das Programm hier ist aber immer fantastisch.

Kensington Gore, SW7 • U-Bahn: South Kensington • +44 845/401 50 45 • www.royalalberthall.com, www.bbc.co.uk/proms

✳ Royal Court Theatre

Das Royal Court direkt am Sloane Square ist für viele Kenner die führende britische Adresse in Sachen **Theater**. Hier widmet man sich auf zwei Bühnen passioniert neuen Stücken junger Autoren aus Großbritannien und weltweit. Seit im Jahr 1956 John Osborne's *Look back in Anger* hier premierte, ist das

Theater eine Bastion für zeitgenössisches Drama. Die angeschlossene lebhafte Café-Bar ist auch tagsüber und für Nicht-Publikum geöffnet.

Sloane Square, SW1W • U-Bahn: Sloane Square • +44 20/75 65 50 00 • www.royalcourttheatre.com

✳ Royal Hospital Chelsea

Kein Krankenhaus, sondern ein **Veteranenheim** von 1682, in dem noch rund 400 *Chelsea Pensioners* leben. Auf der von Christoper Wren entworfenen Anlage findet die »Chelsea Flower Show« statt. Vom Figure Court genießt man schöne Themse-Blicke. In der Südostecke bilden die Ranelagh Gardens, wo einst der kleine Mozart vor erlauchtem Publikum spielte, eine Oase der Ruhe.

Royal Hospital Rd, SW3 • U-Bahn: Sloane Square • +44 20/78 81 55 16 • www.chelsea-pensioners.co.uk • Anlage tgl. ab 10 Uhr, Kapelle & Speisesaal Mo–Sa 11–12 und 14–16 Uhr

✳ Saatchi Gallery

Eine Prise Kultur im Shoppingrausch am Duke of York Square: Im ehemaligen Hauptquartier des Duke-of-York-

Don't miss

Den letzten Freitag im Monat: Dann lädt das Victoria & Albert Museum von 18 bis 22 Uhr zum »Friday Late« mit Live-Darbietungen, speziellen Ausstellungen, Cocktails und DJs.

Regiments finden wechselnde Ausstellungen **moderner Kunst** statt. Dahinter steht der Sammler und ehemalige Werbeguru Charles Saatchi, der 1985 im Londoner Norden eine Galerie eröffnete, die 2008 schließlich in Chelsea landete.

Duke of York's HQ, King's Rd, SW3 • U-Bahn: Sloane Square • www.saatchi-gallery.co.uk • Tgl. 10–18 Uhr

⁕ Serpentine Gallery

Wo Kensington Gardens in den Hyde Park übergeht, wird seit 1970 in einem ehemaligen Teepavillon **moderne Kunst** gezeigt. Die Galerie, eine der besten ihrer Art in der Stadt, ist mit ihren Vorträgen und Veranstaltungen eine beliebte Destination für Kulturinteressierte. Im Sommer entwerfen namhafte Architekten den Serpentine Gallery Pavillon, einen vorübergehenden Außenbereich, der als Café dient.

Kensington Gardens, W2 • U-Bahn: Lancaster Gate, Knightsbridge, High St Kensington • +44 20/74 02 60 75 • www.serpentinegallery.org • Tgl. 10–18 Uhr

↓ *London ist voller magischer Momente. Am Abend, wenn der Rummel des Tages langsam abebbt, erscheint den Stadtbesucherinnen die Royal Albert Hall in goldenem Glanz.*

⁕ Victoria & Albert Museum

Kunst- und Designmuseum mit einem Riesenspektrum an Exponaten aus jeder Epoche und jedem Winkel der Welt. Für *fashionistas*: Die V&A-Modesammlung ist die größte weltweit mit Teilen vom 17. Jahrhundert bis heute. Das Café in den prachtvoll gekachelten Morris, Gamble & Poynter Rooms aus dem späten 19. Jahrhundert war das erste Museumsrestaurant überhaupt. Tipp: der John Madjeski Garden hinter dem Museum.

Cromwell Rd, SW7 • U-Bahn: South Kensington • +44 20/79 42 20 00 • www.vam.ac.uk • Tgl. 10–17.45 Uhr, Fr ausgewählte Galerien bis 22 Uhr

Shopping

In Kensington und Chelsea liegen einige der Haupteinkaufsmeilen der Stadt: Knightsbridge mit Brompton Road, King's Road und Kensington High Street. Knightsbridge steht als Synonym für die Straßenzüge um die gleichnamige U-Bahn-Station mit den zwei Kaufhäusern *extraordinaire*, das Mammutunternehmen »Harrods« und, kleiner und exklusiver, »Harvey Nichols«. Feinstes Schaufenstershopping gibt es in Richtung Süden zum Sloane Square auf der Sloane Street. Hier heißt es Prada, Armani, Cavalli, Gucci, Bulgari, Fendi. Ok, reicht. Vom Sloane Square nach Westen verläuft die King's Road, wo der Mix an Ketten und Boutiquen genauso viel Spaß macht wie weiter nördlich auf der Kensington High Street und natürlich in Notting Hill.

✳ Anthropologie

Diese Niederlassung des US-Anbieters für Kleider, Dinge fürs Haus und Accessoires – neudeutsch: **Lifestyle-Produkte** – ist in einem fabulösen Gebäude aus dem 19. Jahrhundert untergebracht. Außen wundervoll gestaltete Kacheln, innen in der ehemaligen Billardhalle ein Glasdach und eine fast märchenhaft anmutende Deko. Vorne zeigt eine Minigalerie Wechselausstellungen. Der Modeschmuck ist toll!

131–141 King's Rd, SW3 • U-Bahn: Sloane Square • +44 20/73 49 31 10 • www.anthropologie.eu • Mo–Sa 10–19 Uhr, So 12–18 Uhr

Don't miss

Beim Notting-Hill-Bummel den östlich der Portobello Road verlaufenden Westbourne Grove einzubauen: Die charmante Straße ist voller hübscher Boutiquen und Cafés.

✳ Artisan du Chocolat

Die Schokoladen-, Pralinen- und Trüffelkreationen dieses von einem irischen Patissier gegründeten Gourmetlabels sind exquisit. Die verführerische Auslage in dem weißen **Schokoparadies** am Südende der Lower Sloane Street lässt auch Eilige kurz rasten. Jedes Jahr gibt es Kollektionen, die fantasievoll saisonale Themen aufgreifen. Reinschauen, um das perfekte Mitbringsel für *chocoholics* zu finden – und für sich selbst natürlich!

89 Lower Sloane St, SW1W · U-Bahn: Sloane Square · +44 845/270 69 96 · www.artisanduchocolat.com · Mo–Sa 10–19 Uhr, So 12–17 Uhr

Book & Kitchen

Diese extrem geschmackvoll eingerichtete Kombination von **Buchgeschäft und Café** wurde nach der Eröffnung 2013 im Nu zu einem Liebling auf der legendären All Saints Road in Notting Hill. Besitzerin Muna führt den Laden wie eine Erweiterung ihres Wohnzimmers: Man sitzt in schönen Sesseln, im Hintergrund liefert ein alter Plattenspieler einen ausgefallenen Soundtrack. Im Kellergeschoss: Café mit Minigarten und Leseecke. Regelmäßig gibt es Abende mit Live-Musik.

31 All Saints Rd, W11 · U-Bahn: Ladbroke Grove · +44 20/34 17 82 66 · www.bookandkitchen.com · Di-Sa 10–18 Uhr, So 12-18 Uhr

Brora

Gegen den Trend: Bei Brora gibt es weder Billigproduktion noch Niedrigstpreise. Das kleine, feine **Kaschmirlabel**, das 1993 von der im Norden des Landes aufgewachsenen Victoria Stapleton am Küchentisch gegründet wurde, legt Wert auf *made in Britain* und Nachhaltigkeit. Die Pullover, Tops, Röcke, Kleider und Hosen sind klassisch, haben dabei aber Pfiff und Individualität – Teile, die man lange im Schrank hat.

6–8 Symons St, SW3 · U-Bahn: Sloane Square · +44 20/77 30 26 65 · www.brora.co.uk · Mo–Fr 10–18 Uhr, So 12–17 Uhr

Cath Kidston

Vor über 20 Jahren erfand Cath Kidston den ***Modern Vintage*-Stil** – nostalgisch, aber irgendwie cool. Legionen kleiner und großer Mädchen verlieben sich seitdem in ihre Taschen, Geldbeutel, Schirme, Bettwäsche, Handtücher, Tassen, Teller, Gummistiefel und Kleider. Gepunktet, geblümt, gestreift, bunt – kurz: unverkennbar!

27 King's Rd, SW3 · U-Bahn: Sloane Square · +44 20/72 59 98 47 · www.cathkidston.co.uk · Mo–Sa 10–19 Uhr, So 12–18 Uhr

✳ Designers Guild

Die Muster und Entwürfe der britischen Designgöttin Tricia Guild sind auf der ganzen Welt beliebt. Die Innendesignerin steht für mutige, eklektische Farb- und Musterkombinationen. Hier gibt es was **für jede Gelegenheit**: Stoffe, Geschirr, Bad- und Duftprodukte, Kissenbezüge, Taschen, Geldbeutel, Schmuck ...

267–277 King's Rd, SW3 • U-Bahn: Sloane Square • +44 20/73 51 57 75 • www.designersguild.com • Mo–Sa 10–18 Uhr, So 12–17 Uhr

✳ French Sole

Oh lã lã, diese Schühchen! Die innige Liebesbeziehung der Damenwelt mit **Ballerinas** kann hier ausgelebt werden. Gegründet wurde das French-Sole-Label 1989 in London von Jane Winkworth. In diesem Eckladen wird der flache Kultschuh in allen Farben und Varianten angeboten. Namen haben die Treterchen auch: India, Leonora, Love Heart, Penelope oder auch (herrlich für uns Breitfüßige) Square Toe.

323 King's Rd, SW3 • U-Bahn: Sloane Square, South Kensington • +44 20/73 51 16 34 • www.frenchsole.com • Mo, Di, Mi, Fr, Sa 10–18 Uhr, Do 10–18.30 Uhr, So 12–17 Uhr

✳ Harrods Food Hall

Weltberühmt ist sie, die **Lebensmittelabteilung** im Megastore Harrods, und das zu Recht! Seinen Wocheneinkauf kann man hier nur machen, wenn man in der oberen Gehaltsliga spielt. Hier trifft man meist mehr Touristen als Londoner, aber man sollte dennoch unbedingt reinschauen: Die nostalgischen Räume sind einmalig.

87–135 Brompton Rd, SW1X • U-Bahn: Knightsbridge • +44 20/77 30 12 34 • www.harrods.com • Mo–Sa 10–21 Uhr, So 11.30–18 Uhr

✳ Katherine Hooker

Wer zu diesem Laden will, muss den Weg in eine Seitenstraße am Westende der King's Road finden. Kundinnen wie Jerry Hall und die Middleton-Schwestern Kate und Pippa tun dies gerne für Katherine Hookers Kultmäntel und -blazer (s. rechts). Die individuelle **Mode** mit Charakter ist nicht

Don't miss

Portobello Market. Samstags zieht der Antikmarkt die Massen an, einen typischen Straßenmarkt mit Obst, Gemüse und Klamotten gibt's auf der Portobello Road aber täglich – werktags ganz ohne Gedränge!

! Katherine Hookers Kultschnitt

Ihre Kreationen sind ausgefallen und äußerst beliebt. Kein Wunder: Katherine Hookers Teile haben einen besonders figurschmeichelnden Schnitt. Das Urmuster basiert auf einem Jungenblazer, den sich die Amerikanerin mit 18 in einem Trödelladen in Jerusalem gekauft hatte. Auf einer Indienreise ließ sie sich später einige Muster anfertigen und fand im East End einen Hersteller, der noch heute für sie von Hand fertigt. Auf dieser Basis kann frau sich hier (s. links) ihren Traumblazer schneidern lassen (ab £ 675, internationaler Versand möglich) oder aus den *Ready-to-wear*-Modellen wählen (je nach Saison ab £ 410). Traumhaft!

ganz billig, macht aber garantiert glücklich!

19 Ashburnham Rd, SW10 • U-Bahn: Fulham Broadway, Overground: Imperial Wharf • +44 20/73 52 50 91 • www.katherinehooker.com • Di–Fr 10–18 Uhr, Sa 10.30–16.30 Uhr

✳ Paul Smith Westbourne House

Paul Smith steht für britisches Design in Bestform: Klassisches in Verbindung mit Exzentrik und dem gewissen Etwas. Diese Zweigstelle, eine Villa in Notting Hill, ist von außen nicht als Shop zu erkennen; die Tür wird von einem freundlichen Herr in Livree geöffnet. **Damen- und Herrenmode** sowie Accessoires verteilen sich in geschmackvoll eingerichteten Räumen.

120 Kensington Park Rd, W11 • U-Bahn: Notting Hill Gate • +44 20/72 29 89 82 • www.paulsmith.co.uk • Mo–Fr 10–18 Uhr, Sa 10–18.30 Uhr, So 12–17 Uhr

✳ Peter Jones

Direkt am Sloane Square steht eine Londoner Institution: ein gut sortiertes, klassisches, aber nicht altbackenes **Kaufhaus** einer Art, die zum Glück noch nicht ganz ausgestorben ist. Bei Peter Jones hat alles seinen Platz und das Personal ist kundig. Von Knöpfen

über Elektrogeräte bis zu Mode und Kosmetik findet sich hier alles.

Sloane Square, SW1W, U-Bahn: Sloane Square • www.johnlewis.com • Mo, Di, Do, Fr, Sa 9.30–19 Uhr, Mi 9.30–20 Uhr, So 12–18 Uhr

✳ Rococo Chocolates

Ein *chocoholic*-Mädchen will seine Passion teilen und eröffnet ein Geschäft für erstklassige Schokolade. 30 Jahre später ist Chantal Coady Großbritanniens größte Produzentin **handgemachter Schokolade**. Ihr bezauberndes Lädchen auf der King's Road schmücken Kronleuchter und Goldspiegel. Die schön verpackten Schokoladen sind prima Geschenke.

321 King's Rd, SW3 • U-Bahn: Sloane Square • +44 20/73 52 58 57 • www.rococochocolates.com • Mo–Sa 10–18.30 Uhr, So 11–18 Uhr (Winter) bzw. 12–17 Uhr (Sommer)

Geht gar nicht

»Harrods«. Ohne Zweifel ist das Kaufhaus toll! Aber vernünftig einkaufen geht nicht: Es ist so groß und labyrinthisch, dass man früher oder später verwirrt durch die Gegend stolpert.

✳ The Jacksons

1998 eröffneten die Zwillingsschwestern Joey und Louise Jackson eine Boutique für ihr **Schuh- und Accessoirelabel**. Die Schuhe – Klassiker, aufgepeppt mit pfiffigen Ideen – sind toll (ab £ 115), die Baumwolltaschen mit witzigen London-Motiven ein Hingucker. Zu haben sind auch hübsche Kleider verschiedener Designer und Hundeleinen, die von Massai-Frauen hergestellt werden. Schräg, individuell, nett!

5 All Saints Rd, W11 • U-Bahn: Ladbroke Grove • +44 20/77 92 83 36 • www.thejacksons.co.uk • Mo–Fr 10–18 Uhr, Sa 11–18 Uhr

✳ The Exchange

Nach **Second Hand** sieht es hier gar nicht aus?! Und doch: Wenn Damen mit Schränken voller Designerlabel das eine oder andere Teil loswerden wollen, lenken sie ihre Schritte zu dieser Boutique. Erst wird genau geprüft, ob die Waren den Anforderungen einer anspruchsvollen Klientel entsprechen, dann wird im Auftrag der Kundin verkauft. Wer Chanel, Prada, Givenchy und Co. günstiger haben möchte, ist hier richtig.

72 Gloucester Road, SW7 • U-Bahn: Gloucester Rd • +44 20/70 52 00 28 • www.theexchangelondon.com • Mo–Sa 11–19 Uhr, So 12–17 Uhr

✳ The Shop at Bluebird

Das Bluebird-Ensemble in einer ehemaligen Art-déco-Autowerkstatt ist ein echter Hingucker auf der King's Road: Restaurant, Café, Delishop und ein ausgefallenes Geschäft für **Mode**, Bücher, Bad- und Beautyprodukte und Schmuck. Die alte Werkstattstruktur wurde erhalten, und der großzügige Raum mit viel Licht hat etwas von einer Galerie, in der exquisite Labels präsentiert werden.

350 King's Rd, SW3 · U-Bahn: Sloane Square · +44 20/73 51 38 73 · www.theshopatbluebird.com · Mo–Sa 10–19 Uhr, So 12–18 Uhr

✳ Uniqlo

Die Qualität der Arbeit dieses japanischen Herstellers von **Freizeitbekleidung** überzeugte sogar die Designerin Jil Sander so sehr, dass sie für das Label mehrere Jahre lang eine »+J Collection« herausbrachte. Hier gibt es Pullis und T-Shirts in allen Farben, dazu Jeans, Jacken (superleichte aus Daunen), Blusen, Pyjamas, Unterwäsche und Gemütliches zum Lümmeln. Pfiffig und günstig.

54–58 Kensington High St, W8 · U-Bahn: High St Kensington · +44 20/73 76 00 54 · www.uniqlo.com · Mo, Di, Mi, Sa 10–20 Uhr, Do, Fr 10–19 Uhr, So 12–18 Uhr

✳ Westfield London Shepherd's Bush

Riesen-*Shopping Malls* sind ja (zum Glück) nicht »jederfraus Ding«. Für alle, die gerne alles an einem Ort kaufen, sei hier dennoch Londons größtes **Einkaufszentrum** genannt, das 2008 im Westen der Stadt eröffnet wurde. Über 260 Geschäfte, inklusive vieler beliebter Ketten von »Zara« bis »Topshop«, sind hier unter einem Dach versammelt, außerdem »The Village« mit 40 Luxusmarken im Angebot. Sehr gut zu erreichen.

Ariel Way, W12 · U-Bahn: Shepherd's Bush · +44 20/33 71 23 00 · www.westfield.com/london · Mo–Sa 10–22 Uhr, So 12–18 Uhr

Wer will schon standhaft bleiben, wenn »Rococo Chocolates« verlockt? →

Restaurants & Cafés

Ladys, es wird Zeit für eine wichtige Information: Zu Londons Restaurantszene im 21. Jahrhundert gehört unabdingbar eine Institution namens Gastropub. Das Konzept wurde in den 90er-Jahren geboren und verbindet ganz einfach Pubs mit Restaurants. Essen konnte man in Pubs schon immer, die Qualität war oft – naja. Jetzt kochen die Pubrestaurants zum Teil auf hohem Niveau und meist *modern British*. Essen in Gastropubs macht Spaß, da die Atmosphäre schön locker ist; die *dining rooms*, entweder separat von der Bar oder ins Pub integriert, sind gerne mal im angesagten Retrostil eingerichtet. West London hat einige davon, genauso aber auch lässige Brunchlocations in Notting Hill und einiges für Naschkatzen.

* Bumpkin Restaurant

Hier kommt saisonale, frische britische Küche auf den Tisch, dazu Bio-Weine. Eingerichtet im coolen Farmhausstil und mit entspannter Atmosphäre wirkt das ehemalige Stadthaus mehr wie ein **Gastropub** denn wie ein Restaurant. Am Wochenende gibt es Brunch.

209 Westbourne Park Rd, W11 • U-Bahn: Westbourne Park • +44 20/72 43 98 18 • www.bumpkinuk.com • Mo–Fr 12–0 Uhr, Sa, So 10–0 Uhr (Brunch ab 10 Uhr, Mittagessen ab 12 Uhr) • Hauptgerichte ab £ 12

* Churchill Arms

Die Blumendekoration an der Fassade zaubert ein Lächeln in die Gesichter. Im Innern des Pubs voller Churchill-Memorabilia versteckt sich ein tolles **Thai-Restaurant**. Spitzenkombi! Die (scharfen) Speisen zu guten Preisen sind populär, das Restaurant gut besucht. Vor allem abends besser reservieren.

119 Kensington Church St, W8 • U-Bahn: Notting Hill Gate, High St Kensington • +44 20/77 27 42 42 • www.churchillarmskensington.co.uk • Küche Mo–Sa 12–22 Uhr, So 12–21.30 Uhr • Hauptgerichte ab £ 8

* Colbert

Die Idee: eine klassische Pariser **Brasserie** mit Ganztagsmenü. Die Ausführung: sehr geglückt am Sloane Square. Die Inneneinrichtung ist elegant mit roten Lederbänken und Drucken, die den Geist des frühen 20. Jahrhunderts heraufbeschwören. Für einen Kaffee oder Drink an der Bar zwischendurch immer, sonst am besten reservieren, auch für Frühstück.

50–52 Sloane Square, SW1W • U-Bahn: Sloane Square • +44 20/ 77 30 28 04 • www.colbertchelsea.com • Mo–Do 8–23 Uhr, Fr, Sa 8–23.30 Uhr, So 8–22.30 Uhr • Kleine Gerichte ab £ 6.50, Hauptgerichte ab £ 10

✳ Gail's

In diesem **Café mit Bäckerei** gibt es einen feinen *flourless chocolate cake* und noch viel mehr an Kuchen und Süßem. Die Lage in der King's Road und die verführerische Fensterauslage sorgen fast durchgehend für ein volles Haus. Typisch London: Viel Platz gibt es nicht. In der Zweigstelle auf der benachbarten Fulham Road schaut übrigens öfter mal Hugh Grant rein.

209 King's Rd, SW3 • U-Bahn: South Kensington, Sloane Square • +44 20/ 73 51 79 71 • www.gailsbread.co.uk • Mo–Sa 7–19 Uhr, So 8–19 Uhr

✳ Granger & Co

Der Inneneinrichter hat hier unbestritten ganz viel richtig gemacht: Der helle, lichte Raum des **Restaurants** ist informell und trotzdem elegant. Ganztägiges Menü. Tipp: Beim Brunch stehen so interessante Dinge wie getoastetes Kokosnussbrot oder Bananen- und Schokoladenbrot mit Ricotta auf der Karte. Reservieren kann man nicht, am Wochenende ist Schlangestehen angesagt – Frühaufsteher gewinnen, wie immer. Das Publikum ist eine schicke Notting-Hill-Klientel.

175 Westbourne Grove, W11 • U-Bahn: Notting Hill • www.grangerandco.com • Mo–Sa 7–23 Uhr, So 8–22 Uhr • Mittags Suppen & Sandwiches ab £ 6.50, abends Hauptgerichte ab £ 14

↑ *Im Pub wird getrunken, geflirtet, gefeiert. Im schicken Notting Hill bieten sich so originelle Locations wie das »Bumpkin« an.*

✳ Locanda Ottomezzo

Die Besitzer dieses originellen **Restaurants** sind Filmfans, und das sieht man: Man sitzt inmitten von Filmpostern und anderen Memorabilia, insbesondere zu Fellini's Meisterwerk *Achteinhalb* (daher auch der Name). Serviert wird gehobene italienische Küche. Die Küche ist super, die Ober sind nett. Möglichst einen Tisch am Fenster wählen! Im Keller geht es etwas beengt zu.

2–4 Thackeray St, W8 · U-Bahn: High St Kensington · +44 20/79 37 22 00 · www.locandaottomezzo.co.uk · Di–Sa 12–14.30 Uhr, Mo, Di, Mi, Sa 19–22.30 Uhr, Do, Fr 18–22.45 Uhr · Pasta ab £ 18, 2-Gänge-Menü £ 30

✳ Megan's Restaurant and Deli

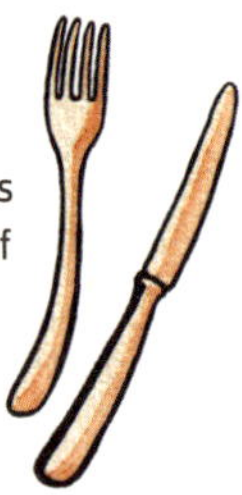

So weit westlich schaffen es nur wenige Touristen auf der King's Road. Hier versorgt sich daher vor allem die Nachbarschaft mit **Frühstück, Snacks, Kuchen** (Tipp: der Vanille-Pfirsich-Kokosnuss-Kuchen), die frisch gebacken werden, abends Steaks und *seafood* vom Grill. Hinten: ein bezaubernder Innenhof, vorne: Tische mit Straßenblick.

571 King's Rd, SW6 · U-Bahn: Fulham Broadway · +44 20/73 71 78 37 · www.megansrestaurant.com · Mo–Fr 8–17.30 Uhr, Sa 9–17.30 Uhr, So 10–17.30 Uhr, Mo–Sa ab 19 Uhr · Kleine Gerichte ab £ 4, Hauptgerichte abends ab £ 12

✳ Oddono's

Rund um die U-Bahn-Station South Kensington, in Londons Little Paris, hat es sich die französische Gemeinde der Stadt gemütlich gemacht. In einer winzigen Straße findet sich eine der besten **Eisdielen** der Stadt mit wenigen Sitzplätzen und Tischen auf dem Bürgersteig. Lieblinge: *Bacio* und Fruchtsorbets.

14 Bute St, SW7 · U-Bahn: South Kensington · +44 20/70 52 07 32 · www.oddonos.com · Mo–Do, So 10–23 Uhr, Fr, Sa 20–0 Uhr

✳ Peggy Porschen Parlour

Schon von außen wirkt das Lädchen zauberhaft, und wenn man erst einmal drin ist, kann man mit Sicherheit nicht mehr widerstehen: überall bunte, süße **Kuchenkreationen**, liebevoll hergestellt, dekoriert und in Glasvitrinen präsentiert. Dass hier eine Frau mit Herz am Werk ist, ist offenkundig (s. rechts)! Bei schönem Wetter kann man auf dem Bürgersteig sitzen und die berühmtesten – und wohl auch besten! – Cupcakes in ganz London verspeisen.

116 Ebury St, SW1W · U-Bahn: Sloane Square · +44 20/7730 1316 · www.peggyporschen.com · So–Mi 9.30–18 Uhr, Do–Sa 9.30–19 Uhr

! Londons Cupcake-Queen: Peggy Porschen

Auf der hübschen Elizabeth Street hinterm Sloane Square findet die High Society der Stadt alles, was das Herz begehrt – von Philip-Treacy-Hutkreationen bis zu Schühchen für den Nachwuchs. An der Ecke zur Ebury Street serviert die Deutsche Peggy Porschen im »Peggy Porschen Parlour«, einem rosafarbenen Café mit Shop, seit 2010 ihre exquisiten Cupcakes und Etagenkuchen (s. links). »Als wir eröffneten, verpassten uns einige der älteren Herrschaften in der Nachbarschaft den Namen *'pink palace'*«, lacht die aus dem Rheinland stammende Peggy, die 1998 als 23-Jährige nach London kam.

Backen war schon als Kind ihre Leidenschaft; nach einigen Jahren als Flugbegleiterin erlernte sie an der renommierten Kochschule Cordon Bleu London das Patissier-Handwerk. Über die Arbeit in einem Cateringunternehmen zog sie Promikunden wie Elton John und Stella McCartney an Land und machte sich schließlich 2003 selbständig. »Hochzeitskuchen sind meine Spezialität. Dieses Geschäft ist aber sehr saisonal, so dass wir Cupcakes dazu nahmen, die gerade populär wurden.«

Die Mutter eines kleinen Sohnes lebt in Battersea im Südwesten (»Battersea Park ist wunderbar und einen Besuch wert!«) und führt das Geschäft, zu dem auch eine Backschule gehört, mit ihrem Mann. In ihren Cupcakes stecken nur hochwertige Zutaten, weniger Süße als in vielem, was es daneben auf dem Markt gibt, und auch ein Stückchen Heimat: »Ich liebe den Geschmack deutscher Kuchen, und wir haben sogar eine 'Black-Forest'-Cupcake-Variante.« Für Peggy Porschen, die auch Kate Moss' Hochzeitstorte anfertigte, hat sich ein Traum erfüllt: Ihr *pink palace* ist die erste Adresse für Cupcakes und feine Kuchenkreationen in London. Ihr Fazit: »Wer hier bereit ist, hart zu arbeiten, kann etwas erreichen.« Und dass die Kuchendesignerin noch weitere Pläne hat – davon ist auszugehen!

✳ Phat Phuc Noodle Bar

Leckeres **vietnamesisches *street food*** im Chelsea Courtyard neben der King's Road. Vor dem Stand in dem ein paar Stufen unter der Straße liegenden Innenhof gibt's nur ein paar Holztische im Freien; die freundliche Crew kocht das ganze Jahr, im Winter mit Heizung für die Gäste. An einem schönen Tag eine kleine Oase abseits des Trubels.

151 Sydney St, SW3 · U-Bahn: Sloane Square · Tgl. 11–18 Uhr · Ab € 7

✳ The Abingdon

Kaum noch etwas erinnert an das Pub, das dieses **Restaurant mit Bar** einmal war. Hier, in einer hübschen Seitenstraße der Kensington High Street, spürt man ein gewisses Chi-Chi in der Luft. In schick-lässiger Atmosphäre wird moderne britisch-europäische Küche serviert. Die Bar ist perfekt für ein Glas Kir nach dem Shoppen.

54 Abingdon Rd, W8 · U-Bahn: High St Kensington · +44 20/79 37 33 39 · www.theabingdon.co.uk · Mo–Sa 12.30–23 Uhr, So 12.30–22.30 Uhr · Hauptgericht ab € 15, 2-Gänge-Lunch-Menü € 17.95

✳ The Orange

Der **Gastropub**-Liebling der Nachbarschaft in der Pimlico Road: unten Pub mit Essbereich, oben *dining room* im entspannten Landhausstil. Das Menü beinhaltet eine gute Auswahl an Fleisch- und Fischgerichten, Salaten und Ofenpizzen. Lebhafte, freundliche Atmosphäre, das Frühstück ist auch lecker, und immer sind nette Jungs im Service.

37 Pimlico Rd, SW1W · U-Bahn: Sloane Square, Victoria · +44 20/78 81 98 44 · www.theorange.co.uk · Mo–Do 8–23.30 Uhr, Fr, Sa 8–0 Uhr, So 8–22.30 Uhr · Hauptgerichte ab € 14, Pizza ab € 9

✳ The Orangery

In dieser Umgebung fühlt man sich in einen Jane-Austen-Film versetzt: Die zum Kensington Palace gehörende *Orangery* wurde im 18. Jahrhundert für Königin Maria gebaut. Heute kann man hier zwischen korinthischen Säulen einen ***afternoon tea*** einnehmen. Schön im Sommer: die Terrasse mit Parkblick.

Kensington Palace, Kensington Gardens · U-Bahn: High St Kensington · +44 20/31 66 61 13 · www.orangerykensingtonpalace.co.uk · Tgl. 10–18 Uhr

Don't miss

Den Mini-Märchengarten, der zum »Troubadour« gehört – mit alten Tischen und Stühlen, die von rechts, links und oben von allerlei Grünzeug zugewuchert werden. Märchenhaft!

(Okt.–Feb. 10–17 Uhr), *afternoon tea* 14–18 Uhr · *afternoon tea* £ 22.65

✳ The Troubadour

Eines der letzten noch verbliebenen ***Coffee Houses*** aus den 1950er-Jahren und ein Juwel, holzig und gemütlich, voller Ecken und Geschichten. Im Kellerclub spielten in den 1960er-Jahren Bob Dylan und andere Folkgrößen. Für Kaffee tagsüber genauso geeignet wie für Essen und Trinken abends.

263–267 Old Brompton Rd, SW5 · U-Bahn: Earl's Court · +44 20/73 70 14 34 · www.troubadour.co.uk · Tgl. 9–0 Uhr

✳ Tomtom Coffee House

Zwischen Chelsea und Victoria versteckt sich im feinen »Belgravia« eine tolle **Kaffeebar**. Wer hier morgens erstklassigen Café Latte trinkt und das Kommen und Gehen beobachtet, merkt: alles Stammkunden, die sich auf dem Weg zur Arbeit ihren Aufputscher mitnehmen. Außer einem Gemeinschaftstisch gibt's wenige Zweiersitze. Eine Ecke Gemütlichkeit!

114 Ebury St, SW1W · U-Bahn: Sloane Square · +44 20/77 30 17 71 · www.tomtom.co.uk · Mo–Fr 8–17 Uhr, Sa 9–18 Uhr, So 9–17 Uhr

✳ Walmer Castle

Eine weitere **Thai-Restaurant-Pub-Kombo** in London: Das Restaurant ist im Obergeschoss, das Pub darunter beliebt bei der Notting-Hill-*crowd*. Nach dem Essen kann man direkt zu den Drinks übergehen. Im Restaurant wartet eine Riesenspeisekarte und Riesenportionen. Beliebt bei Gruppen sind *banquets* mit einer Auswahl an allem.

58 Ledbury Rd, W11 · U-Bahn: Notting Hill Gate · +44 20/72 29 46 20 · www.walmercastle.co.uk · Mo–Sa 18–23 Uhr, So 18–22.30 Uhr · Hauptgerichte ab £ 7, *banquets* pro Person ab £ 16.95

✳ Zuma

Liebling der Society in Knightsbridge, hinter dem der deutsche Restaurateur Rainer Becker steht. *People watching* bei vorzüglicher **moderner japanischer Küche**. Sushi und Sashimi sind 1A, fantastisch die Gerichte vom Robata-Grill, das Fleisch schmilzt im Mund. Reservieren! Oder es an der Theke zur offenen Küche mit Blick auf die Meister ohne versuchen. Außerdem: die Sake-Bar mit 40 verschiedenen Sorten.

5 Raphael St, SW7 · U-Bahn: Knightsbridge · +44 20/75 84 10 10 · www.zumarestaurant.com · Mo–Do 12–14.30 Uhr, Fr 12–15 Uhr, Sa, So 12.30–15.30 Uhr, Mo–Sa 18–23 Uhr, So 18–22.30 Uhr · Serviert wird im *family style* zum Teilen, Gerichte von £ 4–32

Wellness

In West London wohnen viele Damen, die sehr auf ihr Äußeres achten. Die Kensington- und Chelsea-Bewohnerin ist ein besonderer Typ. Es gibt viele gepflegte Mütter, schicke, junge Mädels, das Haar glänzt und schwingt, die Figur passt und ja, das ein oder andere Gesicht zeigt auch deutliche Spuren von aufgepumpt hier und geglättet da. Solche Albernheiten haben wir natürlich nicht nötig, pah. Ein wenig Entspannen und Verwöhnenlassen ist aber immer drin, und kann nach dem Shoppen und vor dem Essen- und Ausgehen auf den Einkaufsstraßen eingeschoben werden. Ein paar Vorschläge, auch ganz natürlicher Art.

* Berkeley Spa & Health Club

Zum feinen »Berkeley Hotel« in Knightsbridge gehört ein Spa mit **Dachpool** und fabelhaften Aussichten über die Umgebung und Hyde Park. Solcher Luxus hat natürlich seinen Preis in London: Ein Tagespass (Pool, Gym, Dampfbad, Sauna) für Nichthotelgäste kostet £ 150, und am Wochenende gibt es Poolzugang gar nur in Verbindung mit einem *Spa Package* ab £ 250. Oder einfach ein schnelles *Facial* für £ 45 – ohne Pool.

Wilton Place, SW1X • U-Bahn: Hyde Park Corner • +44 20/72 01 16 99 • www.the-berkeley.co.uk • Mo–Fr 6–22 Uhr, Sa, So 8–21 Uhr

* Chelsea Physic Garden

Eine Oase für das Wohlbefinden versteckt sich hinter alten Mauern in Chelsea: Der zweitälteste **botanische Garten** des Landes wurde im Jahr 1673 als Apothekergarten gegründet. Zwischen Chelsea Embankment und Royal Hospital Road finden sich heute auf 1,5 Hektar rund 5000 Gemüse-, Kräuter- und Früchtearten. Zur Anlage gehört außerdem das »Tangerine Dream Café«, ein echter Geheimtipp zum Draußensitzen im Sommer.

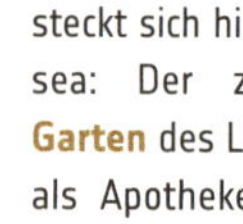

66 Royal Hospital Rd, SW3 • U-Bahn: Sloane Square • +44 20/73 52 56 46 • www.chelseaphysicgarden.co.uk • Ende März–Ende Okt. Mo 9.30–17 Uhr (Café geschlossen), Di–Fr, So 11–

18 Uhr, Juli–Sept. Mi bis 22 Uhr, letzter Einlass 20.30 Uhr · £ 9 (auch für Cafébesuch)

✳ Incredible You

Kundinnen werden in diesem kleinen **Beautysalon** in einer hübschen Straße in Pimlico geradezu verzaubert. Abseits der ausgetretenen Pfade werden hochwertige Haut- und Make-up-Produkte und CACI-*Facials*, nicht-operative Liftings, geboten (60 Min. für £ 80). »Normale« *Facials* gibt es ab £ 60. Auch bei Damen des englischen Adels oder Promis wie Elle Macpherson, die in der Nähe wohnt, beliebt.

40 Moreton St, SW1V · U-Bahn: Pimlico · +44 20/78 21 10 20 · www.incredibleyou.co.uk · Mo–Fr 9–20 Uhr, Sa 9–18 Uhr, So 10–18 Uhr

✳ Liz Earle Skincare & Treatments

Liz Earle, ausgewiesene Expertin für *wellbeing* und **natürliche Kosmetik**, gründete gemeinsam mit einer Freundin 1995 diese sehr britische Marke, die Wert aufs Detail legt: Wenn Lavendel genutzt wird, dann nur von einem speziellen Feld in Frankreich. Im Untergeschoss des Shops sind sieben Behandlungsräume integriert (30 Min. *Facial* für £ 35).

38–39 Duke of York Square, SW3 · U-Bahn: Sloane Square · +44 20/78 81 77 50 · www.lizearle.com/treatment-rooms · Mo, Mi–Sa 10–19 Uhr, Di 10.30–19 Uhr, So 11–17 Uhr

✳ Lululemon

Yogafans kennen wahrscheinlich die Wortschöpfung Lululemon: Die kanadische **Kultmarke für Yogakleidung**, die diverse Hollywoodstars zu ihren Fans zählt, verkauft nicht nur Textilien, sondern das Thema Yoga an sich. 2014 eröffnete das Label erste London Ableger und die freien Yogaklassen, die Sonntagmorgens (10.30 Uhr) in der King's Road Filiale veranstaltet werden, sind ein willkommenes Angebot.

38–42 King's Rd, SW3 · U-Bahn: Sloane Square · +44 20/75 84 00 05 · www.lululemon.com · Mo–Sa 10–20 Uhr, So 12–18 Uh

✳ Lush Spa

Chocolate scrub oder *afternoon tea* mit Fußbehandlung? Im Untergeschoss dieses Lush-Shops (handgemachte Kosmetik und Seifen) liegt ein **originelles Mini-Spa** im Landhausstil. Die Beratungsgespräche finden in der Küche bei einer Tasse Tee statt. Zur britischen Exzentrik gehört auch ein Soundtrack, der auf vom

Lush-Erfinder aufgenommenem Vogelgesang basiert. Sehr gute Massagen. Tipp: *Validation Facial* (£ 75).

123 Kings Rd, SW3 · U-Bahn: Sloane Square · +44 20/73 76 83 48 · www.lush.co.uk/spa · Mo–Sa 10–20 Uhr, So 12–19 Uhr

✳ Neal's Yard Store & Therapy Rooms

Das britische Unternehmen Neal's Yard war Anfang der 1980er-Jahre eines der ersten, das sich der **Naturkosmetik** verschrieb. Hier ist alles organisch. Im Shop wird man mit Tee begrüßt, regelmäßig gibt's Kurzmassagen (£ 15). In den *therapy rooms* gibt es alles, von Osteopathie- bis Gesichtsbehandlungen (Letzteres ab £ 65). Zur Ausstattung gehört eine *Hot Box* für schnelles Entgiften.

124b King's Rd, SW3 · U-Bahn: Sloane Square · +44 20/72 25 20 50 · www.nealsyardremedies.com/london-spa-treatment · Mo 11–19 Uhr, Di, Do, Fr 10–18 Uhr, Mi, Sa 10–19 Uhr, So 11.30–18 Uhr

Don't miss

Kurzberatungen zu Hautpflege und Make-up, die es im »Neal's Yard Shop« auf der King's Road oder bei »Liz Earle Skincare« gibt. Das Ganze wird kostenfrei angeboten.

✳ Porchester Spa

Achtung, jetzt wird's authentisch. Das original **Art-déco-Badehaus** (von 1929) in öffentlicher Verwaltung bietet Erschwingliches für die Nachbarschaft, die hier reduzierten Eintritt zahlt. Beliebt sind die türkischen Bäder, Dampfbäder, die Sauna und der Pool. *Beauty treatments* und Massagen werden auch angeboten. Ein schickes Spa darf man hier nicht erwarten, dafür historische Umgebung und Lokalkolorit.

Queensway, W2 · U-Bahn: Bayswater, Royal Oak · +44 20/77 92 39 80 (für Buchung von Behandlungen) · www.better.org.uk · Frauentage: Di, Do, Fr 10–22 Uhr, So 10–14 Uhr, gemischt: So 16–22 Uhr, letzter Einlass 20 Uhr · £ 26

✳ Reflexions

Füße müde gelaufen? Schmerzt die Schulter vom Tütenschleppen? Zum Westende der King's Road hin gibt es Abhilfe. Im Chelsea Courtyard versteckt sich seit 1996 ein kleines Zentrum (nichts Schickes!) für **Reflexologie**. Praktisch: Funktioniert auch auf *walk-in*-Basis und ohne Anmeldung. Therapeutinnen verabreichen 30 Minuten Fußreflexzonenmassagen oder Massagen für £ 34 bzw. £ 38.

250 Kings Rd, SW3 · U-Bahn: Sloane Square · +44 20/73 49 94 75 ·

! Auszeit von der City gefällig? Auf nach Richmond!

Wichtig für den Wohlfühlfaktor in Metropolen: auch mal raus ins Grüne! London hat Richmond (www.visitrichmond.co.uk), einen idyllisch gelegenen Stadtteil an der Themse im Südwesten mit dem grandiosen Richmond Park. Wunderbar ist auf dem Weg hoch zu der 10 Quadratkilometer großen Anlage der einmalige Blick auf die Themse. Das Flussufer ist **perfekt** für Spaziergänge und Radeln in pastoraler Umgebung. Shoppen geht hier auch, aber das sei nur am Rande erwähnt …

www.reflex-shop.com · Mo–Mi 12–20 Uhr, Do–So 10–20 Uhr

✳ The Spa at Bluebird

Wer durch eine Tür im hinteren Teil des »Bluebird Shop« tritt, findet eine unerwartete **Ruheoase**: Drei Behandlungsräume, eine toll ausgestattete Umkleide (Bademantel, Fön, Haarprodukte …), nette Therapeutinnen und hochwertige Produkte (Micheline Arcier, Lumos, Institut Esthederm) machen einen schnellen Verwöhnstopp unkompliziert. Ein Express-*Facial* (30 Minuten) kostet £ 55.

350 King's Rd, SW3 · U-Bahn: Sloane Square · +44 20/73 51 38 73 · www.theshopatbluebird.com · Tgl. 10–19 Uhr, So 12–18 Uhr

✳ Ushvani

Preisgekröntes **Luxus Day Spa** in edwardianischem Stadthaus und ohne Zweifel eines der schicksten Etablissements der Stadt. Die Juristin Usha Arumugam hat sich hier einen Traum erfüllt. Das Dekor ist südostasiatisch inspiriert, ebenso die Behandlungen. Spa-Freundinnen mit einem großzügiger bemessenen Budget können sich hier erstklassig behandeln lassen: Die balinesische Massage beispielsweise kostet £ 180, das Ushvani-*Facial* £ 130. Tja …

1 Cadogan Gardens, SW3 · U-Bahn: Sloane Square · +44 20/77 30 28 88 · www.ushvani.com · Mo 12–19 Uhr, Di–Do 12–21 Uhr, Fr 10–19 Uhr, Sa 10–18 Uhr

Ausgehen

Weil Klischees so herrlich sind, soll die Gelegenheit an dieser Stelle nicht verpasst werden. West Londons Nachtleben hat den Ruf, ein Tummelplatz für reiches (verwöhntes) Jungvolk zu sein, das sich auf und um King's und Fulham Road in Clubs, Bars und Pubs vergnügt. Das hat sicher auch damit zu tun, dass die jungen Mitglieder des Königshauses wie Schlawinerprinz Harry, das Schwesternduo Beatrice und Eugenie und ihre Clique hier gerne ausgehen. Wills als Jungvater fällt jetzt natürlich weg. Nach »Boujis«, viele Jahre Club-Favorit der Prinzenbrüder, ist der Alpenhüttenverschnitt »Bodo's Schloss« direkt neben Kensington Palace neuer Liebling der jungen High Society. Mitbesitzer: Harrys bester Freund. Passt.

* Beach Planket Babylon

Das Dekor des Ortes, an dem in Notting Hill eine trendige Klientel flirtet, ist atemberaubend: eine **Märchengrotte** im Barock- und Rokokostil! Die Räume verbinden Wendeltreppen und Laufstege. An der Hauptbar konzentriert sich das Geschehen. Einen Cocktail gönnen und losplaudern mit einem Medientypen, Geschäftsmann, Designer …

45 Ledbury Rd, W11 • U-Bahn: Notting Hill • +44 20/72 29 29 07 • www.beachblanket.co.uk/nottinghill • Tgl. 12–0 Uhr

* Montgomery Place

Bei der Portobello Road liegt diese kleine, schicke **Cocktailbar**. Gedämpftes Licht und dunkles Holz sorgen für Atmosphäre. Inspiration für Einrichtung und Cocktails ist die klassische American Bar vergangener Zeiten. Die Karte gruppiert sich thematisch inklusive feiner Champagnercocktails, hinter der Bar stehen Profis. Gute Auswahl an Snacks.

Don't miss

Sunday roast, den britischen Sonntagsbraten. Im »Paradise by Way of Kensal Green« ist er legendär und wird bis in den Abend serviert. Schließlich gehört das auch zum Ausgehen – der Morgen danach.

31 Kensington Park Rd, W11 • U-Bahn: Ladbroke Grove • +44 20/77 92 39 21 • www.montgomeryplace.co.uk • Mo–Do 17–1 Uhr, Sa 14–1 Uhr, So 17–23.30 Uhr • Drinks ab £ 8

Notting Hill Arts Club

Gutgelaunter **Kellerclub** und Klassiker im entspannten Nachtleben in West London. Ohne Attitüde und das Gegenteil von *posh*, geputzt wird sicher auch nicht allzu oft. Aber: Wer gerne zu erstklassigen DJs tanzt, ist hier richtig. Bekannt für einen eklektischen Musikmix, prima auch unter der Woche, günstig. Eintritt wird meist erst zu späterer Stunde erhoben (zwischen £ 3 und £ 8).

21 Notting Hill Gate, W11 • U-Bahn: Notting Hill Gate • +44 20/74 60 44 59 • www.nottinghillartsclub.com • Mo–Sa 18–2 Uhr (variiert)

Paradise By Way of Kensal Green

Hier möchte man einziehen: ein weitläufiges **Szenepub** im *Shabby-Chic*-Stil, zwei Bars oben und unten, ein Restaurant, viele gemütliche Ecken, eine Terrasse. Fast wie Party im Privathaus! Die Clubabende sind eine West Londoner Institution, das Programm abwechslungsreich: Ob Livemusik oder DJs, hier ist immer was los. Erst Dinner, danach ein Stockwerk hoch und zu Funk, Disco und Soul tanzen – perfekt!

↑ *»Paradise by Way of Kensal Green«: Hingucker und ideales Gemäuer für lange Nächte.*

19 Kilburn Lane, W10 • U-Bahn: Kensal Green oder Bus 52, 452, 28, 316 • +44 20/89 69 00 98 • www.theparadise.co.uk • Mo–Mi 16–0 Uhr, Do 16–1 Uhr, Fr 16–2 Uhr, Sa 12–2 Uhr, So 12–0 Uhr • Fr £ 4, Sa £ 5

Piano Bar

Pianist Bazz Norton schmeißt hier eine super **Bar**, die sowohl junge als auch ältere Semester anzieht. Wer sitzen möchte, sollte reservieren, denn es gibt nur wenige Tische. Jeden Abend Livemusik in freundlicher Partyatmosphäre: Die Pianisten spielen auf Wunsch der Gäste alles, von Alicia Keys bis Queen.

Und irgendwann stehen alle dann ums Piano herum, tanzen und singen ...

106 Kensington High St, W8 • U-Bahn: High St Kensington • +44 20/ 79 38 46 64 • www.pianokensington.com • Tgl. 17–0 Uhr, Livemusik Di–Do 18–23.30 Uhr, Fr, Sa 18–0 Uhr, So 20–23 Uhr

✳ Portobello Star

Seit 1740 wird hier fröhlich getrunken. Ein langer, schmaler Raum mit Bar und eine Wandmalerei, mehr Deko gibt's nicht; die **Cocktails** stehen im Mittelpunkt und die Bartender verstehen ihr Handwerk. Am Wochenende DJs.

171 Portobello Rd, W11 • U-Bahn: Notting Hill Gate, Ladbrove Grove • +44 20/72 29 80 16 • www.portobellostarbar.co.uk • So–Do 11–23.30 Uhr, Fr, Sa 11–0.30 Uhr

✳ Riverside Studios

Für einen Abend abseits der Massen: Dieses **Kulturzentrum** in einem alten Lagerhaus an der Themse birgt ein sehr gutes unabhängiges Kino (mit Doppelvorstellungen), ein Theater, in dem sowohl Klassiker als auch Zeitgenössisches und Musicals auf die Bühne kommen, und ein gutes Restaurant mit lebhafter Bar. Bonus: die tolle Themse-Terrasse im Sommer!

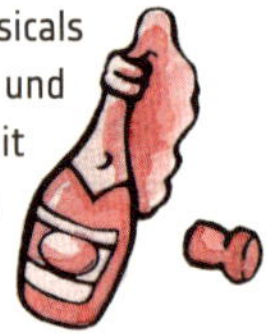

Crisp Rd, W6 • U-Bahn: Hammersmith • +44 20/82 37 11 11 (Tickets) • www.riversidestudios.co.uk • Mo–Sa 10–23 Uhr, So 10–22.30 Uhr

✳ Roof Gardens

Wer viel ausgeben und sich aufbrezeln möchte, setzt sich online auf die Gästeliste dieses **Nachtclub**-Klassikers über den Dächern Kensingtons. Psst: Billiger ist ein Drink in der Bar des »Babylon Restaurant« hier, und das Beste ist tagsüber eintrittsfrei zu besichtigen: ein phänomenaler Dachgarten, inklusive Flamingos!

99 Kensington High St (Eingang auf Derry St), W8 • U-Bahn: High St Kensington • +44 20/79 37 79 94 • www.roofgardens.com • Besichtigung: Mo–Fr 9–17 Uhr, geschl. bei Veranstaltungen, darum vorher anrufen • £ 20

✳ Sporting Page

Ja, in diesem **Pub** in einer feinen Wohngegend läuft Fußball, es hat aber nichts

Geht gar nicht

Was zum Teil an Angebern mit Protzschlitten im Londoner Nachtleben unterwegs ist. Besonders sympathisch ist der Typ »mittelalter Anzug mit langbeiniger, junger Dame im Schlepptau«.

von Grölkneipe. Schicke Männer unterschiedlicher Nationalität – Chelsea ist beliebt bei wohlhabenden europäischen Jünglingen – mischen sich mit Mädelsgruppen, die hier trinken, essen und im Sommer auf der Straße plaudern. Auch James Middleton, Brüderchen von Kate, wurde hier schon gesichtet.

6 Camera Place, SW10 • U-Bahn: South Kensington • +44 20/ 73 49 04 55 • www.foodandfuel.co.uk • Mo–Sa 11–23 Uhr, So 11–22.30 Uhr

* The Cow

Kult-Pub in Notting Hill. Stets bevölkert eine hippe Klientel aus der Nachbarschaft die Retro-Kitsch-Bar, die eine Prise Irland atmet: Austern und Guinness sind eine wunderbare Kombi. Im Pintglas gibt's übrigens neben Bier auch Garnelen. Wer abends etwas trinken möchte, aber auch Hunger und Lust auf lässig hat, ist hier richtig.

89 Westbourne Park Rd, W2 • U-Bahn: Royal Oak, Westbourne Park • +44 20/72 21 00 21 • www.thecowlondon.co.uk • Mo–Fr 12–23 Uhr, Sa 12.30–23 Uhr, So 12–22.30 Uhr

* The Lonsdale

Das Lonsdale in einer ruhigen Seitenstraße in Notting Hill serviert preisgekrönte Cocktails, klassisch wie innovativ. Das Ambiente der **Loungebar** (mit Restaurant): 1960er-Jahre meets Futuristisches. Am Wochenende voll, unter der Woche eine gepflegte Variante für Drinks mit Stil. Oft DJs.

48 Lonsdale Rd, W11 • U-Bahn: Notting Hill, Ladbroke Grove • +44 20/ 77 27 40 80 • www.thelonsdale.co.uk • Di–Do 18–0 Uhr, Fr, Sa 18–1 Uhr

The Tabernacle

Eine alte Kirche birgt in Notting Hill dieses bekannte *venue*, wo in den 1960er-Jahren etwa Pink Floyd und die Stones gespielt haben. Das Musik- und **Kulturzentrum** bietet ein buntes Programm inklusive Bar und Biergarten. Das Tabernacle ist eng mit der afrokaribischen Geschichte des Viertels verbunden und ein Zentrum des Notting Hill Carnival jedes Jahr im August.

35 Powis Square, W11 • U-Bahn: Ladbroke Grove, Notting Hill • +44 20/ 72 21 97 00 • www.tabernaclew11.com • Bar Mo–Mi 9–23 Uhr, Do 9–23.30 Uhr, Fr, Sa 9–0 Uhr, So 9–22 Uhr

Don't miss

An einem lauen Sommerabend nach Hammersmith zu fahren. An der Themse auf der Upper and Lower Mall laden Pubs zu einem entspannten Glas Wein, etwa »The Rutland Arms«, »The Blue Anchor« oder »The Dove«.

Übernachten

Rund um die U-Bahn-Stationen Earl's Court und Gloucester Road liegt ein Londoner Hotelzentrum. Mit Grund: Beste Lage, in Laufnähe zum Victoria and Albert Museum, praktisch für Knightsbridge und dann ist man auch gleich auf Piccadilly und im West End. Apropos beste Lage: Das bedeutet in London in der Nähe einer U-Bahn-Station, ganz egal in welchem Stadtteil. Bitte nicht auf »wir müssen im Zentrum sein« versteifen, denn nur ein Zentrum gibt es in London eben nicht. Die Attraktionen von Tower im Osten bis Museen im Westen liegen weit voneinander entfernt. Man wird sowieso viel unterwegs sein. Daher sollten Hotels wie das »K West & Spa« (s. rechts) in Shepherd's Bush oder das hier empfohlene B&B in Fulham (s. unten) auch bedacht werden.

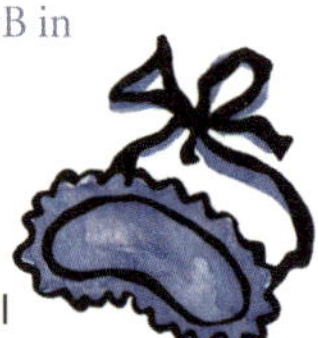

* Ampersand Hotel

Ach, wie hübsch! Die Einrichtung dieses **Boutique-Hotels** in South Kensington ist von den umliegenden Museen inspiriert, bei den Zimmerkategorien hat man sich an verschiedenen Themen orientiert (Astronomie, Musik, Ornithologie, Botanik). Die kleinen Zimmer sind wirklich mini, aber perfekt gestylt. Der *Drawing Room* für den *Afternoon Tea* ist wundervoll britisch-exzentrisch-bunt. Auch das mediterrane Apero-Restaurant mit Bar im Keller ist zu empfehlen.

10 Harrington Rd, SW7 • U-Bahn: South Kensington • +44 20/ 75 89 58 95 • www.ampersandhotel.com • EZ/DZ ab £ 155/£ 174

* Barclay House London

Elegantes **Gästehaus** in einer renovierten viktorianischen Stadtvilla im Stadtteil Fulham mit zwei schicken Doppelzimmern und modernen Bädern. Die U-Bahn ist um die Ecke; nach South Kensington braucht man zehn Minuten. Gastgeberin Charlotte, die

Don't miss

Massagen und Beautybehandlungen im eigenen Hotelzimmer: Im »Myhotel Chelsea« kann man über die Rezeption einen mobilen Anbieter mit dem schönen Namen »Return to Glory« buchen.

hier mit ihrem Mann lebt, ist eine interessante Gesprächspartnerin und gibt gerne London-Tipps – auch auf Deutsch: Die Amerikanerin hat mehrere Jahre in Stuttgart gelebt.

21 Barclay Rd, SW6 • U-Bahn: Fulham Broadway • +44 20/73 84 33 90 • www.barclayhouselondon.com • DZ £ 115/£ 130, Mindestaufenthalt: 3 Nächte

✳ K+K Hotel George

Sehr gutes modernes **Mittelklassehotel** einer österreichischen Hotelkette, das nicht zuletzt wegen des Frühstücks bei deutschen Besuchern beliebt ist. Die Lage um die Ecke der U-Bahn-Station Earl's Court ist bestens; Kulturfreundinnen können sich zu Fuß zu den Museen in South Kensington aufmachen (20 Minuten) und dann direkt in Knightsbridge die Shops stürmen. Hübscher Garten hinterm Haus.

1–15 Templeton Place, SW5 • U-Bahn: Earl's Court • +44 20/75 98 87 00 • www.kkhotels.com • EZ/DZ ab £ 150/£ 180

✳ K West Hotel & Spa

Modernes **Hotel** mit sehr guter Anbindung, geräumigen Zimmern, einer lebhaften Bar mit DJs am Wochenende plus bestens ausgestattetem und preisgekröntem Spa, perfekt für das Rundumschönheitspaket. Zum Wet Spa gehört neben Sauna, Hydrotherapie-Becken und Dampfbad auch Londons einziger *Snow Room*, eine besonders »coole« Erfahrung. Im Erholungsraum herrscht akute Wegdösgefahr, sehr entspannend.

Richmond Way, W14 • U-Bahn: Shepherd's Bush • +44 20/80 08 66 00 • www.k-west.co.uk • EZ/DZ ab £ 125/£ 135

✳ Millennium Bailey's Hotel London Kensington

Die Lage könnte kaum praktischer sein: an der U-Bahn, in Laufnähe zu Shopping und Kultur. In dem alten viktorianischen **Stadthaus** sollen sich die Gäste bewusst *British* fühlen, was nicht zuletzt erreicht wird mit dem beeindruckenden Treppenaufgang in der Lobby. Die Modernisierung hat Bleiglasfenster, Parkett und

alte Holzvertäfelungen am Leben gelassen; viel Rot, ein wenig Stuck und Gold. Die Zimmer sind gemütlich und groß.

40 Gloucester Rd, SW7 • U-Bahn: Gloucester Rd • +44 20/73 73 60 00 • www.millenniumhotels.co.uk/millenniumbaileys • EZ/DZ ab £ 125/£ 135

✳ Myhotel Chelsea

Männliche Gäste sollen sich hier schon über das weibliche Dekor beschwert haben. Stört uns nicht, diese Mischung aus Rosa und Art-déco-Elementen. Das kleine **Hotel** (46 Zimmer) in einem ehemaligen Stadthaus liegt in einer ruhigen Straße zwischen Fulham und King's Road. Die Zimmer sind gemütlich und hübsch eingerichtet, die Thai- und Geisha-Suiten individuell und zum Thema passend. Mit Wintergarten!

35 Ixworth Place, SW3 • U-Bahn: South Kensington • +44 20/72 25 75 00 • www.myhotels.com • EZ/DZ ab £ 160

Don't miss

Den herzallerliebsten Garten des »Number Sixteen«, der wunderbar ist für den *afternoon tea*. Und fast genauso schön ist es im *drawing room*, wenn das Wetter mal nicht passt.

↑ *In den hübschen, weißen Stadthäusern in Kensington zeigt sich London von seiner feinen Seite. Bestes Beispiel: das Boutique-Hotel »Number Sixteen«*

✳ NH Hotel Cromwell Road

Erstens: Die Lage ist perfekt. Zweitens: Die Zimmer sind erstaunlich groß für ein modernes **Hotel** in dieser Ecke. Drittens: Es gibt einen hübschen Garten hinterm Haus – toll, wenn man nach dem Sightseeing- und Einkaufsmarathon erstmal durchatmen und sich erholen möchte. Um ein Zimmer zum Garten raus bitten, aber auch die zur immer stark befahrenen Cromwell Road hin sind lärmsicher. Ach so, und viertens: Die Preise stimmen auch.

202–220 Cromwell Rd, SW5 • U-Bahn: Earl's Court • +44 20/72 44 14 41 • www.nh-hotels.com • EZ/DZ ab £ 120

✳ Number Sixteen

Ein wunderhübsches **Boutique-Hotel** in drei ehemaligen Stadthäusern in South Kensington, das exquisit von der britischen Designerin Kit Kemp ausgestattet wurde. Die 42 Zimmer sind bunt, exzentrisch, britisch-modern. Originell: Die jeweils innen verwendeten Farb- und Stoffmuster hängen an der Wand vor den Zimmern. Achtung, Platzfanatiker: kleine Zimmer, außer in der *Luxury*- und der *Deluxe*-Kategorie.

16 Sumner Place, SW7 • U-Bahn: South Kensington • +44 20/75 89 52 32 • www.numbersixteenhotel.co.uk • EZ/DZ ab £ 180/£ 285

✳ Pestana Chelsea Bridge

Modernes **Vier-Sterne-Hotel** direkt neben dem Battersea Park (wunderbar!) auf der Südseite der Themse gegenüber von Chelsea. Hier hat man Platz: Alle der freundlich ausgestatteten Zimmer haben mindestens 30 Quadratmeter und Bäder mit Dusche und Wanne. Die nächste U-Bahn ist schnell per Bus zu erreichen, aber mal ehrlich, die Damen, 20 Minuten zu Fuß geht doch auch?! Plus: Spa-Bereich mit kleinem Pool.

354 Queenstown Rd, SW8 • U-Bahn: Sloane Sq • +44 20/70 62 80 36 • www.pestana.com • EZ/DZ ab £ 150

✳ Rembrandt Hotel

Verlässliches **Mittelklassehotel** in prima Lage: gleich gegenüber vom Victoria & Albert Museum und in direkter Nachbarschaft zu »Harrods«. Die Einrichtung der Zimmer ist eher gediegen (also nicht unbedingt etwas für hippe Designjunkies), der Concierge hilfsbereit. Nebenan können Hotelgäste den privaten Fitnessclub »Aquilla« gegen Gebühr mit nutzen, zu dem auch ein Pool, Sauna, Dampfbad und ein Schönheitssalon gehören.

11 Thurloe Place, SW7 • U-Bahn: South Kensington • +44 20/36 27 46 31 • www.sarova-rembrandthotel.com • EZ/DZ ab £ 160/£ 180

✳ The Nadler Kensington

Das Schwester-**Hotel** des Nadler Soho (S. 40) wurde 2013 renoviert und bietet moderne Zimmer mit Miniküche inklusive Kühlschrank und Mikrowelle. Ab der Superior-Kategorie wird es geräumiger. Gute Freundinnen, die sparen möchten, können es sich in der Kategorie *Luxury Bunk* (mit Stockbetten) gemütlich machen (ab £129). sehr aufmerksam: Es gibt ein *We-Love-Singles*-Angebot für Alleinreisende.

25 Courtfield Gardens, SW5 • U-Bahn: Earl's Court • +44 20/72 44 22 55 • www.thenadler.com • EZ/DZ ab £ 107/£ 140

Der Süden

Southwark, Greenwich Park, Brixton – Kultur und Kulinarik in idealer Verbindung südlich der Themse

Ob man nördlich oder südlich der Themse wohnt, ist ein Glaubensbekenntnis. Den Fluss gen Süden überqueren? *Never*, sagen eingefleischte Nordufler. Für die Einstellung gibt es historisch einen Grund: Jahrhundertelang hörte London in Richtung Süden an der Themse praktisch auf, gegenüber lag unwirtliches Marschland, später Werften und Industrie.

Im Stadtzentrum setzte das Festival of Britain 1951 den Startschuss für die Top-Kulturdestination Southbank Centre, und seitdem hat sich viel geändert. Gerade in den letzten Jahren brummt es im Süden gewaltig. Im Stadtbezirk Southwark punkten Viertel wie Bermondsey mit Relikten des Industriezeitalters: Bahnbögen der ersten Londoner Bahnlinie von 1836 und alte Lagerhäuser sind nun begehrte Locations. Rund um den Borough Market findet sich eine lebhafte Gastroszene. Seit 2012 ist der Shard, Westeuropas höchstes Gebäude am Südende der London Bridge, glas- und metallgewordene Manifestation für die Südexpansion.

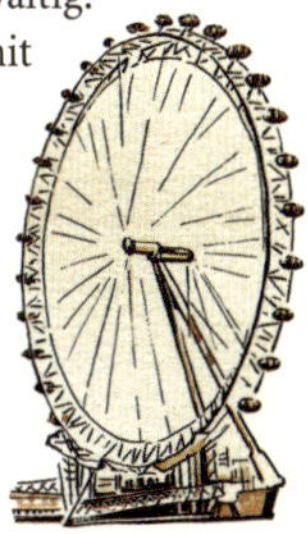

Für das Südufer spricht auch, dass sich Londons bester Themse-Spaziergang entlang der South Bank zieht. Der Promenadengang zieht sich von der Lambeth Bridge (prima Blick auf die Houses of Parliament von hier!) im Westen bis zur Tower Bridge vorbei am Gros der Londoner Sehenswürdigkeiten: London Eye, Shakespeare's Globe, Tate Modern …

Apropos Aussichten, Greenwich Park im Südosten ist unschlagbar für Stadtansichten. Und Einkaufen kann man hier auch toll: Greenwich Market und das lebhafte Zentrum des ehemaligen Fischerdorfs, das Besucher mit dem grandiosen Barockensemble des Old Royal Naval College am Ufer begrüßt, sind einen Ausflug wert. Im Südwesten gibt's das Multikulti-Kontrastprogramm im Einwandererviertel Brixton: Auf dem Brixton Market schlägt das afrikanisch-karibische Herz der Stadt.

Hyde Park
Mount Street
St. George's Gdns.
Park Lane
Curzon
Berkeley Street
Royal Academy of Arts
Piccadilly
Street
Green Park
St. James's St.
London Library
Regent Street
National Gallery
Charing Cross
Southbank Centre Shop
BFI Southbank
Embankment
Wagama
Golden Jubilee Bridge
Southbank
Mall
Waterloo Gardens
The Mall
Pall Mall
Spencer House
St. James's
Whitehall
Whitehall Place
Horse Guards Road
Banqueting Hs.
Victoria Embankment
Boating Lake
Fishermans Keep
The Dell
Serpentine Road
Rose Garden
Wellington Mus.
Hyde Park Corner
Green Park
St. James's Park Lake
Duck Island
London Aquarium
South Carriage Drive
Knightsbridge
Paul's Ch.
Grosvenor Cres.
Buckingham Palace Gardens
Buckingham Palace
The Mall
Park
Walk
Gt. George St.
Parliament St.
Westminster
Knightsbridge
Sloane Street
Grosvenor Place
Boating Lake
Birdcage
Westminster
Big Ben
Westminster Bridge
Westminster Hall
Houses of Parliament
Brompton Road
Harrods
The Royal Mews
Buckingham Gate
St. James's Park
Tothill St.
West-minster Abbey
Abingdon St.
Westminster Chapel
Buckingham Gate
Chesham Place
Belgrave
Hobart Pl.
Grosvenor Gdns.
St.
Victoria
Victoria
Artillery Row
Victoria Tower Gardens
Reach
Lambeth
Street
Pont
Lennox Gardens
Cadogan Sq.
Sloane
Eaton Square
Place
Eaton Gate
Ebury
Palace
Wilton Road
Vauxhall
Westminster Cathedral
Rochester Row
Horseferry
Road
St John's
Lambeth Bridge
Garden Museum
Victoria Station
Brompton
St. Mary
Royal Court Theatre
Belgravia
Eccleston Br.
Belgrave
Way
Westminster School
Marsham St.
Lower Sloane Street
Sloane Square
Ebury Street
Buckingham
St. George's
Bridge
Playing Field
Tate Britain
Millbank
Lambeth
Albert Embankment
Black
Draycott Avenue
Road
Road
Pimlico
Warwick
Ebury Br.
Charlwood St.
Lillington Gdns. Estate
John Islip St.
Atterbury St.
King's
Chelsea Barracks
Pimlico
Warwick Gallery
Drive
Road
Pimlico
River-side Gdns.
Walk
Vauxhall
Tyers St.
Burton's Court
Hospital Road
Ebury Bridge Road
Sutherland St.
Lupus Street
Lupus
Street
St. Saviour
Tachbrook Estate
Chelsea
Ranelagh
Chelsea Bridge Road
Inner Basin
Peabody Avenue
Claverton Street
Grosvenor Road
Vauxhall Bridge
Embody Wellness
Vauxhall
Spring Gardens City Farm
Kennington
Flood Street
Royal
Gardens
Chelsea Physic Garden
National Army Museum
Grosvenor Road
Brunswick House Café
Harleyford Road
Embankment
Chelsea Bridge
Grosvenor
Bridge
Themse
Lane
Bondway
Chelsea
Chelsea Reach
Rd.
Miles St.
South Lambeth Road
Vauxhall Park
Fentiman
Albert Bridge
Queenstown
Nine Elms
The Parade
Children's Zoo
Millennium Arena
Nine Elms
Wandsworth
Battersea Park
Fountain Lake
Battersea Park Road
Dorset Road
Albert Bridge
Bunga Bunga
Duck Pond
Ladies Pond
Boating Lake
Road
New Covent Garden Market
Road
Stewart's Rd.
South Lambeth
Recreation Ground
Carriage Drive South
Lurline Gardens
Thessaly
Wandsworth Road
Harrington
South Lambeth Rd.
Road
Deeley Road
Lansdowne
Way
Clapham Road
Stockwell
Battersea Bridge Road
Cambridge Rd.
Warriner Gardens
Road
Road
Larkhall Park
Lane
Studley Road
Battersea Park Road
Battersea
Silverthorne
Stewart's Road
Stockwell
Culvert Road
Heathbrook Park
Union Road
Larkhall
Jeffreys Road
Road
The Alma Wandsworth
Latchmere
Prairie Street
Thackeray Road
Street
Road
Road
Union Road
Lingham Street
Falcon Park
Eversleigh Road
Grayshott Road
Tyneham Road
Queenstown
Robertson
Larkhall Rise
Gauden
Road
Dalyell Road
Elsley Rd.
Road
Glycena
Hill
Wandsworth
North St.
Clapham Manor Street
Clapham
Road
Landor
Hubert Grove
Road
Lavender
Elspeth Road
Sisters Avenue
Stormont Road
Taybridge Road
Cedars Road
Victoria Rise
The Chase
Lilieshall Rd.
Macaulay Rd.
Old Town
Clapham North
Clapham High St.
Bedford Road
Ferndale
Road
Clapham
North Side
The Pavement
Cock Pond
Clapham Common
Long
Road
Clapham Common

Kultur
Shopping
Restaurant
Wellness
Ausgehen
Übernachten
0
600 m
OXO Tower
Tate Modern
Shakespeare's Globe
Premier Inn Southwark
Holiday Inn Express
Ibis Styles Southwark
citizenM London
Rose
Southwark Cathedral
London Bridge Hotel
Menier Chocolate Factory
Novotel London Blackfriars
Joy
The Refinery
Floatworks
Fashion and Textile Museum
Potter Fields Park
Konditor & Cook
Gelateria 3BIS
Borough Market
Design Museum
Anchor & Hope
Mercure London Bridge Hotel
Restaurant Story
Young Vic
Meson Don Felipe
Rabot Estate
Roxy Bar & Screen
The Hide Bar
The Garrison
Lovely & British
Old Vic Theatre
The Borough
Borough
Tin Lid
Casse-Croûte
White Cube
Maltby Street/ Spa Terminus
Lambeth North
José
Zucca
Pizarro
Bermondsey Square Antique Market
Ministry of Sound
Bermondsey Square Hotel
Captain Bligh House
Newington
Shortwave Independent Cinema & Bar
Bermondsey
Geraldine Mary Harmsworth Park
Elephant & Castle
Eveline Lowe Estate
Safestay at Elephant & Castle
Kennington
Surrey Gardens
Faraday Gardens
Surrey Square Park
Walworth
Kennington Playground Park
Kennington
Detailkarte Greenwich
Old Brewery
Old Royal Naval College
Naval College Gardens
Greenwich Printmakers
Greenwich Market
Queen's House
Sophia & Matt
St. Alfege Park
Traffic People
Trinity Laban Conservatoire for Music & Dance
National Maritime Museum Gardens
Fan Museum
Greenwich Park
Greenwich Park
Myatt's Fields
Mostyn Gardens
Peckham
Warwick Gardens
Max Roach Park
Wyck Gardens
Detailkarte Brixton
Frank's Café & Campari Bar
Church Street Hotel
Rosie's Deli Café
O2 Brixton Academy
Bar Social
Loft
Brixton Village
Electric Brixton
The Bussey Building
Clapham Common
Ritzy Picturehouse
Dog-star
Brockwell Lido
White Horse
Mango Landin'
Wandsworth Common
Tooting Bec Lido

Kultur

Im Stadtzentrum wartet das Südufer, die South Bank, mit einem bunten Kulturprogramm auf – mit Museen, Konzerthalle, Theater und Kino. Die Hungerford Bridge, die als Fußgängerbrücke von der U-Bahn-Station Embankment aus zur South Bank führt, bietet auf der Linksspur einen herrlichen Blick gen Süden und Osten, wo die Kuppel der St Paul's Cathedral in der Citykulisse ihren Platz behauptet. Neben dem Southbank Centre mit der Royal Festival Hall im Mittelpunkt schließen sich British Film Institute und National Theatre an, weiter geht's bis zu Shakespeare's Globe und der beeindruckenden Tate Modern. Weitere Kultur-tupfer gibt es südlich der London Bridge und im Südosten lockt das UNESCO-Weltkulturerbe Greenwich.

✳ BFI Southbank

Zu den Kulturperlen am Südufer der Themse gehört dieses Kino, das vom British Film Institute unterhalten wird und im Herbst das London Film Festival ausrichtet. Der Cineasten-Tempel ist Großbritanniens führendes **Repertoirekino** mit tollen Retrospektiven, Shop und Onlinearchiv für Filmfreaks. Beliebt zum Essen und Trinken: »The Riverfront« an der Themse und »benugo bar & kitchen« (S. 101).

Belvedere Rd, SE1 • U-Bahn: Waterloo, Embankment • +44 20/ 79 28 32 32 (Tickets) • www.bfi.org.uk • The Riverfront: Mo–Sa 9–23 Uhr, So 10–23 Uhr

Don't miss

Das vegetarische »Garden Café« des Garden Museum. Die Kräuter für die Gerichte werden im Garten frisch gezupft, wo im Sommer Tische stehen. Eintritt wird keiner erhoben!

✳ Design Museum

Londons Zentrum für alles rund um das Thema zeitgenössisches Design, direkt gegenüber vom Tower. Das **Museum** wurde 1989 in Butler's Wharf, einem ehemaligen Komplex viktorianischer Speicherhäuser eröffnet, und deckt alles ab von Mode-, über Grafik-, Architektur- bis zu Multimediadesign. Guter Shop und Themse-Blick vom Restaurant im ersten Stock.

28 Shad Tames, SE1 • U-Bahn: London Bridge • +44 20/79 40 87 90 • www.designmuseum.org • Tgl. 10–17.45 Uhr, letzter Einlass 17.15 Uhr • £ 12.40

⚹ Fan Museum

Ein Mini-Museum für einen (von Karl Lagerfeld mal abgesehen) weiblichen Gebrauchsgegenstand ist das **Fächermuseum** im Südosten von London, in Greenwich. Wenn man sich für die Hauptsehenswürdigkeiten, das Weltkulturerbe »Maritime Greenwich«, hierhin aufgemacht hat, kann man sich auch gleich noch die sehenswerte, bis ins 11. Jahrhundert zurückgehende Fächersammlung anschauen. Und in der »Orangery« gibt's *afternoon tea* für £ 6.

12 Croom's Hill, SE10 • DLR: Greenwich • +44 20/83 05 14 41 • www.fan-museum.org • Di–Sa 11–17 Uhr, So 12–17 Uhr, *afternoon tea*: Di, So 14.15, 15.45 Uhr (reservieren; der Eintritt fürs Museum muss bezahlt werden) • £ 4

⚹ Fashion & Textile Museum

Moment mal, Mexiko? Die bunte Fassade des Fashion and Textile Museum auf der Bermondsey Street erinnert an südliche Gefilde. Die Gründerin, die britische Kult-Modedesignerin Zandra Rhodes, liebt Farben und der Architekt war in der Tat Mexikaner. Passt also.

Interessante wechselnde **Ausstellungen** zu zeitgenössischer Mode und Textildesign.

83 Bermondsey St, SE1 • U-Bahn: London Bridge • +44 20/74 07 86 64 • www.ftmlondon.org • Di–Sa 11–18 Uhr, letzter Einlass 17.15 Uhr • £ 8

⚹ Garden Museum

Im Innern der uralten St Mary-at-Lambeth-Kirche erklärt eine kleine **Ausstellung** die britische Liebesaffäre mit dem Garten. Kurios, die Umgebung in dem entweihten, vom Verfall bedrohten Gotteshaus. Charmant ist das ganze Ensemble am Südende der Lambeth Bridge mit dem Garten im alten Kirchfriedhof, der von der Museumspräsidentin, der Dowager Marchioness of Salisbury, entworfen wurde.

5 Lambeth Palace Rd, SE1 • U-Bahn: Lambeth North • +44 20/74 01 88 65 • www.gardenmuseum.org.uk • Sa 10.30–16 Uhr, So–Fr 10.30–17 Uhr, am 1. Mo im Monat geschl. • £ 7.50, wenn keine Wechselausstellung stattfindet £ 5

⚹ Menier Chocolate Factory

Eine Schokoladenfabrik? Nein, ein preisgekröntes ***Fringe*-Theater** in einem alten Gebäude von 1870 – wo einst Schokolade hergestellt wurde. Die Theater- und Musicalproduktionen kommen oft so gut

↑ *Konzerte in der Kapelle des Old Royal Naval College: klassizistisches Interieur und fabelhafte Akustik.*

beim Publikum an, dass sie ins West End transferieren. Zwischen alten Holzbalken und im Backsteininterieur kann man den Alternativtheaterabend im hauseigenen Restaurant abrunden.

53 Southwark St, SE1 • U-Bahn: London Bridge • +44 20/73 78 17 13 (Tickets) • www.menierchocolatefactory.com • Restaurant: Di–Sa 12–15, 17.30–23 Uhr, So 12–15 Uhr

Don't miss

Mit dem *Thames Clipper* vom Stadtzentrum nach Greenwich zu fahren: tolles Stadtpanorama auf dem Weg, viele Sehenswürdigkeiten – und eine Flussfahrt gehört in London einfach dazu!

✳ National Theatre

Auf der Südseite der Themse steht ein Betonbau, der manchem ästhetisch aufstößt, garantiert aber nicht künstlerisch. Das National Theatre ist DIE Institution im Lande für klassisches und zeitgenössisches **Theater**. Auf seinen drei Bühnen standen schon alle Schauspiel-Ikonen: Laurence Olivier, Anthony Hopkins, Judi Dench, Helen Mirren ... und auch neue Stars wie Benedict Cumberbatch. Die Backstagetouren (£ 8.50) sind super, nicht nur für Neugierige!

South Bank, SE1 • U-Bahn: Waterloo, Embankment • +44 20/74 52 30 00 (Tickets) • www.nationaltheatre.org.uk

✳ Old Royal Naval College

Das Barockmeisterwerk von Sir Christopher Wren aus dem 17. Jahrhundert ist der grandiose Mittelpunkt des UNESCO-Weltkulturerbes »Maritime Greenwich«. Von der Uferpromenade aus hat man den besten Blick auf die prachtvolle Symmetrie der Anlage mit den Kuppelbauten der Painted Hall und der Kapelle, einst **Ausbildungsstätte für die Königliche Marine**. Tipp: sich etwas Zeit nehmen und umherschlendern.

King William Walk, SE10 • DLR: Cutty Sark • +44 20/82 69 47 99 •

! Southbank Centre – Londons kulturelles Wohnzimmer

In Zentrumslage liegt am Südufer der Themse eine Top-Kulturdestination. Die Geschichte des Southbank Centre (www.southbankcentre.co.uk), das aus Royal Festival Hall, Queen Elizabeth Hall, Purcell Room und der Hayward Gallery besteht, geht ins Jahr 1951 zurück, als das Festival of Britain das 100-jährige Jubiläum der Weltausstellung feierte, und die Royal Festival Hall als Teil der Feierlichkeiten eröffnet wurde. Die vor einigen Jahren renovierte Konzerthalle bietet mit einer Glasfront und großzügigem Terrassenbereich nun ein weitaus freundlicheres Bild, denn das Southbank Centre ist ganz im Stil der Nachkriegszeit gebaut. Insbesondere die Queen Elizabeth Hall als kleinere Konzerthalle neben der Royal Festival Hall und die Hayward Gallery dahinter sind atemberaubend in ihrer Betonpracht.

Macht aber nichts, denn das Southbank Centre ist ein lebhafter, immer bunt dekorierter Ort mit einem unschlagbaren Angebot an Kulturveranstaltungen, nicht nur kostenpflichtigen, sondern auch vielen freien Konzerten und Events. Das Foyer der Royal Festival Hall ist bis 23 Uhr geöffnet und sozusagen Londons Wohnzimmer an der Themse. Ein öffentlicher Raum zum Hinsetzen, Essen, Trinken und Aussicht-Genießen. Die Terrasse wird im Sommer zur Außenbar. Toll: die häufig stattfindenden *Lunchtime*-Konzerte im Foyer an Freitagen und der Clore Ball Room im hinteren Teil des Foyers. Hier wird gesungen, gespielt und getanzt. Es lohnt sich immer, einen Blick in die *free-events*-Rubrik auf der Webseite der Royal Festival Hall zu werfen!

Schräg hinter der Royal Festival Hall steht das 1968 eröffnete Betonungetüm der Hayward Gallery. Die Brutalarchitektur tut fast in den Augen weh, auf die innovativen Ausstellungen moderner britischer und internationaler Kunst möchte aber trotzdem keiner verzichten. Besucher erwartet hier immer wieder Kunst, nicht nur zum Anschauen, sondern zum Erleben und Mitmachen.

www.ornc.org • Gelände: tgl. 8–18 Uhr, Painted Hall: tgl. 10–17 Uhr, Kapelle: tgl. 10–17 Uhr, So ab 12.30 Uhr

✳ Old Vic Theatre

Bis Herbst 2015 war Oscar-Preisträger Kevin Spacey künstlerischer Leiter des 1818 eröffneten **Theaters**. 12 Jahre lang war er hier extrem erfolgreich am Werk und stand neben diversen Stars wie Jeff Goldblum, Ethan Hawke oder Kim Catrall auch selbst auf der Bühne. Im erstklassigen Repertoire sind klassische und neue Stücke. Man beachte die wunderschöne Fassade!

103 The Cut, SE1 • U-Bahn: Waterloo • +44 (0)844 871 76 28 (Tickets) • www.oldvictheatre.com

✳ Queen's House

In Greenwich stand einst der östlichste in der Reihe königlicher Paläste an der Themse. Von dem Tudorkomplex ist heute bedauerlicherweise nur noch das von Inigo Jones im 17. Jahrhundert gebaute Queen's House übrig, eine beliebte Hochzeitskulisse. Großbritanniens erstes **Bauwerk im klassischen Stil** gilt als Wendepunkt in der britischen Architektur. Eine weitere Premiere: die eleganten *Tulip Stairs*, die erste geometrische, sich selbst tragende Wendeltreppe im Land.

Greenwich, hinter dem Old Royal Naval College, SE10 • DLR: Cutty Sark • +44 20/88 58 44 22 • www.rmg.co.uk/queens-house • Tgl. 10–17 Uhr, letzter Einlass 16.30 Uhr

✳ Shakespeare's Globe

Das bekannteste **Elisabethanische Theater** wurde 1599 am Themse-Ufer gebaut und brannte 1613 ab. Gut 380 Jahre später wurde ein neues Globe Theater an fast derselben Stelle eingeweiht, wie das Original ohne Dach und aus englischer Eiche gebaut. Während der Saison finden täglich zwei Vorstellungen wie zu Shakespeares Zeiten statt vor 900 Sitz- und 700 Stehplätzen – auch bei Regen! Die Theaterführungen sind super.

21 New Globe Walk, SE1 • U-Bahn: London Bridge, Blackfriars • +44 20/74 01 99 19 (Tickets für Vorstellungen) • www.shakespearesglobe.com • Saison: Mitte April–Mitte Okt., Ausstellung: tgl. 9–17.30 Uhr, Führungen: alle

Don't miss

Den Garten auf dem Dach des Betonungetüms Queen Elizabeth Hall – ab Frühling und bis Oktober eine grüne Oase mit Flusspanorama, Beeten, wilden Blumen und einer Bar. Feine Sache!

30 Minuten Mo 9.30–17 Uhr, Di–Sa 9.30–12.30 Uhr, So 9.30–11.30 Uhr • Ausstellung und Führung £ 13.50

✳ Southwark Cathedral

Das älteste **gotische Bauwerk** Londons quetscht sich zwischen London Bridge und Borough Market: Die Southwark Cathedral wurde im 13. Jahrhundert als Kirche eines Augustiner Priorats gebaut. Wer vom Haupteingang aus den Gang nach hinten durchgeht, findet ein Fenster in die Vergangenheit, das bei Ausgrabungen entdeckt wurde und u. a. Überreste einer römischen Straße aus dem 19. Jahrhundert zeigt.

London Bridge, SE1 • U-Bahn: London Bridge • +44 20/73 67 67 00 • http://cathedral.southwark.anglican.org • Mo–Fr 8–18 Uhr, Sa, So 8.30–18 Uhr

✳ Tate Modern

Die Weltklasse-**Kunstsammlung** der Tate Modern ist genauso spektakulär wie der Bau, in dem sie sich befindet: Ein altes Kraftwerk lockt die Welt ans Südufer der Themse. Zur Sammlung gehören 60 000 Werke moderner Kunst ab 1900, die in Rotation gezeigt werden. Zwei Tipps: die regelmäßigen Sonderausstellungen und der Themse-Blick von den oberen Stockwerken. Im Rücken der Industriekathedrale wächst gerade ein futuristischer Anbau.

Bankside, SE1 • U-Bahn: Southwark • www.tate.org.uk • So–Do 10–18 Uhr, letzter Einlass 17.15 Uhr, Fr, Sa 10–22 Uhr, letzter Einlass 21.15 Uhr

✳ White Cube

Mit ein Grund, warum die Bermondsey Street so hip ist: 2011 eröffnete Kunstimpresario Jay Jopling eine weitere White-Cube-**Galerie** für zeitgenössische Kunst, zum Erstaunen vieler südlich der Themse. Das ehemalige Lagerhaus birgt auf mehr als 5400 Quadratmetern drei Hauptausstellungsräume.

144–152 Bermondsey St, SE1 • U-Bahn: London Bridge • +44 20/79 30 53 73 • www.whitecube.com • Di–Sa 10–18 Uhr, So 12–18 Uhr

✳ Young Vic

Nur zwei Minuten entfernt vom Old Vic, aus dem es erwachsen ist, und ursprünglich eine **Bühne**, um Kindern und Jugendlichen klassisches Theater näherzubringen. 1974 wurde es eine unabhängige Institution. Charakteristisch: die informelle Atmosphäre und innovative Inszenierungen von Klassikern.

66 The Cut, SE1 • U-Bahn: Waterloo • +44 20/79 22 29 22 (Tickets) • www.youngvic.org

Shopping

Klassische Shoppingstraßen gibt es südlich der Themse keine, dafür originelle Lädchen und unabhängige Einzelhändler, die sich tapfer gegen die Macht der Ketten stemmen. Bermondsey Street tut sich besonders hervor, hier ist eine Nachbarschaftskultur entstanden, die sich wohltuend von großen Konsummeilen abhebt. Bei Mode geht es nicht um Mainstream, sondern eher um Vintage und Ausgefallenes. Auf der South Bank gibt es viel zum Thema Design und Kunst. Im bunten Strauß an Londoner Märkten kann der Süden im Osten mit Greenwich Market aufwarten, und seit der Renovierung alter Arkaden, die zum Brixton Market gehören, gibt es weiter im Westen mit Brixton Village Market ebenso eine kleine Enklave für Ungewöhnliches.

* Brixi

Darum macht der Name Brixton Village so viel Sinn: Wie so viele Geschäfte hier wird auch dieses von einer Brixton-Anwohnerin geführt, die nach der Renovierung der alten Granville Arcade vor einigen Jahren einen Shop für originelle Haushaltswaren, handgemalte Karten, Schmuck und Kunsthandwerk lokaler Hersteller eröffnete. Ein **Kuriositätenlädchen** mit einer netten Besitzerin.

Unit 7, Brixton Village, SW9 • U-Bahn: Brixton • +44 7919/ 16 24 28 • Di–Mi 10–16.30 Uhr, Do 10–20 Uhr, Fr, Sa 10–19 Uhr, So 11–17 Uhr

* Circus

Binki und Tabitha – schon die Namen sind vielversprechend! Das hübsche Ecklädchen der freundlichen Circus Girls im Brixton Village ist ein Blockhaus aus Pappe (ja, das geht!) voller **Designprodukte**. Das meiste stammt von Südlondoner Künstlern: originelle Accessoires, Schmuck, Geschirr, Drucke, Schreibwaren ...

Don't miss

Den *Antique Market* auf dem Bermondsey Square. Los geht's jeden Freitag um 5 Uhr morgens, Schluss ist gegen 13 Uhr. Neben Antikem gibt's Flohmarktware, klassisch aus dem Kofferraum heraus verkauft.

Das kann London gut: Vintage-Läden, in denen Nostalgie zelebriert wird, wie bei »Radio Days«. Bei Swing-Musik lässt sich hier bestens wühlen.

Ecke 2th/5th Avenue, Brixton Village, SW9 • U-Bahn: Brixton • +44 7736/67 96 76 • www.circusbrixton.com • Di, Mi 14–17 Uhr, Do 11–22 Uhr, Fr 11–21 Uhr, Sa 11–20 Uhr, So 11–16 Uhr

⁎ Greenwich Market

Jede Londoner Ecke hat ihren **Hauptmarkt**. Im Südosten ist es dieser: In der alten überdachten Halle im Zentrum des Stadtteils werden Schmuck, Antiquitäten, Mode, Kunsthandwerk, Geschenkartikel und Kulinarisches angeboten. Viele Shops und Cafés im Markt haben die ganze Woche auf. Keine Massenware, sondern individuelle Produkte. Besonders toll: »Greenwich Printmakers«. Hier werden im Stil einer Kooperative hochwertige Drucke verkauft. Tolle London-Motive! Zudem zeigen Wechselausstellungen die neuen Werke der Künstler.

Greenwich Church St, SE10 • DLR: Cutty Sark • www.shopgreenwich.co.uk, www.greenwich-printmakers.co.uk • Di–So 10–17.30 Uhr • Mi, Sa, So: Kunst, Handwerk, Essen; Di, Do, Fr: Antiquitäten, Vintage

⁎ Joy

Erst Kultur in der Tate Modern, dann eine Runde Albernheiten: Direkt hinter dem Museum liegt ein Geschäft der britischen Joy-Kette, die neben trendiger, bunter **Mode** des eigenen »Louche«-Labels viel Schnickschnack verkauft. Hier findet man garantiert ein Mitbringsel, auch für den Liebsten, der zuhause bleiben musste!

12 Sumner St, SE1 • U-Bahn: Southwark • +44 20/79 28 25 74 • www.joythestore.com • Mo–Fr 9–19 Uhr, Sa 10–19 Uhr, So 12–18 Uhr

⁎ Konditor & Cook

1993 eröffnete der deutsche Bäcker und **Konditor** Gerhard Jenne seinen ersten

Don't miss

Gabriel's Wharf auf der South Bank. Hier wurden aus alten Werkstätten Lädchen und Galerien, die Handgemachtes feil bieten: Mode, Schmuck, Kunst und Accessoires von unabhängigen Designern, keine Labels.

Konditor-&-Cook-Shop in einer abgelegenen Ecke hinter Waterloo; inzwischen hat er sechs Filialen. Süßmäuler lenken ihre Schritte immer noch zu diesem kleinen lila Ecklädchen, wo alles begann. Super Mitbringsel: eine Packung Minikuchen mit London-Motiven. Die beste kleine Sünde zum direkten Verzehr: *Raspberry*-Fondant.

22 Cornwall Rd, SE1 • U-Bahn: Waterloo • www.konditorandcook.com • Mo–Mi 7.30–18.30 Uhr, Do, Fr 7.30–19 Uhr, Sa 8.30–17 Uhr

✳ Leftovers

Die Besitzerin der **Vintage-Schatzkiste** eröffnete als eine der ersten in den renovierten Granville Arcades. Das »Übriggebliebene« stammt hauptsächlich aus der ersten Hälfte des 20. Jahrhunderts und wird mit viel Liebe zum Detail präsentiert. Spezialität: Spitze, aus viktorianischer Zeit sowie aus den 1920er- und 1930er-Jahren. Vieles bringt die Hausherrin von ihren regelmäßigen Ausflügen nach Frankreich mit.

Unit 71, Brixton Village, SW9 • U-Bahn: Brixton • Mi–So 11–17.30 Uhr

✳ Lovely & British

Der Name ist Konzept: Das kleine Geschäft hat sich hübschen **britischen Produkten** verschrieben. Wie in vielen der Shops auf der Bermondsey Street legt man hier Wert auf die Förderung lokaler Produzenten, Individualität wird groß geschrieben. Ein guter Stop für Originelles, inklusive Schmuck, Kunst, Taschen, Fotografie, Kerzen und Kleinigkeiten aller Art.

132a Bermondsey St, SE1 • U-Bahn: London Bridge • +44 20/73 78 65 70 • Mo–Mi 11.30–18 Uhr, Do, Fr 11.30–19 Uhr, Sa 10–17.30 Uhr, So 12–16 Uhr

✳ Rabot Estate

Rabot Estate heißt die Schokoladenplantage des britischen Schokoladenherstellers »Hotel Chocolat«, die 2006 entgegen jeden Industrietrends auf St. Lucia in der Karibik gekauft wurde, um dort selbst Kakaobohnen anzubauen. Das Geschäft mit Café im Borough Market erinnert an eine dunkle Höhle aus Holz, in der man sich verlieren kann. Daumen hoch für diese außergewöhnliche Auswahl an **Schokoladen und Pralinen** in allen Geschmacksrichtungen!

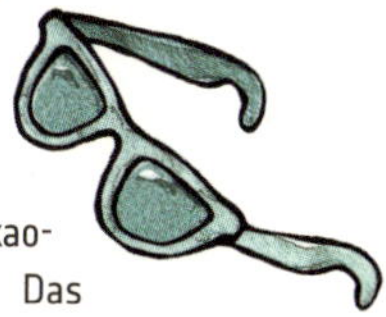

Borough Market, 2 Stoney St, SE1 • U-Bahn: London Bridge • +44 20/74 03 98 52 • www.hotelchocolat.com • Mo–Mi 8–18 Uhr, Do 7.30–18 Uhr, Fr 7.30–18.30 Uhr, Sa 9–18.30 Uhr

✳ Radio Days

Dieser charmante **Vintage-Shop** mit seiner herrlichen Schaufensterdeko ist

einer der Lieblinge auf Lower Marsh hinter Waterloo. Der Laden quillt über vor Kleidern, Magazinen, Geschirr und Sammlerstücken von den 1920er-Jahren bis in die 1980er-Jahre; im Hintergrund läuft Swing und Jazz. Mitbesitzer Lee ist extrem redselig und zeigt gerne jedem das Bild von ihm und Prinz Charles, das bei einem offiziellen Termin im Shop aufgenommen wurden.

87 Lower Marsh, SE1 • U-Bahn: Waterloo • +44 20/79 28 08 00 • www.radiodaysvintage.co.uk • Mo–Sa 10–18 Uhr, Fr bis 19 Uhr

Rejuvenate

Hier gibt es 1950er-Jahre-Glamour! Der Besitzer von einem der beliebtesten **Vintage-Shops** in Brixton hat ein gutes Auge für Frauen- und Männermode, Kinderspielzeug, Accessoires und Dekogegenstände. Bekannt ist der Laden außerdem für seine guten Preise.

Unit 40, Brixton Village, SW9 • U-Bahn: Brixton • +44 7506/15 26 70 • Mo–Sa 10–18 Uhr

Don't miss

Den täglich stattfindenden *food market* auf Lower Marsh, wo sich zur Lunchzeit die in der Umgebung Arbeitenden internationales *street food* auf die Hand holen. Hingehen und mitmachen!

Saloon 97

Mädchenhaft, ein wenig pastellig und originell. Die drei Besitzerinnen mixen in ihrem Shop **unabhängige Modelabel** mit Vintagekleidern und eigenen Designs. Die Auswahl – viele Kleider – ist daher recht individuell. Die Umkleiden sind aus alten Schals gebastelt. Accessoires gibt's natürlich auch. Kurios: Ganz hinten im Laden sind ausgefallene Tapeten mit Vogelmustern zu bewundern.

Unit 97, Brixton Village, SW9 • U-Bahn: Brixton • +44 7889/12 09 40 • Di, Do, Fr, Sa 11–17 Uhr, Mi, So 12–17 Uhr

Sophia & Matt

Zwei Londoner **Designer** mit einer Vorliebe für Farben und Muster stellen seit 2005 Handtaschen, Geldbörsen, Make-up- und Waschbeutel her, die vor Punkten, Streifen und Blumenmustern nur so strotzen. Ihr Geschäft in Greenwich ist ein Hingucker, genau wie ihre typischen Londoner Produkte. Die fröhlich designten Oyster-Card-Halter etwa könnten auch zweckentfremdet und, *back home*, als Kreditkartenhülle genutzt werden.

28 Greenwich Church St, SE10 • U-Bahn: Cutty Sark • +44 20/88 58 77 32 • www.sophiaandmatt.co.uk • Tgl. 10.30–18.30 Uhr

✳ Southbank Centre Shop

Kultureinrichtungen sind oft Garanten für originelle Einkaufsideen, wie etwa dieser Shop demonstriert. Er bietet eine eklektische Auswahl an Produkten: **Haushaltswaren**, Geschenkideen, Schmuck, Kunst (tolle London-Drucke!) – alles, nur keine Massenware. Alle drei Monate kommen neue Produkte rein, die das kulturelle Southbank-Programm reflektieren.

South Bank, Festival Terrace, SE1 • U-Bahn: Waterloo, Embankment • www.southbankcentre.co.uk • Mo–Fr 10–21 Uhr, Sa 10–20 Uhr, So 12–20 Uhr

✳ Tin Lid

Zauberhaftes Geschäft, das die »Dorfatmosphäre« der Bermondsey Street atmet. Die Schweizer Inhaberin verkauft **Kinderbekleidung** kleiner Hersteller aus Dänemark, Spanien, Deutschland und Großbritannien. Dazu originelle Karten, von der Großmutter eines Bekannten gezeichnet, und ungewöhnliche, von einer Hebamme gefertigte Stofftiere. Helena Bonham Carter war auch schon hier.

96 Bermondsey St, SE1 • U-Bahn: London Bridge • +44 20/74 07 48 29 • Mo–Mi 10–18 Uhr, Do, Fr 11–19 Uhr, Sa 10–18 Uhr, So 10–17 Uhr

✳ Traffic People

UK-Label für jüngere Frauen, auch bei nationalen Promimädels beliebt. Viele **Kleidchen** mit dem Glamour alter Zeiten, die Retro-Elemente mit Modernem verbinden. Abendoutfits gibt's genauso wie Büro-Looks mit Pfiff – oder vielmehr wird Letzteres nach Feierabend einfach modifiziert und verwandelt sich in Ersteres! Typisch, denn Heimfahren zum Umziehen ist nicht in der Riesenstadt.

12–14 Greenwich Church St, SE10 • DLR: Cutty Sark • +44 20/82 69 10 71 • www.trafficpeople.co.uk • Tgl. 10.30–19 Uhr

Auf der Bermondsey Street sind die Ladenbesitzer mit viel Herz und Passion dabei. Das Kindergeschäft »Tin Lid« bietet den Gegenentwurf zum Einheitslook. →

Restaurants & Cafés

Bei einer Sache im Süden können Londoner von *north of the river* absolut nicht mehr die Nase rümpfen: Die hiesige Restaurantszene hat sich prächtig entwickelt und fungiert mehr als eine Fundgrube für Innovatives und Neues, als dass man hier klassisch-steife Gourmetrestaurants vorfindet. Um den Lebensmittelmarkt Borough Market hat sich ein *foodie*-Zentrum entwickelt. Wo Köche beste Ware finden, sind Restaurants die logische Folge. Kein Wunder, dass Londons neuester Kochstar Tom Sellers 2013 in der Nähe sein Restaurant eröffnete. Südlich davon lockt mit der Bermondsey Street ein alternatives Restaurantmekka, und in Zentrumsnähe lohnen sich hinter der South Bank die Locations in den Straßenzügen um Waterloo.

✳ Anchor & Hope

Reservieren kann man in dem beliebten **Gastropub** nicht. Die Gäste kommen dennoch gerne und warten einfach bei einem Drink an der Bar auf einen Tisch. Anchor & Hope ist seit über zehn Jahren ein Geheimtipp für Freunde moderner britischer Küche, serviert wird Herzhaftes in lebhafter, ungezwungener Atmosphäre, oft an Gemeinschaftstischen. Die Karte wechselt täglich. Gerichte zum Teilen und leckere Desserts.

36 The Cut, SE1 • U-Bahn: Southwark, Waterloo • Mo 17–23 Uhr, Di–Sa 11–23 Uhr, So 12–17 Uhr, Küche: Mo 18–22.30 Uhr, Di–Sa 12–14.30, 18–22.30 Uhr • Hauptgerichte ab £ 12

Don't miss

In der »Gelateria 3BIS« beim Eiskauf einen Tropfen flüssiger Schokolade unten in den Becher oder die Waffel geben lassen. Himmlisch!

✳ Brunswick House Café

Außergewöhnliche Lokalität an einem hässlichen Kreisverkehr am Südufer der Themse: Als Teil eines Shops für *architectural salvage* in einem Gebäude von 1758 besteht die Einrichtung aus einem Mix aus alten Stühlen, Tischen und Lampen. Perfekt für einen entspannten

Latte, einen Holunderblütensaft oder **moderne britische Küche**. Der Shop selbst ist eine Fundgrube für antike Kuriositäten. Nicht verpassen!

30 Wandsworth Rd, SW8 • U-Bahn: Vauxhall • +44 20/77 20 29 26 • www.brunswickhouse.co • Mo–Fr 9.30–23 Uhr, Sa 10–23 Uhr, So 10–17 Uhr

✳ Casse-Croûte

Einer der Gründe, warum die Bermondsey Street Liebling aller Foodies ist: Ein **kleines Stück Frankreich** südlich der Themse mit roten Lederbänken, schwarz-weiß gekacheltem Boden und rot-weiß karierten Tischdecken. Das Casse-Croûte ist aber dennoch keine Karikatur des klassischen französischen Bistros, sondern einfach sehr charmant – mit einem gut gelaunten Besitzer (Franzose, natürlich) und täglich wechselndem Menu (auf einer Kreidetafel, logisch). Klein und eng (was sonst)! Reservieren!

109 Bermondsey St, SE1 • U-Bahn: London Bridge • +44 20/74 07 21 40 • www.cassecroute.co.uk • Mo–Sa 12–22 Uhr, So 12–16 Uhr • Hauptgerichte ab £ 15

✳ Gelateria 3BIS

Die Menschenschlangen, die sich hier vor allem an Markttagen bilden, sagen alles: Das *gelato* hier ist zum Niederknien! Die hübsch eingerichtete **Eisdiele** am Rande des Borough Market ist spezialisiert auf Cremeeis, Sorbets gibt's aber auch, und neben den Klassikern ein paar experimentellere Sorten.

4 Park St, Borough Market, SE1 • U-Bahn: London Bridge • +44 20/73 78 19 77 • www.gelateria3bis.co.uk • Okt.–April Mo–Sa 8–20 Uhr, So 11–18 Uhr, Mai–Sept. Mo–Sa 8–22 Uhr, So 11–18 Uhr

↑ *Eis geht immer – beziehungsweise: muss sein! Am Rande des Borough Markets wird es italienisch-cremig.*

✳ Old Brewery

Hinter dem Old Royal Naval College in Greenwich unterhält die lokale »Meantime«-Brauerei ein modernes **Restaurant mit Bar und Biergarten**. Das

Menü bietet moderne britische Küche (stets mit etwas Bier verfeinert), kleinere Gerichte gibt's in der Bar und tagsüber im Café. Auf der umfangreichen Bierkarte finden sich auch so exotische Sorten wie Erdbeer und Himbeer. Aber keine Angst, Prosecco und Wein sind auch zu haben.

Old Royal Naval College, Pepys Building, SE10 • DLR: Cutty Sark • +44 20/33 27 12 80 • www.oldbrewerygreenwich.com • Restaurant: tgl. 18–23 Uhr, Café: tgl. 10–17 Uhr, Bar: tgl. 11–0 Uhr • Hauptgerichte ab £ 10.50, Bar/Café-Menu ab £ 4

✳ José

Die Adresse für Gourmands! Der spanische Koch José Pizzaro hat ein Stück Barcelona auf die Bermondsey Street transportiert, seine **Mini-Tapas- und Sherry-Eckbar** ist top. Einfaches, frisches Essen, zubereitet mit Passion und Expertise, kaum Sitzplätze, Reservieren geht nicht (abends früh kommen!) – das Resultat: eine tolle Atmosphäre. Das nette Personal um Empfehlungen bitten!

104 Bermondsey St, SE1 • U-Bahn: London Bridge • www.josepizarro.com • Mo–Sa 12–22.30 Uhr, So 12–17.30 Uhr • Tapas ab £ 5

✳ Meson Don Felipe

Als Meson Don Felipe 1987 im Rücken des Bahnhof Waterloo eröffnete, war diese Ecke recht verwahrlost, heute reihen sich auf The Cut Restaurants und Pubs aneinander. Die kleine **Tapas-Bar** ist ein populärer Klassiker. Hierher kommt man nicht für tiefschürfende Gespräche, sondern für einen lebhaften Abend mit Gitarrenmusik oder auch nur ein Glas Wein und einen leckeren Happen, bevor man eines der benachbarten Theater besucht.

53 The Cut, SE1 • U-Bahn: Southwark, Waterloo • +44 20/79 28 32 37 (Reservierungen bis 20 Uhr mgl.) • www.mesondonfelipe.com • Mo–Sa 12–23 Uhr • Tapas ab £ 5

✳ OXO Tower

Zu besonderen Anlässen isst und trinkt man gerne mit Aussicht. Einer der besten Plätze dafür ist der OXO Tower auf der South Bank. Auf dem achten Stock unterhält »Harvey Nichols« ein **Restaurant mit Brasserie und Bar**. Die Themse-Blicke und das London-Panorama sind tags wie abends gleichermaßen spektakulär. Tipp: In der offenen Brasserie speist man relaxter.

OXO Tower Wharf, Barge House St, South Bank, SE1 • U-Bahn: Waterloo, Embankment • +44 20/78 03 38 88 • www.harveynichols.com • Restaurant:

Der Süden – ein Mekka für foodies

Südlich der Themse tut sich kulinarisch allerhand. Speerspitze für die lebhafte Gastronomieszene ist der Dauerbrenner Borough Market (www.boroughmarket.org.uk), einer der ältesten Lebensmittelmärkte der Stadt aus dem 13. Jahrhundert. Die Bandbreite an Produkten sucht ihresgleichen: Händler aus dem ganzen Land verkaufen Waren aus heimischer Produktion und internationale Delikatessen. Über 100 Stände gibt es in der viktorianischen Halle neben der Southwark Cathedral. Seit 2013 gehört auch ein moderner Glasanbau dazu, in dem Blumen, Salat und Kräuter angebaut werden. Am besten hungrig kommen – es werden immer Probierhappen gereicht! Rund um den Markt lockt eine tolle Auswahl an Cafés und Restaurants.

Wer sich über das kleine Restaurantzentrum auf der Bermondsey Street südlich bewegt, stößt auf eine alternative *foodie*-Ecke in Industrieumgebung. Rund 25 Lebensmittelproduzenten haben entlang der Gleise Bahnbögen übernommen, aus denen samstagmorgens verkauft wird. Rund um Maltby und Druid Street und am Spa Terminus (www.spa-terminus.co.uk), einem alten Endbahnhof, gibt es Gemüse, Käse, Fleisch, Honig, Eis und mehr. Besonders beliebt ist der Bogen der »St John's Bakery«, wo Tische mit ofenwarmen Backwaren und Vanille-*Doughnuts* bestückt werden, solange der Vorrat reicht.

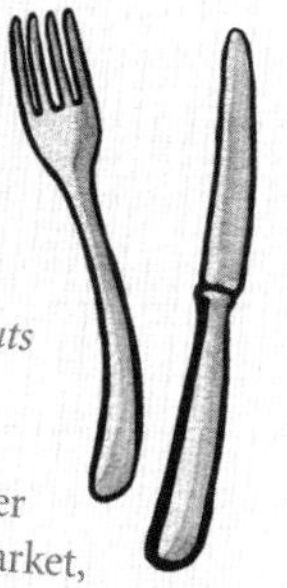

Weiter geht die kulinarische Entdeckungsreise am Ende der Victoria Line: 2011 wurde eine alte Arkade des Brixton Market, einer der größten Märkte für Afrikanisches und Karibisches in Europa, als Brixton Village eröffnet (brixtonmarket.net). Restaurants und *Street-food*-Stände servieren Essen aus aller Welt. Die Atmosphäre ist informell; die kleinen Restaurants operieren mit Bierbänken und wenigen Tischen. Zwischen die Restaurants und Händler mischen sich kleine Shops. Wer empfindlich ist, sollte sich von einigen der Lebensmittelstände fernhalten – einmal Schweinefuß, bitte, live und in Farbe!

Mo–Sa 12–14.30 Uhr, So 12–15 Uhr, Mo–Fr 18–23 Uhr, Sa 17.30–23 Uhr, So 18.30–22 Uhr, Brasserie: Mo–Sa 12–23 Uhr, So 12–22 Uhr, Bar: Mo–Do 11–23 Uhr, Fr, Sa 11–0 Uhr, So 12–22.30 Uhr • Brasserie: Hauptgerichte ab £ 19

✳ Pizarro

Zum »José« (S. 93) gehört dieses **Restaurant**, ein paar Häuser weiter und ebenfalls ein Liebling der Londoner *foodies*. Hier gibt's mehr Platz sowie eine formellere, aber sehr freundliche Atmosphäre – Holz, Kacheln, Backstein, offene Küche. Die häufig wechselnde Karte bietet gehobene spanische Gerichte.

194 Bermondsey St, SE1 • U-Bahn: London Bridge • +44 20/73 78 94 55 (Reservierungen nur mittags mgl.) • www.josepizarro.com • Mo–Fr 12–15, 18–23 Uhr, Sa 12–23 Uhr, So 10–22 Uhr, Brunch 10–14 Uhr • Hauptgerichte ab £ 11, 2-Gang-Mittagsmenü (Mo–Fr) £ 17

✳ Restaurant Story

Regelmäßig tauchen in London neue Kochtalente auf und versetzen die Szene in Aufruhr. Zuletzt der junge Tom Sellers, der 2013 sein erstes eigenes **Restaurant** im Südosten eröffnete. Außergewöhnliche Geschmackserlebnisse für experimentierfreudige Gourmets. Der Mann kann kochen, kein Zweifel!

201 Tooley St, SE1 • U-Bahn: London Bridge • +44 20/71 83 21 17 • www.restaurantstory.co.uk • Di–Sa 12–14.30, 18.30–21.30 Uhr • 6-Gang-Menü £ 45

✳ Rosie's Deli Café

Sehr putzig und liebevoll geführt von der jungen Kochbuchautorin Rosie Lovell. Serviert wird nur tagsüber: Frühstück, Sandwiches, Ciabattas, Salate, Tartes, Kuchen – alles mit ***organic touch***. Die Deko ist im Stil der 1950er-Jahre gehalten. »Rosie's« wird ab 18 Uhr übrigens zu »Sean's Bar« und ist prima für einen oder auch zwei Drinks.

14 Market Row, Brixton Market, SW9 • U-Bahn: Brixton • +44 7807/50 53 97 • www.rosiesdelicafe.com • Mo–Sa 9.30–17.30 Uhr • Gerichte ab £ 4

✳ The Cut

Das moderne, freundliche **Restaurant mit Bar** im Young Vic Theatre nimmt zwei Stockwerke und eine Terrasse ein. Tagsüber entspannt, zu den Vorstellungen gesellig und voll. Das Publikum ist ein guter Mix aus Theaterbesuchern,

Geht gar nicht

£ 24.95, um auf die Aussichtsplattform des 306 Meter hohen The Shard zu dürfen. Besser: Drinks in der Bar des »Aqua Restaurants« im 31. Stock nehmen – hier ist die Aussicht inklusive!

Künstlern und Bürovolk. Die Küche legt Wert auf Organisches und Frische.

66 The Cut, SE1 · U-Bahn: Southwark, Waterloo · +44 20/79 28 44 00 · www.thecutbar.com · Küche: Mo–Fr 9–11, 12–23 Uhr, Sa 10–11, 12–23 Uhr, Bar: Mo–Fr 9–1 Uhr, Sa 10–1 Uhr (variiert) · Burger ab £ 7,50, Hauptgerichte ab £ 7

✳ The Garrison

Gastropub im rustikalen *Shabby-Chic*-Stil. In einer Vierernische sitzt es sich besonders gemütlich. Reservieren, denn The Garrison ist beliebt. Ein trendiges Publikum freut sich hier über die mädelsfreundlich mit Bellini und Kir Royal ausgestattete Aperitifkarte und das leckere Essen. Im kleinen Hauskino laufen sonntagabends kostenlos Filme.

99–101 Bermondsey St, SE1 · U-Bahn: London Bridge · +44 20/70 89 93 55 · www.thegarrison.co.uk · Mo–Do 8–23 Uhr, Fr 8–0 Uhr, Sa 9–0 Uhr, So 9–22.30 Uhr · Frühstück: 8–11.30 Uhr, Mittagessen: 12–15 Uhr, *afternoon tea*: 15–18 Uhr, Abendessen: 18–22 Uhr · Hauptgerichte ab £ 11.50

✳ Wagamama

Das Wagamama startete 1992 in London den Trend für japanische ***Ramen*-Bars**: Man sitzt an langen Holztafeln, die Küche ist offen, auf der Karte stehen neben *Ramen*, den typischen Suppen mit Einlage, auch *Teppanyaki*, Currys, Chilis und Salate.

Riverside Level, Royal Festival Hall, SE1 · U-Bahn: Waterloo, Embankment · +44 20/70 21 08 77 · www.wagamama.com · Mo–Mi 11–23 Uhr, Do–Sa 11–23.30 Uhr, So 11–22 Uhr · Hauptgerichte ab £ 7.50

✳ Zucca

Moderne **italienische Küche**, die London im Sturm erobert hat. Das Restaurant auf der Bermondsey Street ist einfach und urban mit viel Weiß im Kantinenstil eingerichtet. Im Mittelpunkt stehen die Geschmackserlebnisse, und die stimmen: frische, hochwertige Zutaten, super Vorspeisenangebot, wechselnde Tagesgerichte und eine sehr gute Weinkarte.

184 Bermondsey St, SE1 · U-Bahn: London Bridge · +44 20/73 78 68 09 · www.zuccalondon.com · Di–Fr 12–15 Uhr, Sa, So 12–15.30 Uhr, Di–Sa 18–22 Uhr · Hauptgerichte ab £ 14

Wellness

Ab ins Wasser! Zwei der beliebtesten Freibäder der Stadt finden sich südlich der Themse. Besucher sollten für die historischen Anlagen, die von den Anwohnern heiß geliebt werden, etwas Zeit einplanen und abgehärtet sein: Die Freibäder der Stadt sind – mit einer Ausnahme – alle unbeheizt, was echte Krauler aber nicht davon abhält, auch im Winter Bahnen zu ziehen. Schwimmer in London sind denn auch ein besonderes Volk. Man könnte fast meinen, sie sind sauer, wenn es mal warm wird und auch die Normalos das Badezeug auspacken und die Freibäder bevölkern. Schwimmen muss wohl weh tun … Spazierengehen und die Natur genießen aber nicht, und auch dafür gibt es einige Tipps.

* Brockwell Lido

Rund 15 Minuten zu Fuß von Brixton liegt »Brixton Beach«: Das 1937 eröffnete **Freibad**, ein lokales Wahrzeichen, ist mit seinem denkmalgeschützten Art-déco-Gebäude regelmäßig Kulisse für Kino- und andere Veranstaltungen. Im angeschlossenen Fitness-Center gibt's eine Sauna und Dampfbad. Gut so, denn der Pool ist nicht beheizt!

Brockwell Park, Dulwich Rd, SE24 • U-Bahn: Brixton • +44 20/72 74 30 88 • www.fusion-lifestyle.com • Mo–Fr 6.30–22 Uhr, Sa 7.30–21.30 Uhr, So 7.30–21 Uhr • Freibad: £ 5.75, Gym & Spa: £ 12.20

Don't miss

Das preisgekrönte »Lido Café« im Brockwell Lido, ein gut gehütetes Geheimnis für Brunch mit Blick auf den Pool, gerade auch für Nichtschwimmer! Dienstags gibt's Prosecco für nur £ 3.

* Embody Wellness

Das Wellness-Zentrum im Riesenwohnkomplex St George Wharf in Vauxhall direkt an der Themse bietet exzellente **Yoga- und Pilates-Kurse** in allen Varianten (£ 10). Zum Service gehören zudem Massagen und Schönheitsbehandlungen.

Unit 9, 11 St George Wharf, SW8 • U-Bahn: Vauxhall • +44 20/70 99 00 48 • www.embodywellness.co.uk • Mo

10.30–20 Uhr, Di, Mi 8–21 Uhr, Do 10.30–21 Uhr, Fr 8–20 Uhr, Sa 8–17 Uhr, So 9–14 Uhr

✳ Floatworks

Es kostet etwas Überwindung (bei Klaustrophobie besser nicht versuchen!), sich in einen mit körperwarmer Sole gefüllten Tank zu legen und dann den Deckel zu schließen. **Floating**-Profis aber – Floatworks, seit über 20 Jahren in London, hat viele Stammkunden – schaffen es, abzuschalten und Tiefenentspannung zu erreichen. Das Keller-Etablissement ist funktional, nichts Schickes erwarten!

1 Thrale St, SE1 • U-Bahn: London Bridge • +44 20/73 57 01 11 • www.floatworks.com • Tgl. 10–22 Uhr • 1 Std. Floaten: £ 45

✳ Greenwich Park

Spätestens seit bei der Olympiade 2012 hier die Reitwettbewerbe stattfanden, kennt die Welt diesen wunderbaren Ort. Wer den Hügel zum Royal Observatory für den Megaausblick auf Stadt und Themse erklommen hat, hat sein Fitnessprogramm für den Tag erfüllt. Der **königliche Park** (1427) ist eine der schönsten Grünanlagen der Stadt.

Greenwich Park, SE10 • DLR: Cutty Sark, Greenwich • www.royalparks.org.uk • Tgl. 6–ca. 18 (Winter) bzw. 21.30 Uhr (Sommer)

↑ *Eine Runde Dehnen. Kundinnen von »Embody Wellness« schwören auf die Künste der Pilates- und Yogatrainer.*

✳ Tooting Bec Lido

Das historische **Freibad** im Vorort Tooting ist schon seit 1906 beliebtes Sommerziel; die pantonefarbenen Umkleiden am Beckenrand haben Kultstatus. Mit gut 90 x 30 Metern ist es das größte Süßwasserfreibad in Großbritannien. Das Wasser ist nicht beheizt – Kampfschwimmerinnenalarm! Die Londoner stört das nicht weiter, hier wird durchgekrault: im Winter lokaler Schwimmclub, im Sommer offen für alle.

Tooting Bec Rd, SW16 • U-Bahn: Tooting Bec • +44 20/88 71 71 98 • www.dcleisurecentres.co.uk • Mai tgl. 6–18 Uhr, Juni–Aug. tgl. 6–20 Uhr, Sept. tgl. 6–17 Uhr • £ 6.20

Ausgehen

So, zum Ausgehen südlich der Themse haben wir ein bunt gemischtes Programm im Angebot. Man könnte sich in Flussnähe halten und Cocktails auf der South Bank schlürfen, in Richtung Waterloo zu südamerikanischen Rhythmen tanzen, genauso wie die Nacht zum Tag machen im legendären Superclub »Ministry of Sound«. Oder sich im Südwesten in die Partyecke um den Bahnhof Clapham Junction stürzen, wo das junge Publikum feucht-fröhlich feiert, und man in Brixtons Livemusik- und DJ-Bar-Szene eintauchen kann. Einen auf intellektuell machen im kleinen Programmkino mit Bar geht auch. Für alle, die sich weiter von der Themse wegbewegen und weil Londons U-Bahn nicht durchgängig fährt, hier der folgenden Rat: bitte immer den Nachhauseweg vorher planen.

* Bar Social

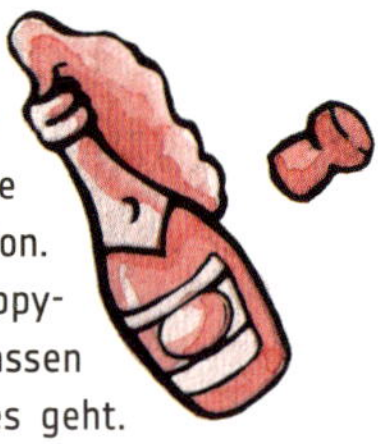

Beliebte **Cocktailbar** in der Partyzone um Clapham Junction. Die günstigen Happy-Hour-Angebote lassen erahnen, worum es geht. Am Wochenende ist es schon ab 20 Uhr voll, die Musik ist laut, es wird getanzt – und getrunken. Wenn man sich nicht mit der feucht-fröhlichen Atmosphäre hier anfreunden kann, wird man keinen Spaß haben. Das Publikum besteht überwiegend aus jungen Leuten in den Zwanzigern.

245 Lavender Hill, SW11 • Overground: Clapham Junction • +44 20/72 23 20 00 • www.barsocial.co.uk • So–Do 11–0.30 Uhr, Fr, Sa 11–2.30 Uhr

* Bunga Bunga

Das italienische Thema wird hier bewusst mit Ironie ins Extreme getrieben. Im Bunga Bunga geht es um Spaß, und den haben viele Mädelsgruppen in **Party**-Laune bei Pizza, Cocktails (Berlusconi Bellini!) und cooler Mucke. Am Wochenende wird im Eurovision-Room Euro Disco aufgelegt. Dafür sollte man am besten einen Tisch reservieren zum Essen vorher oder sich auf die Gästeliste setzen lassen.

37 Battersea Bridge Rd, SW11 • U-Bahn: South Kensington (dann Bus 345, 49), Sloane Square (dann Bus 319, 19) • +44 20/70 95 03 60 • www.bungabunga-london.com • Di–Do 18–1.30 Uhr, Fr 18–2.30 Uhr, Sa 11.30–17.30 Uhr (Brunch), 19–2.30 Uhr

✳ benugo bar & kitchen

Die **Loungebar** des benugo-Restaurants im BFI-Southbank-Kino ist schon lange beliebt: Abseits vom Trubel der South Bank treffen sich hier Medien- und Künstlertypen in entspannter Atmosphäre. Seit 2013 hat die Bar ein Geheimnis: Hinter einem Buchregal versteckt sich der *drawing room*, eine Cocktailbar im Landhausstil. Wer sich durch den Geheimeingang traut, wird mit Cocktails in gemütlicher Umgebung und mit Jazzmusik belohnt.

BFI Southbank, SE1 • U-Bahn: Waterloo, Embankment • +44 20/74 01 90 00 • www.benugobarandkitchen.com • Mo–Sa 10–23 Uhr, So 10–22.30 Uhr

✳ Cubana

Ins Cubana direkt hinter Waterloo Station geht man wegen des südamerikanischen Essens, der günstigen Cocktails und natürlich wegen der Musik. Freitags und samstags wird die **Bar** ab 23 Uhr zum Salsa-Club mit Livemusik. Letztere gibt's auch unter der Woche. Auf dem kleinen Platz davor sitzt es sich bei gutem Wetter entspannt zur Cocktail-Happy-Hour von 17 bis 19 Uhr.

48 Lower Marsh, SE1 • U-Bahn: Waterloo • +44 20/79 28 87 78 • www.cubana.co.uk • Mo, Di 12–0 Uhr, Mi, Do 12–1 Uhr, Fr 12–3 Uhr, Sa 15–3 Uhr, So 15–22 Uhr • Fr, Sa nach 23 Uhr £ 5

↑ *In London ist die Welt zuhause: Alles, was schmeckt und Spaß macht, wird adoptiert. Südamerikanische Rhythmen und Cocktails sind daher fester Bestandteil der Ausgehszene.*

✳ Dogstar

Von außen sieht es aus wie ein Pub, innen wird Party gemacht. Das Dogstar nimmt für sich in Anspruch, Londons erste **DJ-Bar** gewesen zu sein, und hat Nachtschwärmer schon zu einer Zeit nach Brixton gelockt, als die Ecke noch ein No-Go war. DJs legen jeden Abend ab 22 Uhr auf: Reggae, Dubstep, Funk, Hip-Hop, am Wochenende Dance Music. Das Publikum ist urban und locker, bloß kein Schickimicki.

389 Coldharbour Lane, SW9 • U-Bahn: Brixton • +44 20/77 33 75 15 • www.dogstarbrixton.com • Di, Mi 16–23 Uhr,

Do 16–2 Uhr, Fr 16–4 Uhr, Sa 12–4 Uhr, So 12–22.30 Uhr • Fr, Sa nach 22 Uhr £ 5

✳ Electric Brixton

Professionelle Clubber und Konzertgänger sind von diesem ***venue*** begeistert: Das 1913 eröffnete Kino wurde vor einigen Jahren renoviert, viele historische Details sind bis heute erhalten. Heute legen hier entweder Top-DJs auf oder spielen angesagte Bands live in intimer Atmosphäre. Für Freunde von Electro, House, Techno, Trance und Co.

1 Town Hall Parade, SW2 • U-Bahn: Brixton • +44 20/72 74 22 90 • www.electricbrixton.com • Do–So • Eintritt ab £ 10

✳ Frank's Café & Campari Bar

Peckham, eine sozial schwache Ecke der Stadt, genießt nicht gerade den besten Ruf, gilt jedoch in der Szene als das nächste In-Viertel von London. Das hat nicht zuletzt damit zu tun, dass auf dem Dach eines alten Parkhauses seit

einigen Jahren im Sommer Aperitifs und Snacks serviert werden. Der Panoramablick, ein Vorteil dieser Südlage, ist atemberaubend. Hipster lieben Frank's Campari **Bar**. Am frühen Abend kommen und einen Sundowner nehmen!

10th Floor, Peckham Multi-Story Car Park, 95a Rye Lane, SE15 • Overground: Peckham Rye • www.frankscafe.org.uk • Juli–Sept. Mi–So 11–23 Uhr

✳ Ministry of Sound

Legendärer **Club**, der 1991 in einem ehemaligen Busdepot etwas ab vom Schuss eröffnet wurde. Hier legt die Crême de la Crême der DJ-Szene auf. Neben Jungvolk verirren sich auf die insgesamt vier Dance Floors auch häufig Raver der ersten Stunde, die die 40 inzwischen überschritten haben. Der in der Jugend geprägte Musikgeschmack bleibt einem eben. Für alle, die die Nacht durchtanzen wollen!

103 Gaunt St, SE1 • U-Bahn: Elephant & Castle • +44 870/060 00 10 • www.ministryofsound.com/club • Fr 22.30–6 Uhr, Sa 23–7 Uhr • ab £ 18

ieht gar nicht

achts in unlizenzierte Taxen
i cabs) auf der Straße stei-
gen! Wer im »Ministry of
nd« so lange durchhält,
morgens die U-Bahn
onst bei einer lizen-
Taxifirma bestellen!

✳ Loft

Claphams Partyecke im Südwesten ist die Adresse für Jungs und Mädels, die mit Hilfe von viel Alkohol viel feiern. Glücklicherweise aber ist das Loft versteckt genug, um vor dieser Klientel so gut wie sicher zu sein. Die **Bar** über einem Tesco-Supermarkt ist im Industrie-Lounge-Stil ausgestattet. Lange Cocktailkarte mit Hausmischungen wie dem *Wonderfizz*, mit hausgemachter Grenadine. Gutes Happy-Hour-Angebot.

67 Clapham High St, SW4 ▪ U-Bahn: Clapham Common ▪ +44 20/76 27 07 92 ▪ www.theloft-clapham.co.uk ▪ Di–Do 18–0 Uhr, Fr 17–1.30 Uhr, Sa 12–1.30 Uhr, So 12–0 Uhr

✳ Mango Landin'

Etwas abseits, aber nur zehn Minuten von der U-Bahn-Station entfernt, versteckt sich eine der entspanntesten Bars in Brixton in einer nicht gerade schönen Wohnstraße. Das Mango Landin' ist bunt und tropisch dekoriert, und die Cocktails sind lecker. Ein Bonus für Sommerabende ist der Garten, und nicht nur deswegen ist die **Bar** bei den Anwohnern sehr beliebt. Lässig.

40 St Matthews Rd, SW2 ▪ U-Bahn: Brixton ▪ +44 20/77 37 30 44 ▪ www.mangolandin.com ▪ Di–Do 17–0 Uhr, Fr, Sa 13–3 Uhr, So 13–23.30 Uhr

Die Happy Hour im »Loft« ist gefährlich. Die Cocktails sind sehr süffig, und Ledersessel bergen Versackgefahr! →

✳ O2 Brixton Academy

Madonna, Rammstein, The Clash, Debbie Harry, The Prodigy, Arcade Fire, Sex Pistols, Soundgarden, Basement Jaxx, Placebo. Mehr? Auf der Bühne der Brixton Academy, eines der größten **Livemusik-Clubs** in London mit Platz für 5000 Fans, standen und stehen sie, die Top Acts. Das Art-déco-Interieur der preisgekrönten Konzertstätte bildet einen besonderen Rahmen für die hauptsächlich rockigen Klänge, die hier zu hören sind.

211 Stockwell Rd, SW9 ▪ U-Bahn: Brixton ▪ +44 844/ 477 20 00 (Tickets) ▪ www.o2academybrixton.co.uk

✳ Ritzy Picturehouse

Für Damen, die unter Ausgehen nicht wildes Clubben verstehen: Das Ritzy in Brixton, ein **Filmpalast** von 1911, ist nicht nur ein schönes Kino mit einer lebhaften Bar, die als beliebter lokaler Treffpunkt dient. Im ersten Stock bietet »Upstairs at the Ritzy« ein eklektisches Programm inklusive Livemusik jeder Couleur, Speed Dating, Open-Mic-Events – oder wie wäre es mit einer Swing-Tanzstunde?

Brixton Oval, Coldharbour Lane, SW2 • U-Bahn: Brixton • +44 871/902 57 39 (Tickets) • www.picturehouses.co.uk

✳ Roxy Bar & Screen

Bar mit Kino: Roxy Bar & Screen, zu finden nicht weit vom Borough Market, birgt eine Leinwand hinter einem roten Vorhang im hinteren Teil für Filmabende in Sofa-, Sessel- und Barstuhlrunde. Die relaxte Bar operiert mit Musik – DJs und live – am Wochenende; von Sonntag bis Mittwoch werden die Cocktails von einem bunten Filmprogramm und viel Genre-Kino ergänzt, beides zu sehr zivilen Preisen.

128–132 Borough High St, SE1 • U-Bahn: London Bridge, Borough • +44 20/74 07 40 57 • www.roxybarandscreen.com • Mo 17–0 Uhr, Di–Do 17–1 Uhr, Fr 17–1.30 Uhr, Sa 13–2.30 Uhr, So 13–0 Uhr • Filme £ 4

✳ Shortwave Independent Cinema & Bar

Umgekehrt: **Kino mit Bar**. Am Bermondsey Square wird dieser 52-Sitzer von den Anwohnern sehr geschätzt. Auf dem Programm stehen aktuelle Filme und Arthouse-Kino; Shortwave ist Gastgeber für Filmfestivals, Livemusik und Kunst. Ausgeh-Alternative für einen guten Film und ein paar Drinks unter Londonern in entspannter Umgebung.

10 Bermondsey Square, SE1 • U-Bahn: London Bridge • +44 20/73 57 68 45 • www.shortwavefilms.com • Bar Mo–Do 12–23 Uhr, Fr, Sa 10–23 Uhr, So 12–23 Uhr

✳ The Bussey Building

Wenn man sich nicht davon abschrecken lässt, dass die Umgebung hier nicht mehr wirklich schick ist, findet man in Peckham eine der neuesten **Szenelocations**: Ein Industriegebäude wurde 2007 in ein Zentrum für Kunst, Musik, Theater, Film und Clubbing umgewandelt. Das alles findet über mehrere Stockwerke statt; auf dem Dach werden im Sommer Filme geschaut. Angesagte Clubpromoter organisieren lange Nächte.

133 Rye Lane, SE15 • Overground: Peckham Rye oder Zug von London Bridge nach Peckham Rye • +44 20/77 32 52 75 • www.clfartcafe.org • Mo–Mi 17–23 Uhr, Do 9–2.30 Uhr, Fr, Sa 17–6 Uhr, So 16–22.30 Uhr

✳ The Hide Bar

Motto hier: Nicht mehr, sondern besser trinken! Sehr lobenswert. Die Bartender in der freundlichen **Bar** im Industrie-Stil sind alle bestens ausgebildet, mixen mit Passion und sind vor allem auch gerne bereit, den Wünschen der Gäste zu folgen und sich auch noch abseits der umfangreichen Karte etwas einfallen zu lassen. Ordern kann man außerdem aus einer Auswahl an Vintage-Cocktail-Büchern, die teilweise aus dem Jahr 1880 stammen.

39–45 Bermondsey St, SE1 • U-Bahn: London Bridge • +44 20/74 03 66 55 • www.thehidebar.com • Di 17–0 Uhr, Mi, Do 17–1 Uhr, Fr, Sa 17–2 Uhr, So 17–22.30 Uhr

✳ The Refinery

Bar/Restaurant nahe der Tate Modern in schickem Industriedesign. The Refinery ist im bekannten Blue-Fin-Bürogebäude untergebracht, in dem unter anderem ein großer Zeitschriftenverlag sitzt. Daher ist hier immer schon direkt nach Feierabend einiges los. Für einen After-Tate-Modern-Cocktail unters Volk mischen oder zum Tanzen herkommen: Samstags übernimmt der Partyorganisator Groove London mit seinen »Soul Saturdays« den Laden mit R&B, Funky House und Soul der 1990er-Jahre.

110 Southwark St, SE1 • U-Bahn: Southwark • +44 845/ 468 01 86 • www.therefinerybar.co.uk • Mo–Mi 9–23 Uhr, Do, Fr 9–1 Uhr, Sa 9–3 Uhr, So 10–19 Uhr • Sa ab 21.30 Uhr Soul, Anmeldung über www.londongroove.co.uk, vor 23 Uhr £ 5, danach £ 10

✳ White Horse

Pubs in Brixton sind oft **DJ-Bars**. Das White Horse ist ein Liebling in dieser Kategorie, wo von Freitag bis Sonntag in ungezwungener Atmosphäre Funk, Soul, Hip-Hop und Drum & Bass aufgelegt werden. Aufbrezeln ist nicht nötig, das Multikulti-Publikum hier isst, trinkt und tanzt ganz ohne Prätentionen. Sonntags wird ab 16 Uhr regelmäßig Live-Jazz gespielt. Wenn's spät wird, hilft die Bar-Crew gerne mit der Taxibestellung.

94 Brixton Hill, SW2 • U-Bahn: Brixton • +44 20/86 78 66 66 • www.whitehorsebrixton.com • Mo–Do 17–0 Uhr, Fr 16–3 Uhr, Sa 12–3 Uhr, So 12–0 Uhr

Übernachten

Das südliche Themse-Ufer mit seinen vielen Attraktionen ist praktisch für Touristen, daher gibt's hier eine gute Auswahl an Mittelklassehotels. Um die Stationen Southwark und London Bridge herum erstreckt sich ein kleines Hotelzentrum; von hier sind viele der Lieblingsorte in London wie Borough Market, Tate Modern und die South Bank zu Fuß gut zu erreichen, das West End ist nur wenige Stationen entfernt oder für Spaziergängerinnen in 30 Minuten machbar. Superschickes und Feines – mal abgesehen vom neuen, superteuren »Shangri-La Hotel« im Shard – hat London südlich der Themse nicht im Angebot, dafür aber einiges Originelles und Individuelles. Mit wenigen Ausnahmen liegen alle hier aufgeführten Häuser in Laufnähe zur U-Bahn.

* Captain Bligh House

Übernachten, wo einst »Bounty«-Kapitän Bligh gewohnt hat: Die wunderbar exaltierte Besitzerin Gayna führt hier ein **Gästehaus** aus dem 18. Jahrhundert mit fünf individuell eingerichteten Appartements inklusive Kochmöglichkeit. Das »Film-Studio« kommt ganz in pink daher und mit Audrey-Hepburn-Dekor und wird in Verbindung mit dem »Crow's Nest« zu einem super Appartement für eine Gruppe. Kostenfreies WLAN.

100 Lambeth Rd, SE1 • U-Bahn: North Lambeth • +44 20/79 28 27 35 • www.captainblighhouse.co.uk • EZ/DZ £ 75/£ 101 • Mindestaufenthalt: 4 Nächte

* Bermondsey Square Hotel

Dieses **Boutique-Hotel** symbolisiert den Wandel des Stadtteils Bermondsey zum Londoner Trendviertel. Die Zimmer sind schick eingerichtet, die Lage hat was: Direkt am Bermondsey Square mit seinem wöchentlichen Antik-Eldorado, Marktständen, Cafés und Kino (S. 86, S. 104) kann man hier auch als

Don't miss

Das »Bermondsey Square Hotel« mit seinen fünf Loft-Suiten mit Panoramablick und wohlklingenden Namen wie Ruby, Lily oder Lucy. Zu Letzterer gehört ein Freiluft-Whirlpool. Falls es das Budget erlaubt…

Besucher in einen *London Neighbourhood* eintauchen und ist gut positioniert für Stadterkundungen.

Bermondsey Square, Tower Bridge Rd, SE1 • U-Bahn: London Bridge • +44 20/73 78 24 50 • www.bermondseysquarehotel.co.uk • Zi. ab € 129

* Church Street Hotel

Für Individualisten: Die Einrichtung dieses **Boutique-Hotels** in Camberwell abseits der Touristenpfade ist von den Farben und Landschaften Südamerikas inspiriert. Ergibt: ein eklektisch-buntes Fest der Sinne. In der Lounge können sich Gäste an der Tee- und Kaffeebar bedienen. Frühstück wird im zugehörigen Tapas-Restaurant »Gypsies & Angels« serviert. Gute Busanbindungen ins Zentrum und zur U-Bahn.

29–33 Camberwell Church St, SE5 • U-Bahn: Oval • +44 20/77 03 59 84 • www.churchstreethotel.com • EZ/DZ ab € 90/€ 130

* citizenM London

Ein freches Bild von Robbie Williams in der wohnzimmerähnlichen Lobby, Bücherregale, ein Kamin, und das Personal trägt Converse: Die trendige citizenM-Gruppe führt ihre **Hotels** als offene Häuser. In der Londoner Version hinter der Tate Modern treffen sich an der Bar Hotelgäste genauso gern wie Bürohengste aus der Umgebung. Die

↑ *Ruft Frida-Kahlo-Assoziationen hervor, nicht? Außerhalb der Londoner Touristenzentren schläft es sich einfach etwas anders.*

Zimmer sind modern und recht klein, dafür ist unten im Wohnzimmer eine Menge Platz.

20 Lavington St, SE1 • U-Bahn: Southwark • +44 20/35 19 16 80 • www.citizenm.com • EZ/DZ ab € 99

* Holiday Inn Express

Wer für den Städtetrip in erster Linie auf Sauberkeit und ein ordentliches Bett zum Schlafen Wert legt, ist hier richtig. Das **Hotel** liegt in Laufnähe zur South Bank mit ihren Sehenswürdigkeiten und die U-Bahn ist nur fünf Minuten entfernt; man ist also bestens angebunden. Zweckmäßige, moderne Zimmer, freundliches Personal, und das Frühstück ist inklusive.

113–119 Southwark St, SE1 • U-Bahn: Southwark • +44 20/74 01 25 25 • www.ihg.com/holidayinnexpress • Zi. ab € 150

✳ Ibis Styles Southwark Rose

In der Styles-Variante kommen die **Ibis-Hotels** bunter und schicker daher. Das Southwark Rose begrüßt seine Gäste mit einer rosaroten Lobby, nettem Personal und Fotografien der japanischen Künstlerin Mayumi, als besonderer Blickfang im ganzen Hotel verteilt. Die Zimmer sind geräumig und jeweils mit einer sehr praktischen Föhntisch- und Spiegelkombination ausgestattet. Frühstück und WLAN sind inklusive.

43–47 Southwark Bridge Rd, SE1 • U-Bahn: London Bridge • +44 20/70 15 14 80 • www.all-seasons-hotels.com • EZ/DZ ab € 150

Don't miss

Den kleinen Spa-Bereich mit Pool und moderner Sauna im »Novotel London Blackfriars« – ein Plus für alle, die am Ende des Tages gern eine Runde kraulen oder schwitzen.

✳ London Bridge Hotel

Alle Zimmer in diesem freundlich geführten **Hotel** um die Ecke des Borough Market und direkt beim Shard wurden 2013 renoviert. Bonus: Sehr hilfsbereiter Concierge-Service und eine nette Bar, wo abends bis 1 Uhr Drinks serviert werden und tagsüber *afternoon tea*. Für Gruppen: Zum Hotel gehören Appartements für bis zu sechs Personen. Das kann sich lohnen!

8–18 London Bridge St, SE1 • U-Bahn: London Bridge • +44 20/78 55 22 00 • www.londonbridgehotel.com • Zi. ab € 109

✳ Mercure London Bridge Hotel

Schickes und modernes **Hotel**. Das Gute an internationalen Hotelketten ist, dass man sich meist auf einen gewissen Standard verlassen kann. In diesem Mercure erfreuen vor allem die freundliche Betreuung, der Eingangsbereich mit Zeitungen, Obst und Keksen, und selbstredend die Lage. Direkt hinter der South Bank – besser geht's kaum!

71–79 Southwark St, SE1 • U-Bahn: Southwark, London Bridge • +44 20/76 60 06 83 • www.mercure.com • EZ/DZ ab € 129

✳ Novotel London Blackfriars

Die Zimmer in diesem makellosen, noch sehr neuen **Hotel** mit seinem schicken

Lobbybereich sind stylish ausgestattet und geräumig (25 m²) – übrigens, die Glaswand zum Bad wird auf Knopfdruck blickdicht ... Sehr praktisch: der E-Concierge in der Lobby, an dem man sowohl den Flugstatus als auch Londoninfos abrufen kann. Und die menschlichen Concierges sind auch sehr nett. Die U-Bahn fährt fast vor der Haustür.

46 Blackfriars Rd, SE1 • U-Bahn: Southwark • +44 20/76 60 08 34 • www.novotel.com • EZ/DZ ab € 150/€ 170

* Premier Inn Southwark

Premier Inn steht in Großbritannien für preisgünstige **Stadthotels**: sauber und ohne Schnickschnack, dafür aber in praktischer Lage zu einem guten Preis. Wenn man aus der Haustür tritt (der Eingang versteckt sich im Innenhof), steht man schon mitten auf der Bankside mit all ihren Sehenswürdigkeiten wie Tate Modern und Borough Market, Restaurants und Pubs.

34 Park St, SW1 • U-Bahn: London Bridge • +44 871/ 527 86 76 • www.premierinn.com • EZ/DZ ab € 100

* Safestay at Elephant & Castle

Für den schmaleren Geldbeutel: Safestay wurde 2012 in einem denkmalgeschützten Gebäude als schickes **Hostel mit Hotelelementen** eröffnet. Die Zimmer sind sauber, fast alle mit eigenem Bad und Dusche, und die Rezeption ist 24 Stunden besetzt. Im Keller: freundliche Lounge mit Bar. Zu haben sind Stockbettzimmer für vier, sechs und acht Personen, einfache Stockbett-Doppelzimmer oder Dreierzimmer mit einem Doppel- und einem Einzelstockbett.

144–152 Walworth Rd, SE17 • U-Bahn: Elephant & Castle • +44 20/ 77 03 80 00 • www.safestay.co.uk • Stockbett-Zi. ab € 21/Pers., Stockbett-DZ ab € 70, Dreier-Stockbett-Zi. ab € 90

* The Alma Wandsworth

Das Pub mit **Boutique-Hotel** in Zone 2 stellt eine schöne Alternative zum Hotel im Zentrum dar. Mit dem Zug (Bahnhof gegenüber) ist Waterloo nur 15 Minuten entfernt; vor der Haustür fahren Busse ab, z. B. zur Kensington High Street und nach Notting Hill, Restaurants und Cafés sind in Laufnähe. Das leckere Frühstück ist inklusive; die Zimmer sind geschmackvoll ausgestattet.

499 Old York Rd, SW18 • Zug: Wandsworth Town • +44 20/88 70 25 37 • www.almawandsworth.com • EZ/DZ ab € 119/€ 129

Der Osten

Clerkenwell, City of London, East End – eine neue Szene östlich der Mitte

Der Weg vom Trafalgar Square aus in Richtung Osten führt in die City of London, kurz: City, das historische Zentrum der Stadt, das noch heute einen verwaltungstechnischen Sonderstatus hat. Der alte Stadtkern umfasst eine Quadratmeile, und in dieser *Square Mile*, der römischen Wiege der Stadt, pulsiert heute die internationale Finanzszene; die Pubs und Bars sind nach Feierabend immer voll. Die grandiose St Paul's Cathedral zieht Besucher an, am Ostrand thront der Tower und die uralten Gassen sind herrlich für urbane Entdeckerinnen mit Sinn für Historie.

Am Nordrand der City hat sich Clerkenwell zu einem angesagten Stadtteil für Architekten, Designer und Medienleute entwickelt mit einem attraktiven Mix an Geschichte, guten Restaurants und der Direktverbindung in Richtung Osten zur Old Street und damit in eine der trendigsten Lifestyle-Ecken Londons, Shoreditch. Stück für Stück und unaufhaltsam hat sich in den letzten Jahren das Stadtzentrum gen Osten in das alte East End verlagert, seit Jahrhunderten Immigrantenviertel und einer der sozial schwächsten Bezirke. London ist hier voller Ecken, Kanten und Narben – und seit einigen Jahren total trendy. Was sich in immer neuen Restaurants, Bars, Shops und Hotels manifestiert.

Am Wochenende ziehen Märkte wie Spitalfields, Brick Lane oder Columbia Road Flower Market nach Hackney, dem Stadtbezirk, der große Teile des East End abdeckt; abends locken Bars und Clubs ins Viertel Shoreditch. Die lokale Kreativ- und Hipstergemeinde kommt entsprechend cool und selbstbewusst daher, aber was soll's, hier gibt's dafür immer neue Trends zu sehen. Eine besonders abgerockte Ecke im Norden Hackneys wurde zum neuesten In-Viertel: Dalston. Rund um die Kingsland Road bewegen sich Hipster und zieht inzwischen auch der Mittelstand gern in neue Appartementanlagen und renovierte viktorianische Villen.

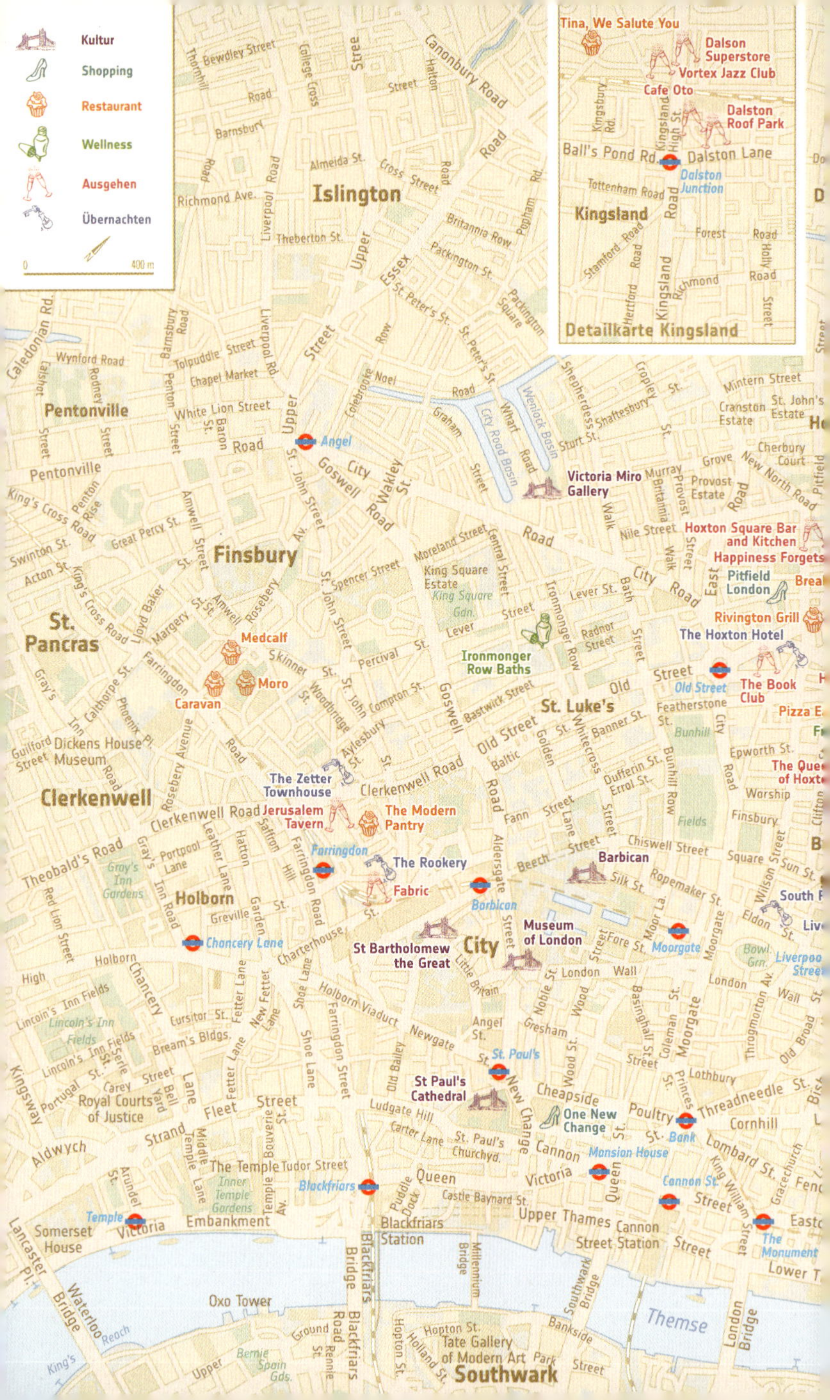

Kultur
Shopping
Restaurant
Wellness
Ausgehen
Übernachten
0
400 m
Detailkarte Kingsland
Tina, We Salute You
Dalston Superstore
Vortex Jazz Club
Cafe Oto
Dalston Roof Park
Ball's Pond Rd.
Dalston Lane
Dalston Junction
Kingsland
Kingsland High St.
Kingsbury Rd.
Tottenham Road
Kingsland Road
Forest Road
Stamford Road
Hertford Road
Richmond Road
Islington
Pentonville
Finsbury
St. Pancras
Clerkenwell
Holborn
St. Luke's
City
Southwark
Angel
Victoria Miro Gallery
Hoxton Square Bar and Kitchen
Happiness Forgets
Pitfield London
Rivington Grill
The Hoxton Hotel
Old Street
The Book Club
Pizza E
The Quee of Hoxt
Medcalf
Moro
Caravan
Ironmonger Row Baths
Dickens House Museum
The Zetter Townhouse
Jerusalem Tavern
The Modern Pantry
Farringdon
The Rookery
Fabric
Barbican
Museum of London
St Bartholomew the Great
Chancery Lane
Moorgate
Liverpool Street
St. Paul's
St Paul's Cathedral
One New Change
Bank
Mansion House
Cannon St.
The Monument
Royal Courts of Justice
The Temple
Inner Temple Gardens
Temple
Blackfriars
Blackfriars Station
Cannon Street Station
Somerset House
Oxo Tower
Tate Gallery of Modern Art
Themse
Waterloo Bridge
Blackfriars Bridge
Millennium Bridge
Southwark Bridge
London Bridge
Gray's Inn Gardens
Lincoln's Inn Fields
King Square Gdn.
Bunhill Fields
Bernie Spain Gds.
City Road Basin
Wenlock Basin
Canonbury Road
Essex Road
Upper Street
Liverpool Road
Caledonian Rd.
Pentonville Road
King's Cross Road
Goswell Road
City Road
St. John Street
Farringdon Road
Clerkenwell Road
Old Street
Theobald's Road
Holborn
High Holborn
Holborn Viaduct
Newgate St.
Aldersgate Street
London Wall
Cheapside
Queen Victoria Street
Cannon Street
Upper Thames Street
Fleet Street
Strand
Aldwych
Kingsway
Victoria Embankment
Threadneedle St.
Cornhill
Lombard St.
King William Street
Moorgate
Bishopsgate
Lower Thames Street
New North Road
East Road
Shepherdess Walk
Whitecross Street
Bunhill Row
Chiswell Street
Silk St.
Upper Ground
Hopton St.
Holland St.
Park Street
Bankside

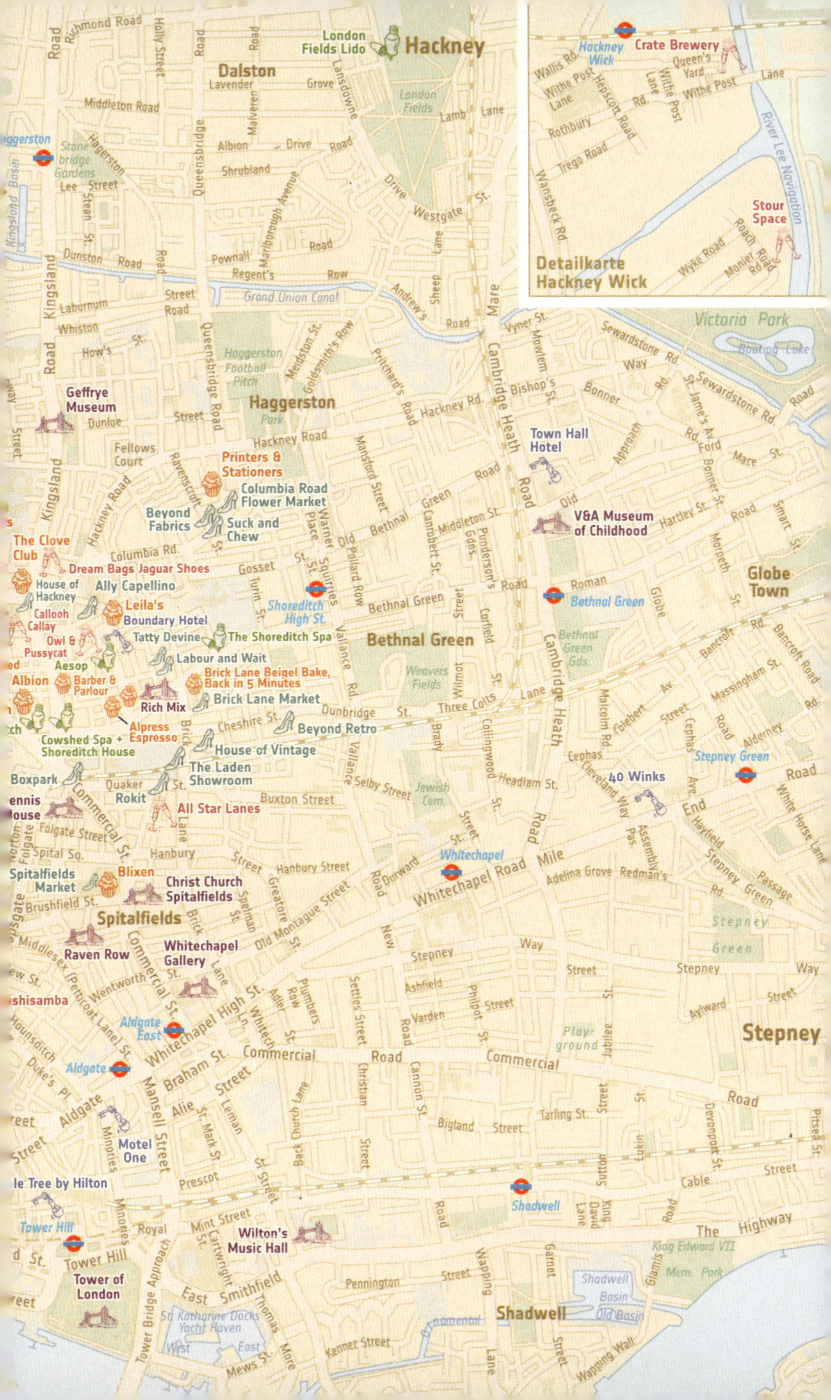

Hackney
London Fields Lido
Dalston
London Fields
Haggerston
Haggerston Park
Haggerston Football Pitch
Grand Union Canal
Regent's Row
Geffrye Museum
Fellows Court
Printers & Stationers
Columbia Road Flower Market
Beyond Fabrics
Suck and Chew
The Clove Club
Dream Bags Jaguar Shoes
House of Hackney
Ally Capellino
Callooh Callay
Leila's
Boundary Hotel
Owl & Pussycat
Tatty Devine
The Shoreditch Spa
Aesop
Labour and Wait
Albion
Barber & Parlour
Brick Lane Beigel Bake, Back in 5 Minutes
Rich Mix
Brick Lane Market
Alpress Espresso
Cowshed Spa + Shoreditch House
Beyond Retro
House of Vintage
The Laden Showroom
Boxpark
Rokit
All Star Lanes
Spitalfields Market
Blixen
Christ Church Spitalfields
Spitalfields
Raven Row
Whitechapel Gallery
Shoreditch High St.
Bethnal Green
Bethnal Green Gds.
Weavers Fields
Jewish Cem.
Town Hall Hotel
V&A Museum of Childhood
Globe Town
Victoria Park
Boating Lake
40 Winks
Stepney Green
Whitechapel
Aldgate East
Aldgate
Motel One
Tower Hill
Tower of London
St Katharine Docks Yacht Haven
Wilton's Music Hall
Shadwell
Shadwell Basin
Old Basin
King Edward VII Mem. Park
Playground
Stepney
Detailkarte Hackney Wick
Hackney Wick
Crate Brewery
Stour Space
River Lee Navigation

Kultur

Geschichtsstunde: In der City verlässt man streng genommen London. Das Finanzzentrum der Stadt hat seit Wilhelm dem Eroberer einen Sonderstatus mit separater Verwaltung. Heutzutage herrscht hier vor allem die Geldkultur; die Stadt zeigt mit immer neuen Glas- und Stahlwolkenkratzern ihr modernstes Gesicht. Gleichzeitig weht heftig der Hauch der Geschichte. Besucher bekommen ein Gefühl dafür, wie weit zurück die Wurzeln der Stadt reichen, die von den Römern als Londinium um 43 n. Chr. gegründet wurde. Der Historie wird ohne Umschweife das pralle 21. Jahrhundert vor die Nase gesetzt: Das East End ist Kunst- und Galeriezentrum für junge Künstler und eine pulsierende Street-Art-Szene.

* Barbican

An der nördlichen Grenze der City wurde nach der heftigen Zerbombung im Zweiten Weltkrieg in den 1960er-Jahren das Barbican Arts Centre gebaut, ein Paradebeispiel brutalistischer Architektur und gleichzeitig Europas größtes **Kultur- und Veranstaltungszentrum**, Zuhause des London Symphony Orchestra, zweier Konzerthallen, eines Kinos und zweier Galerien. Hier gibt es immer was zu sehen oder zu hören, häufig sogar kostenfrei.

Silk St, EC2Y • U-Bahn: Barbican • +44 20/76 38 88 91 (Tickets) • www.barbican.org.uk • Mo–Sa 9–23 Uhr, So 12–23 Uhr, Galerien: Sa–Mi 10–18 Uhr, Do, Fr 10–21 Uhr

Don't miss

In der City Gallery des Museum of London das Prachtausstellungsstück, die Lord Mayor's Coach von 1757, die immer im November Bestandteil eines historischen Festumzugs ist.

* Christ Church Spitalfields

Direkt gegenüber von Spitalfields Market (S. 124) steht ein Meisterwerk des Architekten Nicholas Hawksmoor aus dem frühen 18. Jahrhundert. Die **Barockkirche** war vom Verfall bedroht, wurde in den letzten Jahrzehnten für insgesamt 10 Millionen Pfund renoviert und beeindruckt mit ihrem palladiani-

schen Portico und einem dramatischen Kirchturm. Definitiv einen Abstecher wert als Teil des Spitalfields-Ausflugs.

Commercial St, E1 • U-Bahn: Liverpool St • +44 20/73 77 24 40 • www.ccspitalfields.org • Mo–Sa 10–16 Uhr, So 13–16 Uhr, gelegentlich geschl. für Veranstaltungen

* Dennis Severs' House

Ungewöhnliches **Museum** in Spitalfields: Der Maler Dennis Severs lebte bis zu seinem Tod 1999 in einem Hugenottenhaus wie im 18. Jahrhundert. Besucher sind eingeladen, hier »durch einen Rahmen in ein Gemälde zu treten«. In zehn Räumen sind Szenen aus dem Leben einer Hugenottenfamilie dargestellt. Es scheint, als hätte diese gerade erst das Haus verlassen, so authentisch ist alles gestaltet.

18 Folgate St, E1 • U-Bahn: Liverpool Sty • +44 20/72 47 40 13 • www.dennisseversshouse.co.uk • So 12– 16 Uhr, letzter Einlass 15.15 Uhr, Mo 12–14 Uhr, letzter Einlass 13.15 Uhr, Mo und Mi (nur mit Voranmeldung) 17–21 Uhr • £ 10, Mo und Mi abends £ 15

* Geffrye Museum

In einem **Museumskomplex** aus ehemaligen Armenhäusern tritt der Besucher eine besondere Reise durch die Inneneinrichtungsstile der Jahrhunderte an: In elf Räumen sieht man, wie sich die englische Mittelklasse seit 1600 eingerichtet hat. Möbel, Textilien, Gemälde und ornamentale Kunst sind detailgetreu arrangiert. Die Zeitreise endet in einem Wohnraum des ausgehenden 20. Jahrhunderts im Stil eines Lofts. Sehr schöner Garten!

136 Kingsland Rd, E2 • Overground: Hoxton • +44 20/77 39 98 93 • www.geffrye-museum.org.uk • Di–So 10–17 Uhr

* Museum of London

Der Eingang zum größten **Stadtmuseum** der Welt liegt in der Betonwelt des Barbican Centre. Hier erwartet einen eine hochinteressante Tour de Force, die in der Prähistorik startet und in der Gegenwart endet bzw. weitergeht. Geschichte und Gegenwart der Stadt werden anschaulich und interaktiv erzählt und aus verschiedensten Blickwinkeln betrachtet.

150 London Wall, EC2Y • U-Bahn: Barbican • +44 20/70 01 98 44 • www.museumoflondon.org.uk • Tgl. 10–18 Uhr

* Raven Row

Im East End pulsiert die Kunstszene. Zu den interessanten Orten für zeitgenössische Kunst gehören diese **Galerieräume** in zwei Häusern von 1690 auf der

↑ *Die lange Geschichte der Stadt manifestiert sich auch in uralten Kirchen wie St Bartholomew the Great.*

historischen Artillery Lane (einst Raven Row) in Spitalfields. Sie ist Teil der von der Whitechapel Gallery organisierten *First-Thursday*-Reihe: Mehr als 170 Museen und Galerien im East End öffnen am ersten Donnerstag im Monat bis 21 Uhr ihre Pforten.

56 Artillery Lane, E1 • U-Bahn: Old St, Liverpool St • +44 20/73 77 43 00 • www.ravenrow.org • Mi–So 11–18 Uhr

✳ Rich Mix

Der Name ist Programm: Das **Kulturzentrum** versammelt unter einem Dach Livemusik, Film, Tanz, Theater, Comedy – oft gratis – und ist nebenbei ein sehr praktischer öffentlicher Raum an der Bethnal Green Road: Falls es mal regnet, kann ja sein, findet man hier Unterschlupf. Für Cineasten empfiehlt sich das kleine Kino im ersten Stock, vollkommen frei von Multiplex-Charakter.

35–47 Bethnal Green Rd, E1 • U-Bahn: Liverpool St, Overground: Shoreditch High St • +44 20/76 13 74 98 • www.richmix.org.uk • Tgl. bis 0 oder 1 Uhr

✳ St Bartholomew the Great

Die **Kirche** (12. Jh.), einst Teil einer Augustiner-Priorei, ist eine der ältesten Londons. Sie überlebte das Große Feuer 1666 und ist eine beliebte Szenerie für Filme, mit Auftritten in *Vier Hochzeiten und ein Todesfall* oder *Shakespeare in Love*. Besonders friedvoll: der Kirchgarten.

Cloth Fair, West Smithfield, EC1A • U-Bahn: Barbican • +44 20/72 48 22 94 • www.greatstbarts.com • Mo–Fr 8.30–17 Uhr (Nov.–Feb. bis 16 Uhr), Sa 10.30–16 Uhr, So 8.30–20 Uhr • E 4

Don't miss

Die Kuppel von St Paul's: erst in die berühmte Flüstergalerie, weiter zur Steingalerie um den Fuß der Kuppel, und dann zur Goldenen Galerie – insgesamt sind das 528 Stufen!

East-End-Schlenderer

Ausgangspunkt: U-Bahn-Station Aldgate East auf der Whitechapel High Street. Hier liegt die Whitechapel Gallery (S. 119) für einen Kunststopp. Ein Stück weiter geht es links über die Osborn Street zur Brick Lane, Zentrum von Londons Bengali-Gemeinde mit zweisprachigen Straßenschildern und Heimat des gleichnamigen Markts (S. 121). Wer das volle Programm mitbekommen will, muss den Spaziergang auf das Wochenende verlegen. Ansonsten schlendert es sich unter der Woche und vorbei am Komplex der »Truman Brewery« entspannter. Gute Geschäfte gibt es genug, z. B. »The Laden Showroom« (S. 125). Nicht verpassen: »Beigel Bake« (S. 127) am Nordende der Straße links.

Wo die Brick Lane auf die Bethnal Green trifft, geht es links weiter auf die abgerockte Redchurch Street, nichtsdestotrotz eine der hippsten Ecken in Shoreditch. Vorbei an Labour and Wait (S. 123) dann rechts über die Club Row zum Boundary Gardens Rondell. Links geht die Calvert Avenue ab, wo »Leila's« Mini-Café (S. 128) Stopp ruft. Genau wie ein paar Meter weiter Ally Capellinos Taschenladen (S. 120).

Weiter geht's: Am Ende der Straße links in die Boundary Street und ganz durch bis zum »Boundary«-Komplex mit Hotel, Shop und Café (S. 126 und S. 141). Vielleicht ein Abstecher zur wundervollen Dachterrasse des »Boundary Hotels», dessen Eingang auf der Redchurch Street ist. Weiter rechts in die Ebor Street, an deren Ende das Shoreditch House (S. 141) mit »Cowshed Spa« (S. 132) liegt. Rechts auf die Bethnal Green Road, vorbei am Boxpark (S. 122), »Pizza East« (S. 129) schräg gegenüber und links in die Shoreditch High Street. Nach einigen Metern links in die Commercial Street, die nach Süden bis zum Old Spitalfields Market (S. 124) führt. Mehr Shoppen, mehr Essen! Gegenüber liegt Christ Church Spitalfields (S. 114); in Richtung Westen über die Brushfield Street sind es nur wenige Minuten bis zur Liverpool Street Station mit Anbindungen in alle Richtungen.

St Paul's Cathedral

Die 110 Meter hohe Kuppel der 1710 fertiggestellten St Paul's Cathedral ist trotz aller Hochhäuser immer noch das Wahrzeichen der Kulisse Londons. Die von Christopher Wren gebaute **Kathedrale** nimmt einen besonderen Platz im Gedächtnis der Stadt ein. Den Bomben der Deutschen Luftwaffe im Zweiten Weltkrieg fiel sie nicht zum Opfer – ein Symbol des Widerstands. Besonders schön im Altarraum: die Mosaiken im byzantinischen Stil.

St Paul's Churchyard, EC4M · U-Bahn: St Paul's · +44 20/72 46 83 57 · www.stpauls.co.uk · Mo–Sa 8.30–16 Uhr · £ 18, online £ 15.50

Street Art London

Seit der britische Phantom-Sprayer Banksy, dessen Guerilla-Aktionen weltweit Aufmerksamkeit erregen, das Londoner East End mit seinen ikonischen Werken dekoriert, sind Shoreditch und Co. Zentren für Street Art. Hinter Street Art London steckt ein echter Enthusiast mit Verbindungen in die Szene. Die **Führungen** rund um Old Street und Brick Lane bieten spannende Einblicke ins Thema und zeigen eine andere Seite des East End.

www.streetartlondon.co.uk · Di 10 Uhr (2 Std.), Sa 11 Uhr (4 Std.), So 11 Uhr (4 Std.) · £ 12–15

Don't miss

Die »Mahogany Bar«, den ältesten Teil der Wilton's Music Hall von 1725. Tagsüber toll für einen Kaffee oder Snack, abends werden im oberen Stockwerk im Flüsterkneipenstil Cocktails serviert.

Tower of London

UNESCO-Weltkulturerbe an der Themse und gemeinsam mit der Tower Bridge ein Symbol der Stadt. Errichtet wurde die **Festung** im 11. Jahrhundert. Den besten Überblick und Unterhaltung bieten die *Beefeater*-Touren. Und ansonsten wollen wir uns nicht davon abschrecken lassen, dass hier ein paar Frauen von Heinrich VII ihren Kopf verloren. Konzentrieren wir uns auf das Schöne: Im Jewel House glitzern die Kronjuwelen!

EC3N · U-Bahn: Tower Hill · +44 20/31 66 60 00, in UK: 0844/482 77 77 · www.hrp.org.uk · März–Okt. Di–Sa 9–17.30 Uhr, So, Mo 10–17.30 Uhr, letzter Einlass 17 Uhr, Nov.–Feb. Di–Sa 9–16.30 Uhr, So, Mo 10–16.30 Uhr, letzter Einlass 16 Uhr · £ 21.45

V&A Museum of Childhood

1872 eröffnete das Victoria & Albert Museum einen Außenposten im East End. Heute befindet sich in der schmiedeeisernen Halle die **Sammlung** des

Museums zum Thema Kindheit vom 17. Jahrhunderts bis heute. Spielsachen, Puppen, Kinderkleidung, das älteste Schaukelpferd des Landes (1605) und eine wunderbare Sammlung an Puppenhäusern. Hier kann man das innere Kind rauslassen – kostet ja nichts!

Cambridge Heath Rd, E2 · U-Bahn: Bethnal Green · +44 20/89 83 52 00 · www.museumofchildhood.org.uk · Tgl. 10–17.45 Uhr

✳ Victoria Miro Gallery

Zwischen Hoxton und Islington finden Kunstfreunde einen Ort, der vielen als die schönste kommerzielle **Galerie** Londons gilt. Victoria Miro, Grande Dame der britischen Kunstszene, zog mit ihrer Galerie 2000 von Mayfair in eine alte viktorianischen Lagerhalle. Ein sehr besonderer Ort für moderne Kunst versteckt sich hier auf 8000 Quadratmetern, plus ein Garten mit Blick auf den Regent's Canal.

16 Wharf Rd, N1 · U-Bahn: Old St · +44 20/73 36 81 09 · www.victoria-miro.com · Di–Sa 10–18 Uhr

✳ Whitechapel Gallery

Die Mutter aller Galerien im East End ist gleichzeitig eines der Top-**Museen** für zeitgenössische Kunst in London: Der 1901 von einem Philanthropen gegründete Kunstpionier war schon immer innovativ und bahnbrechend. Hier hatte die abstrakte Kunst von Jackson Pollock 1985 ihre UK-Premiere, genauso wie ein paar Jahre später die Werke von Mark Rothko. 2009 wurde das im Arts-and-Craft-Stil errichtete Gebäude fein renoviert.

77–82 Whitechapel High St, E1 · U-Bahn: Aldgate East · +44 20/75 22 78 88 · www.whitechapelgallery.org · Di, Mi, Fr–So 11–18 Uhr, Do 11–21 Uhr

✳ Wilton's Music Hall

Im East End hat die älteste **Music Hall** der Welt überlebt, gerade so und immer am Renoviert-Werden. In einer Seitenstraße verbirgt sich ein einzigartiger Ort, Theater, Bar und Musik-*Venue* in einem. Die Bühne aus dem 19. Jahrhundert wurde an ein Pub aus dem 18. Jahrhundert gebaut. Hier gibt es alles, von klassischer Musik über Global Beats bis zu Tischtennisturnieren. Wirklich besonders!

1 Graces Alley (abgehend von Ensign St), E1 · U-Bahn: Aldgate East, Tower Hill · +44 20/77 02 27 89 (Tickets) · www.wiltons.org.uk · Bar: Mo–Fr 12–23 Uhr, Sa 17–23 Uhr · regelmäßige »History Tours« £ 6

Shopping

Ja, Einkaufen geht im Osten prima! Vor allem, wenn man Märkte mag, originelle Geschäfte, Pop-up-Aktionen, Szenemode. Überhaupt, wer *cutting edge* sein will, wie das im Englischen heißt, der muss seine Shoppingnetze in Richtung Osten ausweiten. Wo Nachtleben und Kunstszene brummen, versteht es sich von selbst, dass Mode und Co auch ihre Zelte aufschlagen. Brick Lane und Drumrum ist schon lange ein Secondhand-Zentrum; junge Menschen mit Retrofimmel, die den Look der 1940er- und 1950er-Jahre lieben, sind hier gut aufgehoben. Es gibt aber auch Designerboutiquen für angesagte und kommende Labels. Wichtig ist hier immer, wie das Ganze aufbereitet ist. Daher ist die Einrichtung der Shops manchmal interessanter als ihr Inhalt.

✳ Ally Capellino

Taschen für Urbane. Die britische Designerin, die ihr Label 1980 startete, hat sich über die Jahre eine loyale Gefolgschaft erarbeitet, die für ihre qualitativ hochwertigen Leder-, Nylon- und Kanvastaschen, Geldbeutel und Gürtel gerne ein paar Pfund mehr ausgibt. Klassiker ist der »Frank«-Rucksack. Seit 2012 gibt es eine spezielle Fahrradtaschenlinie. Auf der Portobello Road gibt es ein Schwestergeschäft.

9 Calvert Avenue, E2 • U-Bahn: Old St, Overground: Shoreditch High St • +44 20/70 33 78 43 • www.allycapellino.co.uk • Di–Sa 11–18 Uhr, So 11–17 Uhr

Geht gar nicht

Entspannt über den Columbia Road Market schlendern: Alles drängt sich in das Zeitfenster am Sonntag. Daher auf Menschengetümmel einstellen und mittreiben lassen.

✳ Beyond Fabrics

Kurzwaren – gibt's so was noch? Ja, auf der Columbia Road, wo alles wächst und gedeiht, was nach dem Motto *back to the roots* funktioniert.

! Marktparadies Londoner Osten

Wer Märkte liebt, ist im East End genau richtig: Das riesige Angebot reicht für mehrere Mädelswochenenden in London!

Dauerbrenner und klassischer East-End-Markt ist der Brick Lane Market (www.bricklanemarket.com). Londoner und Touristen treffen sich hier jeden Sonntag von 9 bis 17 Uhr zur Erkundung eines Mega-Flohmarkts. In der »Old Truman Brewery«, auf halber Höhe der Brick Lane gelegen, entstehen ständig neue Teilmärkte: Der Sunday Up Market macht in Mode, die Boiler House Food Hall ist ein Mekka für *street food*, einen speziellen Vintage-Markt gibt's auch.

Ebenfalls seit Jahren einen festen Platz auf der East-End-Agenda hat der Broadway Market (www.broadwaymarket.co.uk), wo sich samstags von 9 bis 17 Uhr ab London Fields und in Richtung Süden bis zum Regent's Canal rund 100 Stände aneinanderreihen: Öko-Lebensmittel, Essensstände, Mode, Accessoires. Besonderer Tipp: der Stand von »Violet«: Die kleine Bäckerei mit Café in Hackney ist etwas ab vom Schuss, aber zum Glück auch auf dem Broadway Market vertreten, wo Cupcakes und Kuchen verführerisch präsentiert werden. Auf diesem Markt kann man bestens Hackneys hippe Fraktion beobachten – und auch ansonsten lohnt sich die Straße dank ihrer ausgefallenen Shops.

Der Columbia Road Flower Market (www.columbiaroad.info) schließlich ist im Ensemble der East-End-Märkte der charmanteste und charaktervollste. Nördlich der Brick Lane wirkt er wie ein bunter Blumenstrauß in einer wenig farbenfrohen Ecke. Sonntags von 8 bis 15.30 Uhr in das Blumen- und Pflanzenmeer eintauchen und die originellen Lädchen entlang der engen Straße (die meist nur dann geöffnet sind) erforschen, gehört zu den schönsten Dingen, die man am Wochenende in London machen kann.

Selbermachen ist in, und diese originelle Boutique ist ein Füllhorn bunter Materialien, Stoffe und Muster. Wer sich für Patchwork-Arbeiten und Quilten interessiert oder Lust auf eine Runde Tücher mit Retromuster hat, wird hier fündig.

67 Columbia Rd, E2 • U-Bahn: Bethal Green, Overground: Hoxton oder Shoreditch High St • +44 20/77 29 54 49 • www.beyond-fabrics.com • Di–Sa 11–18 Uhr, So 9–16 Uhr

Don't miss

Die Dachterrasse des »One New Change«-Einkaufszentrums, zu erreichen mit dem Fahrstuhl: Die atemberaubende Aussicht ist umsonst, und die Kuppel der St Pauls' Cathedral scheint von hier zum Greifen nah.

* Beyond Retro

Beyond Retro wurde 2002 in Spitalfields in einer alten Molkerei eröffnet und ist inzwischen eine **Vintage**-Institution mit Ablegern in London und Schweden sowie einem eigenen Label. Riesenauswahl an Mode und Accessoires des 20. Jahrhunderts. Hier gibt's nur Teile, die von Charity-Organisationen erworben wurden, welche diese zuvor als Spenden erhalten hatten. Gefällt auch Promikunden wie Alexa Chung.

110–112 Cheshire St, E2 • U-Bahn: Aldgate East, Overground: Shoreditch High St • +44 20/76 13 36 36 • www.beyondretro.com • Mo–Mi, Fr, Sa 10–19 Uhr, Do 10–20 Uhr, So 11.30–18 Uhr

* Boxpark

Bei der Overground-Station Shoreditch High Street eröffnete 2011 das erste **Kurzzeit-Einkaufszentrum** der Welt: Bis 2016 kann man hier noch einkaufen. Aber Moment, wir sind in Shoreditch, konventionell geht nicht! Die Shops – eine Mischung aus Lifestyle-Marken und lokalen Produzenten – befinden sich denn auch in aneinander gebauten Schiffscontainern. Auf dem Dach sind kleine Restaurants und Cafés eingezogen. Nett!

2–4 Bethnal Green Rd, E1 • U-Bahn: Liverpool St, Overground: Shoreditch High St • +44 20/70 33 28 99 • www.boxpark.co.uk • Mo–Sa 11–19 Uhr,

Do 11–20 Uhr, So 12–18 Uhr,
Essen & Trinken: Mo–Sa 8–23 Uhr,
So 10–22 Uhr

✳ House of Hackney

Das **Mode-, Design- und Lifestylelabel** House of Hackney wurde 2010 von einem Ehepaar gegründet und ist inzwischen eine Kultmarke. In ihrem Flagship-Store in einem alten Stadthaus in Shoreditch taucht man in eine Welt von Mustern und Farben, die traditionelle Designs modern und subversiv umsetzen. Dabei wird Wert auf *made in England* gelegt, und die Materialien für die Produkte werden in heimischen Betrieben hergestellt.

131 Shoreditch High St, E1 ▪ U-Bahn: Old St, Overground: Shoreditch High St ▪ +44 20/77 39 39 01 ▪ ww.houseofhackney.com ▪ Mo–Sa 10–19 Uhr, So 11–17 Uhr

✳ House of Vintage

Die freundliche Boutique gehört zu den besten der vielen **Vintage**-Läden rund um die Brick Lane: Die Kleider und Accessoires sind in sehr gutem Zustand und ansprechend präsentiert. Im Erdgeschoss dominieren die 1940er- und 1950er-Jahre, während man ein Stockwerk tiefer in die 1920er-, 1960er- und 1980er-Jahre eintauchen kann.

4 Cheshire St, E2 ▪ U-Bahn: Aldgate East, Overground: Shoreditch High St ▪ +44 20/77 39 81 42 ▪ www.houseofvintagelondon.blogspot.co.uk ▪ Mo–Fr 12–19 Uhr, Sa 10.30–19 Uhr, So 10–18 Uhr

✳ Labour and Wait

Die Besitzer dieses Geschäfts hatten die Nase voll davon, in ihrer Branche – Modedesign – permanent neue Trends kreieren zu müssen. Labour and Wait wurde etabliert für Produkte, denen die Zeit gegeben wurde, Klassiker zu werden: Der schöne Laden in einem alten Pub ist voller Haushaltswaren, Badpro-

Die Händler schreien, die Besucher drängen und die Blumenpracht ist fabelhaft: Ein Sonntagmorgen auf der Columbia Road ist ein wunderbarer Anschlag auf die Sinne. →

dukte und Accessoires, alles funktional und zeitlos. **Retro** im besten Sinne!

85 Redchurch St, E2 • U-Bahn: Liverpool St, Overground: Shoreditch High St • +44 20/77 29 62 53 • www.labouranddwait.co.uk • Di–So 11–18 Uhr

✳ Old Spitalfields Market

Hier wurde schon im 17. Jahrhundert gemärktelt, hauptsächlich mit Obst und Gemüse. Heute gibt's hier Kleider, Antiquitäten, Kunst und Essensstände. Betrieb ist die ganze Woche über in den Shops in der und rund um die viktorianische **Markthalle**. Sonntags ist am meisten los. Der westliche Teil besteht seit einigen Jahren aus einem modernen Anbau mit vielen Ketten, echte Marktstände finden sich im alten östlichen Teil, der an die Commercial Road grenzt.

Brushfield St, E1 • U-Bahn: Liverpool St • +44 20/72 47 85 56 • www.oldspitalfieldsmarket.com • Mo–Fr 10–17 Uhr, Sa 11–17 Uhr, So 10–17 Uhr

✳ One New Change

Nicht jeder hat Spaß an Vintage und verstaubten Klamotten. E voilà, hier ist was für bekennende Mainstream-Fans! Vor einigen Jahren wurde im Finanzzentrum der City und direkt bei St Paul's Cathedral ein schickes **Shoppingcenter** eröffnet, in dem sich alle High-Street-Marken finden, die das Modeherz begehrt. Praktisch, übersichtlich, alles an einem Ort.

1 New Change, EC4M • U-Bahn: St Paul's • +44 20/70 02 89 00 • www.onenewchange.com • Mo–Mi, Fr 10–19 Uhr, Do 10–20 Uhr, Sa 10–18 Uhr, So 12–18 Uhr

✳ Pitfield London

Mal sehen, was gibt es hier: Möbel, Deko, Tassen, Seifen, Geschirrhandtücher, Kerzen. Also alles. Ein bisschen exzentrisch, ein bisschen britisch, ein bisschen retro. Das Ganze verpackt in ein pastellfarbenes **Inneneinrichtungs-Geschäft**, das gleichzeitig auch Galerie und Café ist. Ein sympathisches Rundumpaket. Findet auch Shoreditch-Anwohnerin Keira Knightley.

31–35 Pitfield St, N1 • U-Bahn: Old St • +44 20/74 90 68 52 • www.pitfieldlondon.com • Tgl. 11–19 Uhr, Café 7–19 Uhr

✳ Rokit

Noch eine **Retro-Schatzkiste** auf der Brick Lane. In den beiden Rokit-Läden kann man sich im Stil der 1920er- bis 1980er-Jahre ausrüsten. Und da die Modeindustrie jedes Jahr mit Elementen vergangener Jahrzehnte zurückkommt (Baseballjacken, Latzhosen und Co.), wühlen Lon-

doner Hipster und japanische Touristen gerne in dem Shop, der einst bloß ein Stand auf dem Camden Markt war.

107 Brick Lane, E1 • U-Bahn: Aldgate East, Overground: Shoreditch High St • +44 20/72 47 37 77 • www.rokit.co.uk • Mo–Fr 11–19 Uhr, Sa, So 10–19 Uhr

✳ Start

Als ein modebewusstes Ehepaar 2002 feststellte, dass es in Shoreditch keine **Boutique für Designermode** gab, schaffte es Abhilfe: Bei Start gibt's nun das Neueste vom Neuen aus der internationalen und britischen Designszene.

42–44 Rivington St, EC2A • U-Bahn: Old St • +44 20/77 29 33 34 • www.start-london.com • Mo, Di, Mi, Fr 10.30–18.30 Uhr, Do 10.30–19 Uhr, Sa 11–18 Uhr, So 12–18 Uhr

✳ Tatty Devine

Seit 1999 entwerfen Harriet Vine und Rosie Wolfenden **Schmuck**. Am Anfang wurden Lederarmbänder auf Märkten verkauft, 2001 dann eröffnete man auf der Brick Lane einen Shop. »Selfridges« verkauft Tatty Devine genauso wie Händler weltweit. Die beiden produzieren lokal, ihre Stücke aus Acryl sind bunt und verspielt.

236 Brick Lane, E2 • U-Bahn: Aldgate East, Overground: Shoreditch High St • +44 20/77 39 91 91 • www.tattydevine.com • Mo–Fr 10–18.30 Uhr, Sa 11–18 Uhr, So 10–17 Uhr

✳ The Laden Showroom

Designerteile ab £ 30? Das geht, wenn man sich an junge, unabhängige Modemacher hält, und die gibt's oft in London. Laden Showroom fördert neue Talente und hat etwa 50 Designer im Angebot. Ausgefallenes und Individuelles, womit man sich von der H&M-Masse abheben kann.

103 Brick Lane, E1 • U-Bahn: Aldgate East, Overground: Shoreditch High St • +44 20/72 47 24 31 • www.laden.co.uk • Mo–Fr 11–18.30 Uhr, Sa 11–19 Uhr, So 10.30–18 Uhr

✳ Thor & Whistle

Kamilla Thorsen und Rachel Entwistle trafen sich 2009 bei der Suche nach einem Studio und eröffneten 2012 diese **Schmuckboutique**. Mit Antiquitäten und Recyceltem wurde ein atmosphärischer Rahmen für die Schätze geschaffen, die von Natur und Mythologie inspiriert sind.

5a Club Row, E1 • U-Bahn: Liverpool St • +44 20/35 66 87 77 • www.thorandwhistle.com • Di, Mi 11–18 Uhr, Do, Fr 11–19 Uhr, Sa 12–18 Uhr, So 12–17 Uhr

Restaurants & Cafés

Die Multikulti-Stadt London drückt sich besonders in der Auswahl an globaler Kulinarik aus. Das East End mit seiner jahrhundertelangen Immigrationsgeschichte ist ein Paradebeispiel. Die letzte Einwandererwelle aus Indien und Bangladesch hat um die Brick Lane ihre kulinarischen Spuren hinterlassen. Wer indisch essen möchte, hat hier eine Riesenauswahl. Eine weitere Nation, die zur kulinarischen Vielfalt des Stadtteils beiträgt, sind Vietnamesen: Für vietnamesische Küche geht London auf die Kingsland Road in Dalston. Mit dem Einzug der Szene hat sich in Shoreditch eine hippe Restaurant- und Coffeeshop-Kultur entwickelt. Und das unauffällige, coole Clerkenwell ist schon lange eine kleine Hochburg für innovatives Essen.

✳ Albion

Albion ist der antike Name für Großbritannien, und nomen est omen: Das zum »Boundary Hotel« (S. 141) gehörende Ganztags-**Café** mit Bäckerei legt Wert auf Britisches. Auf der Karte findet sich Typisches wie *coronation chicken sandwich* oder *crumble* mit *custard*. In dem hellen Raum mit Holztischen und offener Küche sitzt man nett. Die kreative Shoreditch-Nachbarschaft liebt es!

2–4 Boundary St, E2 ▪ U-Bahn: Old St, Overground: Shoreditch High St ▪ +44 20/77 29 10 51 ▪ www.albioncaff.co.uk ▪ Mo–Sa 8–23 Uhr, So 8–22.30 Uhr ▪ Sandwich ab £ 6

Geht gar nicht

Kundenfreundlichkeit bei »Beigel Bake« erwarten. Die Verkäuferinnen schwanken zwischen muffig und gleichgültig. Dafür fertigen sie die Schlangen effizient ab.

✳ Allpress Espresso

Für Kaffee-*aficionadas*: Die **Kaffeerösterei** bietet im hauseigenen Café auf Shoreditchs beliebter und belebter Redchurch Street täglich exzellenten Kaffee an. Egal, wann man vorbeikommt, der Laden ist fast immer voll. Heiße Schokolade, Sandwiches und Kuchen runden das Programm ab. Kaffeebohnen zum Verkauf.

58 Redchurch St, E2 · U-Bahn: Liverpool St, Overground: Shoreditch High St · +44 20/77 49 17 80 · www.allpressespresso.com · Mo–Fr 8–17 Uhr, Sa, So 9–17 Uhr

✳ Back in 5 Minutes

Witziger Name, witziger Laden: In einem Klamottenshop auf der Brick Lane versteckt sich dieses **Retro-Restaurant** im 1970er-Jahre Stil mit drei Gemeinschaftstischen. Mittwochs bereitet der schwedische Chefkoch ein Drei-Gänge-Menü für £ 30 zu; von Donnerstag bis Samstag kann man sich aus der kleinen Karte das Menü selbst zusammenstellen. Gemütlich wird's nach dem Essen bei Drinks: Geöffnet ist hier nämlich bis 1 Uhr!

224 Brick Lane, E1 · Overground: Shoreditch High St · +44 7507/75 43 18 · www.disappearingdiningclub.co.uk · Mi ab 19 Uhr, Do–Sa ab 18.30 Uhr

✳ Barber & Parlour

Barber & Parlour ist vieles: **Café, Bar, Friseur und Nagelstudio** (praktisch!), Shop, Barber Salon und Kino – all das auf drei Stockwerken inklusive Keller (Electric Cinema). Die Handschrift der Soho House Betreiber, die hinter dem Projekt stehen, ist unverkennbar. Cool und gemütlich gleichzeitig, man könnte sich stundenlang im wohnzimmerartigen Erdgeschoss aufhalten. Sehr entspannt.

↑ *Ein Clerkenwell-Liebling: das »Caravan« ist eine entspannte Ganztagsanlaufstelle mit einer ergiebigen, oft ausgefallenen Karte.*

64-66 Redchurch St (Eingang auf Club Row), E2 · U-Bahn: Liverpool St, Overground: Shoreditch High St · +44 20/33 76 17 77 · www.barberandparlour.com · Mo–Sa 9–23 Uhr, So 10–23 Uhr · kleine Gerichte ab £ 5

✳ Blixen

Anfang 2015 eröffnete diese **Brasserie** in einer alten Bank in Spitalfields und wurde sofort zum Hit. Hohe Decken, viel Licht, ein wenig Grandezza von früher, dabei modern und freundlich – Blixen bietet von morgens bis abends immer das Richtige mit Frühstück, Lunch, Dinner, Snacks, einer Terrasse und Cocktailbar im Keller. Die Küche ist das, was man in Großbritannien *Modern European* nennt. Zum Brunchen kommen! .

65a Brushfield St, E1 · U-Bahn: Liverpool St · +44 20/71 01 00 93 · www.blixen.co.uk · Mo–Fr 8–23 Uhr, Sa 9–23 Uhr, So 9–20 Uhr · Hauptgerichte ab £ 10

✳ Breakfast Club

Die Gründer des Breakfast Club, inzwischen auch in Soho und Battersea vertreten, sind Kinder der 1980er-Jahre, was nicht zuletzt erkennbar ist am Namen, der auf den Kultfilm mit Molly Ringwald anspielt. Die **Brunch-Location** mit Trödelmarktflair ist sehr beliebt. Lecker: Pfannkuchen, *English-Breakfast*-Varianten oder *Eggs Benedikt*. Frühstück gibt's bis 17 Uhr.

2–4 Rufus St, N1 · U-Bahn: Old St · +44 20/77 29 52 52 (Reservierung Sa + So erst ab 17 Uhr) · www.thebreakfastclubcafes.com · Mo–Mi 8–23 Uhr, Do, Fr 8–0 Uhr, Sa 9–0 Uhr, So 9–22 Uhr

Don't miss

Die *Street-food*-Stände, die sich von Montag bis Freitag von 12 bis 14.30 Uhr auf Exmouth Market reihen. Hier gibt's alles von Crêpes bis Indisch. Bei gutem Wetter speist man im Garten hinter der Kirche.

✳ Brick Lane Beigel Bake

Ein Muss auf der Brick Lane, die Ende des 19. Jahrhunderts zur Hauptstraße der **Bagel-Bäckereien** wurde: Am Nordende backt Beigel Bake rund um die Uhr. Morgens um vier stehen Clubber Schlange, sonntags Marktbesucher. Der Laden wurde 1977 eröffnet, das sieht man immer noch. Superbillig.

159 Brick Lane, E1 · U-Bahn: Aldgate East, Overground: Shoreditch High St · +44 20/77 29 06 16 · 24/7

✳ Caravan

Beim Brunchen am Wochenende auf Exmouth Market kann man hier prima Leute beobachten. Das **Café** hat eine eigene Kaffeerösterei, im Sommer kann man draußen sitzen. Für Brunch sind keine Reservierungen möglich, aber Warten lohnt!

11–13 Exmouth Market, EC1R · U-Bahn: Farringdon · +44 20/78 33 81 15 · www.caravanonexmouth.co.uk · Mo–Fr 8–22.30 Uhr, Do–Sa 8–0 Uhr, Sa, So 10–16 Uhr (Brunch), Sa 17–22.30 Uhr · kleine Gerichte ab £ 5

✳ Leila's

Leila's ist an sich ein kleiner Öko-Lebensmittelladen, und sein **Café** ist ein besonderer Schatz am Arnold Circus, wo 1900 die ersten Sozialbauten des Landes eröffnet wurden: Eine kleine Küche, eine Theke, ein paar Tische, zusammenge-

würfeltes Dekor. Bei Spiegeleiern in der Pfanne und Holunderblütenwasser wirkt die Großstadt weit weg. Das mürrische Personal einfach ignorieren ...

15–17 Calvert Avenue, E2 • U-Bahn: Old St • +44 20/77 29 97 89 • Mo–Sa 10–18 Uhr, So 10–17 Uhr

✳ Monikers

Bar und Restaurant in einer ehemaligen Schule am Hoxton Square. Zur Einrichtung gehören ein Periodensystem, eine Schultafel und ein guter alter Globus. Abgefragt wird aber zum Glück keiner; hier sitzt es sich entspannt. Auf der Karte stehen originelle, meist kleinere Gerichte (Tipp: mehrere bestellen und teilen) und gute Cocktails. Witzig: die Mezzaninebene, ein alter Bus.

16 Hoxton Square, N1 • U-Bahn: Old St • +44 20/77 39 60 22 • www.monikers.co.uk • Mo–Fr 12–23 Uhr, Sa 10–0 Uhr, So 10–22 Uhr • kleine Gerichte ab £ 4

✳ Medcalf

Restaurant und Bar in einer alten Metzgerei auf Exmouth Market. An den Wänden hängt wechselnde moderne Kunst, und die Küche favorisiert herzhafte, modern-britische Küche. Die Karte wechselt täglich, die Weinauswahl ist gut und konzentriert sich auf Frankreich, Spanien und Italien. Ein Klassiker!

40 Exmouth Market, EC1 • U-Bahn: Farringdon • +44 20/78 33 35 33 • www.medcalfbar.co.uk • Mo–Do, Sa 12–15, 18–22 Uhr, Fr 12–15, 18–22.30 Uhr, So 12–15.30 Uhr, Bar: Mo–Do, Sa 12–23 Uhr, Fr 12–0 Uhr, So 12–16 Uhr • Hauptgerichte ab £ 11.50

✳ Moro

Essen für alle Sinne. Moro, ein Londoner Klassiker, serviert seit 1997 **nordafrikanisch-spanische Küche**. Die exotischen Gerichte sind fein zubereitet und das Kochbuch der Besitzer ein Bestseller. Auch deswegen sind Gourmets neugierig auf Moro, also immer reservieren. Lebendige, oft laute Atmosphäre, genau richtig für einen Gute-Laune-Abend!

34–36 Exmouth Market, EC1R • U-Bahn: Farringdon Rd • +44 20/78 33 83 36 • www.moro.co.uk • Mo–Sa 12–14.30, 18–22.30 Uhr, So 12.30–14.45 Uhr • Hauptgerichte ab £ 16.50

✳ Pizza East Shoreditch

Moderne **Pizzeria** à la East End, unkompliziert und entspannt. Man sitzt in einem alten Lagerhaus an langen Tischen, auf Lederbänken oder an der

Bar. Auf der Karte stehen neben Pizza Antipasti und Salate. Das Lokal ist immer voll, ideal für Gruppen und mit dem dazu gehörenden Kellerclub »Concrete« ein Stockwerk tiefer praktisch, um Essen und Clubbing zu verbinden.

56 Shoreditch High St, E1 • U-Bahn: Liverpool St, Overground: Shoreditch High St • +44 20/77 29 18 88 • www.pizzaeast.com, www.concretespace.co.uk • Mo–Mi 12–0 Uhr, Do 12–1 Uhr, Fr 12–2 Uhr, Sa 10–2 Uhr, So 10–0 Uhr (Küche schließt je 1 Std. früher) • Pizza ab £ 8

↑ *Die jungen Köche Londons lassen sich gerne in die Töpfe schauen! Im »Clove Club« wird Kochen transparent.*

✳ Printers & Stationers

Es sind Orte wie dieser, die das East End besonders machen: In der von der Columbia Road abgehenden Gasse verkauft ein **Franzose** Weine kleiner Hersteller und serviert Käse- und *Charcuterie*-Platten. In der einstigen Druckwerkstatt sitzt man in einer Art Mini-Wohnzimmer, das exzentrisch-altmodisch eingerichtet ist, oder im verwunschenen Gärtchen.

21a Ezra St, E2 • U-Bahn: Bethnal Green, Overground: Hoxton oder Shoreditch High St • www.printersandstationers.co.uk • Mi–Fr 12–20 Uhr, Sa 12–19 Uhr und während des Columbia Road Flower Market

✳ The Clove Club

Als im alten Rathaus von Shoreditch 2013 der Clove Club eröffnete, war dies ein gefundenes Fressen für Food-Blogger: junge Köche mit besten Referenzen und eine coole Location mit komplett einsehbarer Küche. Konventionelle Gourmets werden schon bei der Beschreibung der Gerichte den Kopf schütteln, aber das wechselnde Menü aus sehr gekonnt zubereiteten **innovativen**

Don't miss

Kaffee oder Bagels in der »Modern Pantry« zu holen und sich in den bezaubernden Garten zu setzen, der sich am St John's Square beim Eingang zum Museum of the Order of St John versteckt.

Gerichten besticht. Nette Bar, in der auch Essen serviert wird.

380 Old St, EC1V • U-Bahn: Old St • +44 20/77 29 64 96 • www.theclove club.com • Di–Sa 12–14.30 Uhr, Mo–Sa 18–22 Uhr, Bar: Mo–Sa 18–22.30 Uhr • 8-Gang-*Tasting-Menu* £ 47

✳ The Modern Pantry

Die Neuseeländerin Anne Hansen gehört zu den besten Köchen in London. In Clerkenwell zelebriert sie seit 2005 ihren ganz eigenen Stil: frisch, ein wenig abenteuerlich, mit ungewöhnlichen Zutaten; manche nennen das ***Fusion Food***. Das Café und Restaurant auf zwei Stockwerken im skandinavischen Stil ist schön zum Brunch. Am besten: ein Tisch an einem schönen Tag im Freien.

47–48 St John's Square, EC1V • U-Bahn: Farringdon • +44 20/75 53 92 10 • www.themodernpantry.co.uk • Café: Mo 8–11, 12–22 Uhr, Sa 9–16, 18–22.30 Uhr, So 10–16, 18–22 Uhr, Restaurant: Mo 12–15 Uhr, Di–Fr 12–15, 18–22.30 Uhr, Sa 11–16, 18–22.30 Uhr, So 11–16 Uhr • Hauptgerichte ab £ 15

✳ Tina, We Salute You

Toller Name, oder? Aus einem Cupcake-Stand auf dem Brick Lane UpMarket entstand dieser Dalston-Liebling. Hier gibt's durchgesessene Sofas, einen Gemeinschaftstisch und altes Geschirr mit Blumendekor. Das Tina-Team fördert lokale Künstler, die Wände des **Cafés** werden alle zwei Monate neu dekoriert.

47 King Henry's Walk, N1 • Overground: Dalston Kingsland • +44 20/31 19 00 47 • http://tinawesaluteyou.com • Mo–Fr 8–18 Uhr, Sa, So 10–18 Uhr

✳ Tramshed

Hip, hipper, Shoreditch! Mark Hix, einer der profiliertesten **Restaurant**betreiber Londons, liebt Modernes: Für das 2012 eröffnete Tramshed in einem alten E-Werk fertigte Damien Hirst eigens das Werk *Cock and Bull* an – hier gibt's nur Steak und Hendl. Kunstgalerie im Keller.

32 Rivington St, EC2A • U-Bahn: Old St • +44 20/77 49 04 78 • www.chickenandsteak.co.uk • Mo, Di 8–23 Uhr, Mi–Fr 8–0.30 Uhr, Sa 9–0.30 Uhr, So 9–22 Uhr • ab £ 14

Wellness

Es gibt wohl keinen Ort in London, zu dem das Wort Wellness weniger passen würde: Die City ist ein hektischer Finanzplatz, das East End rau, wirklich kein Platz, um sich verwöhnen zu lassen. Aber wer genau hinschaut, findet Ecken, wo man etwas für Erholung und Schönheit tun kann. In Hackney gibt es beispielsweise Londons einziges beheiztes Freibad, in Shoreditch ein Spa einer der hipsten britischen Beautylinien, und da Londons lokale Verwaltungen durchaus auch um ihre Bewohner bemüht sind, ein nagelneu renoviertes altes Badehaus. Ansonsten gilt wie immer Augen offen halten beim Stadtspaziergang, es gibt auch hier grüne Ecken, Parks und Plätze, die überraschend idyllisch sein können.

* Aesop

Der australische **Kosmetikhersteller** kombiniert Pflanzliches mit Technologie und sieht seine Produkte als Teil eines gesunden Lebensstils, zu dem Ernährung und Bewegung gehören – und Rotwein und Literatur! Gehobene Preise.

44 Redchurch St, E2 • U-Bahn: Liverpool St, Overground: Shoreditch High St • +44 20/76 13 37 93 • www.aesop.com/uk • Mo 11–18 Uhr, Di–Fr 11–19 Uhr, Sa 10–18 Uhr, So 12–18 Uhr

Geht gar nicht

Nackt in die Sauna gehen. Briten finden diesen deutschen »Brauch« gelinde gesagt seltsam. Hier hält man sich beim gemeinsamen Schwitzen lieber bedeckt.

* Cowshed Spa

Das **Spa** der britischen Kultmarke im »Shoreditch House« (S. 141) kommt genauso lässig daher wie der Members Club. Spezialität: die Ultimate-Cowshed-Maniküre und -Pediküre (£ 50/£ 55), die sachkundige Damen durchführen. Im Untergeschoss werden Gesichts- und Körperbehandlungen angeboten.

Shoreditch Holuse, Ebor St, E1 • U-Bahn: Liverpool St, Overground: Shoreditch High St • +44 20/77 49 45 31 • www.cowshedonline.com • Mo–Fr 9–21 Uhr, Sa 9–20 Uhr, So 10–19 Uhr

✳ Frame Shoreditch

Die Mädels des angesagten und auf Frauen fokussierten Frame Gym nehmen das Fitnessgedöns nicht so ernst – **Fitness mit Spaß** ist die Devise. Alle Klassen sind *drop-in*: Jeder ist willkommen, nur vorher bitte online registrieren.

29 New Inn Yard, EC2A ▪ U-Bahn: Old St, Overground: Shoreditch High St ▪ +44 20/70 33 18 55 ▪ www.moveyourframe.com/shoreditch ▪ Mo–Fr 7–22 Uhr, Sa 9–16.30 Uhr, So 10–18.15 Uhr ▪ Stunde ab £ 8

✳ Ironmonger Row Baths

Ein Badehaus aus der Zeit, bevor jeder ein Bad zuhause hatte: Das Ironmonger Row Baths aus dem Jahr 1931 wurde Ende 2012 nach mehrjähriger Renovierung wieder eröffnet. Das Juwel in der Krone: der modernisierte historische **Hamam** mit Kaldarium, Saunen und Dampfbädern. Im Spa werden Schönheitsbehandlungen und Massagen angeboten. Zur Anlage gehören außerdem ein Fitnesszentrum und ein Schwimmbad.

1 Norman St, EC1V ▪ U-Bahn: Old St ▪ +44 20/36 42 55 20 ▪ www.better.org.uk ▪ Mo–Fr 6.30–21.30 Uhr, Sa, So 9–18 Uhr ▪ 3 Std. Thermal Spa £ 25

✳ London Fields Lido

Wie wir inzwischen wahrscheinlich schon wissen, hält man in London nichts von beheizten Freibädern, egal zu welcher Jahreszeit. Ts, warmes Wasser ... für Waschlappen! *We're British, please.* In der Nordwestecke des London Fields Park allerdings sind die Dinge anders: London Fields Lido von 1932 ist der einzige **beheizte Außenpool** der Stadt, der nach 18-jähriger Schließung 2006 mit einem 50-Meter-Becken ausgestattet und renoviert wieder eröffnet wurde.

London Fields Westside, E8 ▪ Overground: Hackney Central ▪ +44 20/72 54 90 38 ▪ www.better.org.uk/london-fields-lido ▪ Ende April–Anf- Sept. Mo–Fr 6.30–20 Uhr, Sa, So 8–19 Uhr, Anf. Sept.–Ende April Mo–Fr 7.45–16 Uhr, Sa, So 8–16 Uhr ▪ £ 4.65

✳ The Shoreditch Spa

Freundlicher, kleiner **Schönheitssalon** auf der Brick Lane, um sich eine Runde zu entspannen und vom Trubel der Straße zurückzuziehen: Zur Maniküre oder Pediküre (extrem gemütliche Sessel!) gibt es ein Glas Sekt plus Tablets für die Unterhaltung. Verschiedene Behandlungen wie Facials und Massagen werden im ruhigen Kellergeschoss von professionellem Personal durchgeführt.

167 Brick Lane, EC ▪ U-Bahn: Liverpool St, Overground: Shoreditch High St ▪ +44 20/70 33 97 76 ▪ www.theshoreditchspa.com ▪ Mo–Mi, Fr 11–19 Uhr, Do 11–20 Uhr, Sa 10–19 Uhr, So 12–18 Uhr

Ausgehen

Inzwischen hat es jeder mitbekommen: Das neue Ausgehzentrum Londons liegt östlich der Mitte. West End – ja, gut; Notting Hill – natürlich, immer nett; Camden – klar, die Musikszene. Wer aber ganz vorn mit dabei sein will, zu Underground-DJs raven und in abgefahrenen Orten seine Drinks schlürfen möchte, der muss nach Shoreditch und in die benachbarten Viertel. Das sagen alle hippen Nachteulen. Über diese übercoole Haltung im östlichen Nachtleben macht man sich inzwischen gern mal lustig. Wie das eben so ist, wenn der Hype überhand nimmt. Tatsache ist aber, hier ist schwer was los; es gibt lässige Bars, die frei sind von Schickimicki und Geldadel; Ausgehen ist hier allgemein unprätentiöser als im Westen der Stadt.

* All Star Lanes

2006 dachten sich ein paar **Bowling**-Freunde, die ganze Kegelei müsste doch auch cooler zu gestalten sein als im Vereinsheim-Stil. Voilà, All Star Lanes war geboren! Bowlen, Essen und Cocktails im US-Retrostil der 1950er-Jahre ist seitdem beliebt in London, vor allem bei Gruppen für einen lustigen Abend. Freitags und samstags legen DJs auf. Die innere Beyoncé kann man in den buchbaren Karaoke-Räumen rauslassen.

95 Brick Lane, E1 • U-Bahn: Aldgate East • +44 20/74 26 92 00 • www.allstarlanes.co.uk • Mo–Do 16–0 Uhr, Fr 12–1 Uhr, Sa 11–1 Uhr, So 11–0 Uhr • Bowling £ 8.95/Pers. (abends), Karaoke pro Std. ab £ 5/Pers.

Don't miss

Den »Cargo«-Biergarten: In der hintersten Ecke versteckt sich ein Stück »Old School Deutschland« in Gestalt eines original Fotoautomaten. Erinnerungsbilder gibt's für £ 3.

* Cafe Oto

Experimentelles: Cafe Oto ist tagsüber ein Café und öffnet abends als Avantgarde-**Musikbühne** seine Pforten für Livemusik, die in den Mainstream-Clubs keinen Platz findet. Konzerte gibt's fast jeden Abend, und das Publikum kann alles erwarten, von japanischen Underground-Künstlern über norwegischen Improvisationsjazz bis hin zu Präsentationen obskurer Plattenlabel.

18–22 Ashwin St, E8 • Overground: Dalston Kingsland • www.cafeoto.co.uk • Café: Mo–Sa 9.30–17.30 Uhr, So 10.30–17.30 Uhr, Konzerte ab 20 Uhr, ansonsten bleibt Barbetrieb ab 17.30 Uhr

* Callooh Callay

Thema hier: Lewis Carroll und seine Alice, Heldin der berühmten Kinderbücher des britischen Autors. Das zeigt sich nicht nur im Namen (Callooh Callay ist eine von Carrolls Wortschöpfungen), sondern auch der Einrichtung mit einem Schrank, durch dessen Spiegeltür man in einen versteckten Raum gelangt. Exzentrisch, phantasievoll und gleichzeitig eine **Top-Cocktailbar** mit preisgekrönten Kreationen und freundlichem Personal. Passt für einen Mädelsabend.

65 Rivington St, EC2A • U-Bahn: Old St • +44 20/77 39 47 81 • www.calloocallaybar.com • Mo–So 18–1 Uhr

* Cargo

Bar, Club und Livemusik. Das Cargo, eine Shoreditch-Institution in einem alten Eisenbahnwerk, bietet etwas von allem: unter der Woche Bands aus verschiedenen Genres, am Wochenende einen Mix lokaler und internationaler DJs, die von Latin Beats bis Hip-Hop kunterbunt auflegen. Tagsüber essen und trinken geht hier auch. Im Sommer wird im Innenhof gerne mal gegrillt.

83 Rivington St, EC2A • U-Bahn: Old St • +44 20/77 39 34 40 • www.cargo-london.com • Mo–Do 12–1 Uhr, Fr, Sa 12–3 Uhr, So 12–0 Uhr • Club nach 22 Uhr £ 10

* Dream Bags Jaguar Shoes

Guter Name, oder? Die kleine **Bar** residiert in zwei alten Shops, die – genau – einst Schuhe und Taschen verkauften. Namensschilder und Schaufenster hat man beibehalten. Am Wochende kommen viele Shoreditch Hipster, unter der Woche ist es entspannter. Neben Drinks und Musik gibt es auch immer was zu sehen: Das Dekor der Bar ändert sich mit wechselnden Ausstellungen regelmäßig.

32–36 Kingsland Rd, E2 • U-Bahn: Old St, Overground: Shoreditch High St • +44 20/76 83 09 12 • www.jaguarshoes.com • Mo–So 12–1 Uhr

⚹ Fabric

Die langen Schlangen vor diesem Mega-**Club** sind legendär, von daher empfiehlt es sich, entweder früh herzukommen oder vorher online zu buchen. Das Fabric gilt als einer der besten Clubs weltweit und ist ein Mekka für DJ-*aficionadas*. Aufgelegt werden Techno, Electro, House, Breakbeat & Co. Auftakeln muss man sich hier nicht, es geht nur um die Musik. Für Hardcore-Partynächte.

77a Charterhouse St, EC1M • U-Bahn: Farringdon • +44 20/73 36 88 98 • www.fabriclondon.com • Fr 22–6 Uhr, Sa 23–8 Uhr, So 23–5 Uhr • £ 15–20

↑ *Die Partymeute findet auf der Curtain Road diverse Locations. Das »Hoxton Pony« – wer denkt sich eigentlich immer diese Namen aus? – ist ein Dauerbrenner für lange Nächte.*

⚹ Happiness Forgets

Kleine, relaxte **Kellerbar** im Hoxton-Square-Viereck. Eine Bar, ein paar Tische, gedämpftes Licht, Jazz- und Soulmusik – das Prinzip hier lautet *back to basics*. Es gibt Tischservice, kein Drängeln an der Bar also, und die Cocktails sind erstklassig. Wer diese Bar einmal gefunden hat (versteckt sich unter dem Restaurant »Ruby«), kommt glücklich immer wieder her.

8–9 Hoxton Square, N1 • U-Bahn: Old St • +44 20/76 13 03 25 • www.happinessforgets.com • Tgl. 17.30–23 Uhr

⚹ Hoxton Pony

Im Hoxton Pony sind, je nachdem, welcher Clubabend ansteht, extravagante Gäste gerne gesehen. Die Bar oben und der **Club** im Untergeschoss sind modern und mit einigen auffälligen Kunstwerken ausgestattet. Es gibt selbstkühlende Infusionsgefäße, die mit alkoholischen Mischungen gefüllt werden. Kostenpunkt £ 50, reicht für bis zu sechs Personen, getrunken wird der Cocktail aus Teetassen.

104–108 Curtain Rd, EC21 • U-Bahn: Old St, Liverpool St • +44 20/76 13 28 44 • www.thehoxtonpony.com • Di, Mi 17–0 Uhr, Do 17–1 Uhr, Fr 17–2 Uhr, Sa 18–2 Uhr • ab 22 Uhr £ 10

Hipster-Hangout East End

Seit Ende der 1990er-Jahre hat sich das Ausgehzentrum der Stadt immer mehr nach Osten verlagert. Den Weg ebneten Künstler, die heruntergekommene Stadtteile wie Shoreditch kolonisierten. Das hippe Feiervolk folgte auf dem Fuß. Rund um die Old Street und in Richtung Osten um Rivington Street, Leonard Street und Curtain Road wird Party gemacht. Hier eröffnen in schöner Regelmäßigkeit neue Bars, hängen in von außen traditionell aussehenden Pubs Menschen mit schwarz umrandeten Brillen, sorgfältig gestutzten Bärten und bewusstem Gammel-Look oder was sonst so angesagt ist ab und wird in Clubs wie »Xoyo« (www.xoyo.co.uk) kein Mainstream, sondern von Insider-DJs die Musik von morgen aufgelegt. Im Gegensatz zum West End wird hier günstiger, unprätentiöser – dicke Angeberautos gibt es eher selten – und charmant abgerockt.

Die Hipsterparade ist inzwischen im Stadtbezirk Hackney weiter östlich gezogen und hat in Dalston ihre Zelte aufgeschlagen, wo es nichts gibt, was im konventionellen Sinn schön ist. Dennoch, seit 2009 der »Dalston Superstore« (www.dalstonsuperstore.com) eröffnete, is Dalston *the place to be*. Hier wird auf der Süd-Nord-Achse Kingsland High Street tagsüber in der Bar oben und nachts im Kellerclub lässig abgehangen. Genauso typisch für die Ostszene ist der benachbarte »Dalston Roof Park« (www.dalstonroofpark.co.uk) auf einer alten Druckerei. Kino vom Whirlpool aus im Sommer? Geht hier.

Die Bewegung gen Osten geht weiter: In Hackney Wick beim Olympischen Park sind inzwischen wieder Künstler gelandet, denen Shoreditch zu trendy und teuer geworden ist. Ein Industriegebiet im Flusstal des Themse-Zuflusses Lee ist das, aber egal, mit dem »Stour Space« (www.stourspace.co.uk) gibt es eine Galerie-cum-Café genauso wie mit der »Crate Brewery« (www.cratebrewery.com) eine Pizzeria mit Mikrobrauerei am Wasser, denn auch das Kreativ-Volk muss versorgt werden. Das East End ist und bleibt in Bewegung.

✳ Hoxton Square Bar and Kitchen

Hier geht alles: essen, trinken und tanzen. Tagsüber kann man auf den Sofas entspannen, richtig los geht es aber am Abend, wenn die East End-*crowd* von der Bar auf den **Dancefloor** wechselt. Freitags und Samstags wird Pop, Electro und Indie Rock gespielt. Um Dramen mit dem Türsteher zu vermeiden (und den Eintritt von £ 5 nach 22 Uhr), früh kommen und ein paar Drinks nehmen. Regelmäßig Live Acts.

2–4 Hoxton Square, N1 • U-Bahn: Old St • +44 20/76 13 07 09 • www.hoxtonsquarebar.com • So, Mo 12–0 Uhr, Di–Do 12–1 Uhr, Fr, Sa 12–2 Uhr

✳ Jerusalem Tavern

Charmantes **Pub** in einem Gebäude aus dem frühen 18. Jahrhundert, das Ende der 1990er-Jahre mit viel Sinn für Tradition eröffnet wurde. Hier ist alles so, wie es in einem echten Pub sein sollte: Kamin, Holztische, Holzboden, das Bier kommt von einer kleinen britischen Brauerei. Eng ist es, und daher – auch

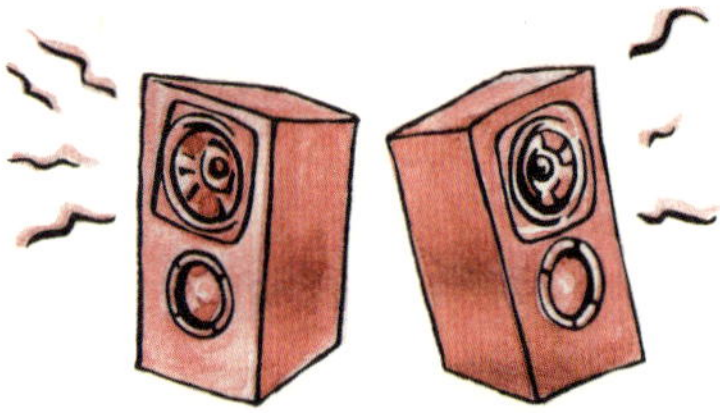

ganz typisch – stehen die Gäste oft auf der Straße. Beliebter Stopp nach der Arbeit für die Angestellten aus den umliegenden Büros.

44 Britton St, EC1M • U-Bahn: Farringdon • +44 20/74 90 42 81 • www.stpetersbrewerey.co.uk/london-pub • Mo–Fr 11–23 Uhr

✳ Owl & Pussycat

So geht Shoreditch ins **Pub**! Das Owl & Pussycat, untergebracht in einem Gebäude aus dem 17. Jahrhundert, ist der Liebling in dieser Ecke mit seinen vielen kreativen Typen. Die Hipsterei mischt sich mit Geschäftsleuten aus der City, ganz entspannt; freitags nach Feierabend und samstags wird es richtig voll. Bonus: der Biergarten hinten raus, und sonntags wird hier auch ein prima *Sunday roast* serviert.

34 Redchurch St, E2 • U-Bahn: Old St, Overground: Shoreditch High St • +44 20/34 87 00 88 • www.owlandpussycatshoreditch.com • Mo 12–23 Uhr, Di–Sa 12–0 Uhr, So 12–23 Uhr

Geht gar nicht

Die britische Eigenart, zu schnell zu viel Alkohol zu trinken. Wenn zu Weihnachten die Boni gefeiert werden, führt dies leider zu besonders vielen Alkoholleichen.

✳ Sushisamba

Die Sushi-Südamerika-Kombo aus New York eröffnete 2012 im Heron Tower, einem der City-Wolkenkratzer. Zum Restaurant gehört auf dem 38. Stock eine **Loungebar** mit Außenterrasse, die ganztägig offen ist. Einen Stock höher: Bar Nummer Zwei ab 16 Uhr. Für das geniale London-Panorama bezahlt man indirekt, über die Cocktailpreise. Tipp: die Fensterplätze an der Treppe hoch zum 39. Stock.

Heron Tower, 110 Bishopsgate • U-Bahn: Liverpool St • +44 20/ 36 40 73 30 (für Restaurantreservierung, für die Bar keine Reservierung möglich) • www.sushisamba.com • So–Do 11.30–0.30 Uhr, Fr, Sa 11.30–1.30 Uhr

✳ The Book Club

Ganz bescheiden meint dieser **Club**, der Szene eine kulturelle Revolution beschert zu haben. Ausgehen ist hier mehr als nur Trinken und Tanzen. Von morgens bis spät abends wird sich hier auf alle möglichen Arten und Weisen zwischen Ziegelmauern unterhalten. In der Kellerbar legen DJs auf; zudem gibt's Livemusik, Tischtennis, Speed Dating, Filmabende und Literatursalons.

100–106 Leonard St, EC2A • U-Bahn: Old St • +44 20/76 84 86 18 • www.wearetbc.com • Mo–Mi 8–0 Uhr, Do, Fr 8–2 Uhr, Sa 10–2 Uhr, So 10–0 Uhr • Club ab 21 Uhr € 5

✳ The Queen of Hoxton

Queen of Hoxton, eine Mischung aus **Bar, Club und Kunstgalerie**, ist das ganze Jahr über beliebt, besonders aber ab Mai, wenn der Dachgarten von 12 bis 22 Uhr geöffnet wird. Besonderer Renner: der Rooftop Film Club mit einem Programm an Kultklassikern. In der Erdgeschoss-Bar im Industriedekor legen DJs auf, im dunklen Kellerclub stehen Livemusik, Comedy und Electro Club Nights auf dem Programm.

1–5 Curtain Rd, EC2A • U-Bahn: Liverpool St • +44 20/74 22 09 58 • www.queenofhoxton.com • Mo–Mi 17–0 Uhr, Do–Sa 17–2 Uhr, So 12–0 Uhr

✳ Vortex Jazz Club

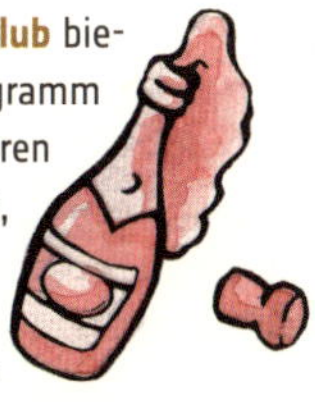

Der preisgekrönte **Jazz-Club** bietet ein innovatives Programm und seit mehr als 25 Jahren eine Plattform für Jazz, experimentelle und zeitgenössische Musik. Im Jahr 2005, noch bevor die Dalston-Renaissance begann, zog er ins Dalston Culture House ein. Der Club wird von Freiwilligen als gemeinnütziges Unternehmen betrieben, die Ticketpreise sind moderat und die Zuschauer manchmal exzentrischer als die Künstler auf der Bühne.

11 Gillett Square, N16 • Overground: Dalston Kingsland • +44 20/ 72 54 40 97 (Tickets) • www.vortexjazz.co.uk • Tgl. 8–0 Uhr • € 8–15

Übernachten

Früher waren Geschäftsleute die Hauptklientel von Hotels in Citylage, heute nicht mehr. Das macht Sinn, denn mit der Verschiebung der Stadtaktivitäten nach Osten wandert die Hotellerie für Vergnügungsreisende mit. Sehenswürdigkeiten wie St Paul's Cathedral und der Tower liegen vor der Haustür, genauso wie die Szene im East End. Inzwischen gibt es sogar im rauen East-End-Viertel Bethnal Green ein luxuriöses Designhotel. Hotels östlich der Mitte sind also weder ab vom Schuss noch allein in der Kategorie unbewohnbar zu haben. Es gibt viel Gestyltes und einige der originellsten Häuser der Stadt. Und Hotels wie das der US-Marke Ace oder das Hoxton sind beliebte Treffpunkte der kreativen lokalen Szene. Im Londoner Osten logieren ist in!

* 40 Winks

Im East End führt der Inneneinrichter David Carter in seinem Stadthaus aus dem 18. Jahrhundert eine Art **Mini-Boutique-Hotel** mit zwei Gästezimmern. Carter ist ein besonderer Gastgeber und die Zimmer sind einzigartig eingerichtet. Hier übernachten viele Designer und Modeleute, aber jeder, der Lust auf Unkonventionelles hat, ist willkommen. Das Bad wird geteilt. Früh buchen!

109 Mile End Rd, E1 • U-Bahn: Stepney Green • +44 20/77 90 02 59 • www.40winks.org • EZ/DZ £ 110/£ 185

Don't miss

Die Dachterrasse des »Boundary Hotel«, die ganzjährig für alle geöffnet ist (aber Hotelgäste haben Vorrang). Von 11 bis 23 Uhr gibt's Drinks und Leckereien. Eine Pergola schützt bei Regen.

* Andaz Hotel Liverpool Street

Rezeption war gestern: In diesem **Fünf-Sterne-Hotel** checkt man in der Lounge per iPad ein. Das ehemalige Great Eastern Hotel, ein altes Bahnhofshotel, wurde renoviert. Das Interieur ist modern, die Zimmer geräumig. Tolle Lage!

40 Liverpool St, EC2M • U-Bahn: Liverpool St • +44 20/79 61 12 34 • www.andaz.hyatt.com • EZ/DZ ab £ 175/£ 210

✳ Boundary Hotel

Wenn Design-Papst Terence Conran seine Finger im Spiel hat, ist immer Stilvolles zu erwarten. Die Eröffnung seines **Boutique-Hotels** 2008 drückte Shoreditch endgültig den Stempel In-Viertel auf. Die zwölf Zimmer sind nach verschiedenen Stilepochen eingerichtet, selbst das kleinste hat noch 31 Quadratmeter. Für alle Yoga-Fans: In jedem Zimmer gibt's eine Matte!

2–4 Boundary St, E2 ▪ U-Bahn: Liverpool St, Overground: Shoreditch High St ▪ +44 20/77 29 10 51 ▪ www.theboundary.co.uk ▪ Zi. ab £ 270

↑ *Exaltiert: Das Konzept »Hotel« wird von »40 Winks« neu interpretiert.*

✳ Double Tree by Hilton

Modernes **Hotel** in guter Lage für Sightseeing-Touren: Der Tower befindet sich quasi um die Ecke, St Paul's Cathedral in der Nachbarschaft, und ein Sprung auf die Südseite des Flusses entfernt liegen Borough Market und Tate Modern. Die Zimmer sind mit iMacs ausgestattet, und besondere Aussichten bietet die »Skylounge«-Bar auf dem Dach mit Terrasse.

7 Pepys St, EC3N ▪ U-Bahn: Tower Hill ▪ +44 20/77 09 10 00 ▪ www.doubletree.hilton.com ▪ Zi. ab £ 199

✳ Motel One

Hurra, London hat endlich auch sein Motel One! Im Dezember 2014 eröffnete die deutsche **Budget-Design-Hotelkette** bei Tower Hill mit 291 Zimmern und dem bewährten Konzept. Zum Tower und der Tower Bridge sind es nur wenige Minuten zu Fuß und mit der U-Bahn ist man gut in alle Richtungen angebunden. Bilder der Kronjuwelen, moderne Kronleuchter, Leder- und Tweedsessel und Chesterfield Sofas in der Lounge bringen den lokalen Touch.

24–26 Minories, EC3N ▪ U-Bahn: Tower Hill, Aldgate ▪ +44 20/74 81 64 20 ▪ www.motel-one.com ▪ EZ/DZ ab £ 98/£ 113

✳ Shoreditch House

Wer die Vorteile des zur Soho-House-Gruppe gehörenden Shoreditch-House-Clubs genießen will, kann dies als Hotelgast: Zum **Club** gehören 26 Zimmer im lässigen Skandi-Schick. Hier sollte man mitnehmen, was geht, wie die fantastische Dachterrasse mit Pool (einen Gast kann man mitbringen), Sicht auf die City und interessante Typen. Mit Restaurant und prima Bar.

Ebor St, E1 · U-Bahn: Liverpool St, Overground: Shoreditch High St · +44 20/7739 5040 · www.shoreditchhouse.com · Zi. ab € 245

✳ The Rookery

Boutique-Hotel voller Antiquitäten. Das Haus aus dem 18. Jahrhundert hat mehr Club- als Hotelatmosphäre, ist gemütlich und persönlich. Gäste treten eine Zeitreise an, schlafen in Himmelbetten und baden in freistehenden Wannen, gleichzeitig gibt's alle modernen Annehmlichkeiten wie kostenloses WLAN, DVD-Spieler, iPod-Station und REN-Pflegeprodukte im Zimmer.

12 Peter's Lane, EC1M · U-Bahn: Farringdon · +44 20/73 36 09 31 · www.rookeryhotel.com · Zi. ab € 275

Don't miss

Die Bar des »Zetter Townhouse« (oder: Wilhelminas Wohnzimmer), in der feine Cocktail-Kreationen serviert werden. Das Dekor ist einmalig. Eine ausgestopfte Katze im Abendkleid? Logisch!

✳ The Zetter Townhouse

Kleine Schwester des benachbarten »Zetter Hotel«. Fantasievoll, mit vielen liebevollen Details und weit weg vom glatten Einheitsschick kommt dieses **Hotel** mit 13 Zimmern daher, ein wahres Juwel in Clerkenwell, untergebracht in einem georgianischen Stadthaus. Inspiration für die eklektisch-britische Einrichtung war übrigens die fiktive Gestalt von Tante Wilhelmina. Klasse! Nettes Extra: kostenlose Gästeräder.

49–50 St John's Square, EC1V · U-Bahn: Farringdon · +44 20/73 24 45 67 · www.thezettertownhouse.com · Zi. ab € 198

✳ Town Hall Hotel

Bethnal Green gewinnt keinen Schönheitspreis, doch dieses **Hotel**, das im alten edwardianischen Rathaus dieses Stadtteils seine Heimat gefunden hat, könnte stilvoller nicht sein. Die Zimmer werden Design-Liebhaberinnen zum Jauchzen bringen, denn moderne Elemente und Art-déco-Stil mischen sich hier perfekt. Einen schicken Pool gibt's genauso wie eine hauseigene *Tea Lady*, die den Gästen auf Wunsch abends im Zimmer Cocktails serviert.

Patriot Square, E2 · U-Bahn: Bethnal Green · +44 20/78 71 04 60 · www.townhallhotel.com · Zi. ab € 150

Hotels mit Extras

Hotels in London sind nicht mehr das, was sie mal waren. Zum Glück! Häuser wie das »Hoxton« (www.hoxtonhotel.com) in Shoreditch sind Bar, Restaurant, Galerie und Wohnzimmer in einem. Die Lobby verkleidet sich als Bar im hippen Landhausstil mit Leder und Kamin, ein Treffpunkt für Gäste und Geschäftsleute wie auch für Shoreditch-*locals*, die hier ihren Laptop für ein paar Stunden aufbauen. Das »Hoxton«, zu dem auch das beliebte Restaurant »Hoxton Grill« gehört, ist eng mit seiner Nachbarschaft verbunden und öffnet sich ihr nach allen Seiten: »Wir möchten mehr als nur ein Hotel sein«, so Hayleigh Popplewell, die sich um Verkauf und Marketing kümmert. Daher gibt es z. B. auch eine kleine Galerie im hinteren Teil des Hotels mit wechselnden Ausstellungen von Künstlern aus der Umgebung.

Auch im 2012 eröffneten schicken »South Place« (www.southplacehotel.com) knapp einen Kilometer südlich in der City wird die Kunstszene der Stadt ins Haus geholt. »Beim Bau wurde es uns zur Auflage gemacht, öffentliche Kunst zu integrieren«, so Kommunikationsleiter Simon Wills. Daraus wurde ein jährlicher Kunstpreis für Uniabsolventen: Das prämierte Werk wird für ein Jahr in einer Fenstervitrine des Hotels ausgestellt. In den Zimmern selbst gibt's besondere Kunst von East-End-Galerien, bei der Rezeption eine wunderbare Schuhinstallation. Die schicke Bar – auch hier gilt wie im »Hoxton«: offen für alle – entwickelte sich schnell zu einem Treffpunkt für coole City Boys und Shoreditch-Hipster, die dem Unialter entwachsen sind. Zum Angler-Restaurant gehört eine tolle Terrasse und in einem versteckten Innenhof auf dem ersten Stock können Gäste Cocktails genießen. Und manchmal auch feiern: Das »South Place« veranstaltet regelmäßig Partys, u. a. in seiner »Le Chiffre Clublounge«, für die Gäste.

Ach ja: Sowohl im »Hoxton« als auch im »South Place« kann man übrigens nicht zuletzt prima schlafen …

Der Norden

King's Cross, Camden, Hampstead – hoch hinaus!

Vom Nordrand des zentralen Westminster geht es nun in den Norden, wo um den Bahnhof King's Cross ein neues Stadtviertel wächst. Nördlich des aufgeputzten Bahnhofs entstehen auf rund 750 000 Quadratmetern Wohnungen, Büros, Geschäfte und bezog 2011 das Central St Martins College of Art and Design am Granary Square einen Getreidespeicher aus dem 19. Jahrhundert. Im akademischen Nationalheiligtum des Landes für alles Kreative mit Absolventen wie Stella McCartney und Colin Firth kann man sich unter schräg gekleidete junge Menschen mischen; der Eingangsbereich des Gebäudes ist offen für Besucher, inklusive des King's Cross Visitor Centre.

Nordöstlich liegt mit Islington ein beliebtes Ausgehviertel und eine bevorzugte Wohngegend für den gut situierten Mittelstand. Auf und rund um die Upper Street gibt's viele Pubs, Restaurants und Shops. Nur zwei U-Bahn-Stationen nördlich von King's Cross rockt und rollt die Stadt: Camden, ungepflegt und unpoliert, brüstet sich mit der besten Livemusik-Szene Londons; die Märkte rund um den Regent's Canal sind am Wochenende touristischer Dauerbrenner. Pubs und Bars sind beliebt bei jungen und alten Bohemians. Camden-Girl Amy Winehouse ist (tragische) Ikone dieses Alternativ-Viertels.

Westlich von Camden lockt Primrose Hill mit Boho-Charme und Dorfatmosphäre. Es schließt an das Nordende des Regent's Park an und ist das Synonym für eine bei Promis beliebte Wohngegend. Weiter im Norden liegt, im wahrsten Sinne des Wortes, ein Höhepunkt Londons: Im Stadtteil Hampstead ist die alte Dorfstruktur weitgehend erhalten geblieben, und die grünen Hügel des Hampstead Heath Parks sind eine englische Landschaftsidylle. Tipp: Rechts und links der Hampstead High Street mit ihren vielen Boutiquen und Cafés auf Erkundungstour gehen und das persönliche Traumhaus entdecken.

Haverstock Hill
Steele's Road
Maitland Park Rd.
Queen's Crescent
Malden Road
Marsden Street
Wilkin St.
Talacre Road
Open Space
Grafton Road
Willes Road
Kentish Town Road
Gaisford Street
Patshull Road
Bartholomew Rd.
Prince of Wales Road
Bartholomew Road
Rochester
66 Camden Square
Murray St.
Wilmot St.
Camden Road
Eton
Provost Road
Chalk Farm
Tann-Rokka
Adelaide Road
Bridge App.
Regent's Park Road
Malden Cres.
Ferdinand St.
Harmood Street
Castle Road
Castlehaven Road
Royal College St.
St. Pancras Way
Agar Grove
Roundhouse
The Lock Tavern
CocoBamboo
Chalk Farm Rd.
inSpiral Lounge
Greenberry Café
Proud Camden
Camden Market
Kentish Town Rd.
Camden St.
Randolph St.
Camden Town
Barker Drive
Mary's Living & Giving Shop
Gloucester Avenue
Chalk Farm
Melrose & Morgan
Scorpion Shoes
Lyme St.
Primrose Hill Rd.
Anna
Jamestown Rd.
Arlington Rd.
Camden Road
Georgiana St.
Camden Town
Primrose Hill
Primrose Bakery
Triyoga
Gloucester Cres.
Oval Road
Bayham St.
Pratt St.
Royal College Street
St. Pancras Way
Fitzroy
Primrose Hill
Albert Ter.
Jazz Café
Parkway
High Street
Camden Street
Pratt Street
College Place
Prince Albert Road
Jewish Mus.
Blues Kitchen
Outer Circle
Delancey Street
Plender St.
Koko
St. Pancras Gardens
London Zoo
York & Albany
Albany Street
Crowndale Road
Running Track
Mornington Crescent
Eversholt St.
Oakley Sq.
Charrington
Goldington St.
Pancras Road
Broad Walk
Mornington
Village
Hampstead Road
Lidlington Pl.
Cranleigh St.
Chalton Street
Purchese St.
Regent's Park
East
Augustus
Redhill St.
Harrington Street
Polygon Road
Somers Town
The Booking Office
St Pancras Renaissance
Regent's
Euston Station
Cardington
St. James's Gardens
Elizabeth Garrett Anderson Gallery
Inner Circle
Regent's Park Open Air Theatre
Chester Road
Outer Circle
Robert Street
Park
Euston
Melton Street
Boating
Queen Mary's Gardens
English Gdns.
William Road
North Gower St.
Drummond St.
Euston Square
Euston Road
Wellcome Collection
Woburn Pl.
Play-ground
Longford St.
Osnaburgh St.
Gower St.
University of London U.C.L.
Gordon St.
Endsleigh Pl.
Tavistock Square
Park Square Gardens
Holy Trinity Ch.
Warren Street
Euston Road
Park Road
Outer Circle
York Bridge
Royal Academy of Music
Regent's Park
Great Portland St.
Dorset Square Hotel
Allsop Pl.
York Ter. West
Madame Tussaud's
Marylebone Road
Park Cresc.
Baker Street
Baker St.
Marylebone Road
22 York Street
Luxborough St.
Nottingham Pl.
Devonshire Pl.
Harley Street
Portland
Hallam
Great
Bolsover
York St.
Chiltern
Paddington St.
Marylebone High Street
Weymouth Street
Wimpole Street
Marylebone
Gloucester
Dorset Street
Baker
Manchester Street
New Cavendish
Duchess St.
Langham Place
Montagu Pl.
Montagu Square
Blandford Street
Thayer St.
Queen Anne Street
Harley Street
Cavendish Pl.
George Street
Portman Square
Wigmore Street
Margaret St.
Regent St.
Detailkarte Maida Vale
Glengall Road
The Roost
Kilburn High Road
Belsize Road
Boundary Road
Springfield Road
Kilburn Park
Brondesbury Road
Kilburn
Chichester Rd.
Albert Rd.
Princess Road
Kilburn Park Road
Maida Vale
Carlton Vale
Hill
Abbey Road
Marlborough
Carlton
Fernhead Rd.
Malvern Road
Kilburn Park Rd.
Paddington Recreation Ground
Abercorn Place
Maida Vale
Maida Vale
Essendine Road
Lauderdale Rd.
Shirland Road
Elgin Ave.
Sutherland Ave.
Walterton Rd.
Maida Hill
The Colonnade Hotel
Clifton Gardens
The Rose
Clissold Road
Detailkarte

Kultur
Shopping
Restaurant
Wellness
Ausgehen
Übernachten
0
400 m
Trullo
Highbury & Islington
Union Chapel
Estorick Collection of Modern Italian Art
Almeida Theatre
Ottolenghi
Fandango
Almeida
Islington
Igloo
After Noah
Angel Therapy Rooms
The Bar with no name
The Winchester
Arlington Avenue Rooms
The Elk in the Woods
Kipferl
Club de Fromage
@02 Islington Academy
Annie's
Smug
The Duke of Cambridge
Delhi Grill
The Seagrass
Camden Passage Antiques Market
Angel
Sadler's Wells Theatre
Finsbury
Pentonville
The Raceway (Go-Kart-Track)
Caravan King's Cross
Kings Place
King's Cross Station
Simmons Bar
VOC
Drink, Shop & Do
Pepito Bar
Rough Luxe
Scala
06 St Chad's Place
Gagosian Gallery
Hub Women's
Of Cabbages & Kings
Detailkarte Hampstead
Fenton House and Garden
Kenwood House
Holly Bush
2 Willow Road
Highgate Cemetery
Everyman Cinema Hampstead
Coffee Cup
Louis Patisserie
La Crêperie de Hampstead
Ginger & White
Keats House
Kenwood Ladies' Ponds
Bake a Boo
Camden Arts Centre
Freud Museum
Hampstead Theatre
St. John's Wood
Antique Market

Kultur

Wer möchte schon immer nur das nachmachen, was alle anderen auch tun? National Gallery und Westminster Abbey kann jeder. Neugierige Mädels wollen mehr. Von daher, ruhig mal abseits der abgelaufenen Pfade ausschwirren und erforschen, was die Kulturmetropole London zu bieten hat. Dann kann man zuhause z. B. von Sigmund Freuds letzter Wohnstätte berichten, die sich in einer feinen Wohnstraße in Hampstead versteckt, oder von einer inspirierenden Aufführung auf einer der weltweit führenden Bühnen für Ballett und modernen Tanz, vielleicht auch von einer ganz besonderen Freilichtkulisse für ein Shakespeare-Stück, ganz zu schweigen von einem 1939 gebauten modernistischen Wohnhaus. Auf in den Norden.

✳ 2 Willow Road

Das georgianische Dorf, das der Stadtteil Hampstead einst war, bildet überraschenderweise auch ein kleines Modernismus-Zentrum in London. In 2 Willow Road am Rande von Hampstead Heath baute der ungarisch-britische Architekt Ernö Goldfinger (1902–1987) sein **modernistisches Wohnhaus**, das 1939 fertiggestellt wurde. Das Interieur ist weitgehend konserviert.

2 Willow Rd, NW3 • U-Bahn: Hampstead, Overground: Hampstead Heath • +44 20/74 35 61 66 • www.nationaltrust.org.uk • Mi–So 11–17 Uhr; 11–14 Uhr stündl. Führungen, ab 15 Uhr individuelle Besichtigung, Mi–Fr häufig Gruppenbesuche, dann geschl. • ohne Führung £ 6

Don't miss

Eine Runde um die Canonbury Square Gardens drehen, wenn man die Estorick Collection besucht: Am Nordostende steht der Canonbury Tower, ein Relikt aus der Vergangenheit Islingtons.

✳ Almeida Theatre

Der Stadtteil Islington ist Heimat einer der herausragendsten Bühnen in London. Das kleine, sehr renommierte **Theater**, das immer wieder Weltklasse-Schauspieler aufbieten kann, produziert Stücke britischer und internationaler Autoren. Das Sommerfestival zeigt Innovatives aus der Theater- und Musikszene. Auch toll: das Gebäude aus dem 19. Jahrhundert mit einer gewölbten, in die Bühne integrierten Rückwand.

Almeida St, N1 • U-Bahn: Angel, Highbury & Islington • +44 20/73 59 44 04 • www.almeida.co.uk

✳ Camden Arts Centre

Kunst mit Extras ist immer super, so auch im Camden Arts Centre. Geheimtipp für Freunde zeitgenössischer Werke aller Art: Das Café serviert frische Speisen, der Garten ist eine Oase der Ruhe, und es gibt einen feinen Buchladen in dem denkmalgeschützten Gebäude, das 2007 komplett renoviert und in einen hellen, freundlichen Ort der Kunst verwandelt wurde.

Arkwright Rd, NW3 • U-Bahn: Finchley Rd • +44 20/74 72 55 00 • www.camdenartscentre.org • Di, Do–So 10–18 Uhr, Mi 10–21 Uhr, Café und Garten bis 22 Uhr

✳ Elizabeth Garrett Anderson Gallery

Kleine, inspirierende Ausstellung über eine Pionierin: Elizabeth Garrett Anderson war Großbritanniens erste Ärztin und beschäftigte sich besonders mit Frauenheilkunde. 1872 gründete sie ein Hospital nur für Frauen, das 1890 auf der Euston Road eine Heimat fand. Die **Galerie** befindet sich in dem renovierten viktorianischen Anwesen, heute Teil des UNISON-Gebäudes, einer der größten britischen Gewerkschaften.

UNISON Centre, 130 Euston Rd, NW1 • U-Bahn: King's Cross St Pancras, Euston Sq • www.egaforwomen.org.uk • Mi–Fr 9–16 Uhr, am 3. Sa im Monat 9–16 Uhr

✳ Estorick Collection of Modern Italian Art

Die Estorick Collection ist eine der besten Sammlungen italienischer Kunst aus dem frühen 20. Jahrhundert weltweit. Die **Privatsammlung** des Amerikaners Erik Estorick und seiner aus Leipzig stammenden Frau Salome birgt vor allem futuristische Kunst. Auf zwei Stockwerken sind die Großen dieser Bewegung zu sehen: Umberto Boccioni, Gino Severini, Ardengo Soffici. Hübscher Innenhof mit Café.

39a Canonbury Square, N1 • U-Bahn: Highbury & Islington • +44 20/77 04 95 22 • www.estorickcollection.com • Mi–Sa 11–18 Uhr, So 12–17 Uhr • £ 5

✳ Fenton House & Garden

Wunderschönes **Anwesen** aus dem 17. Jahrhundert. Das Haus kaufte 1936 Lady Binning, die hier einen Platz für ihr Porzellan und Möbel aus dem

18. Jahrhundert fand. Oben ist eine erlesene Sammlung alter Musikinstrumente zu sehen. I-Tüpfelchen ist der über 300 Jahre alte Garten mit Apfelbäumen und Küchenbeeten. Eine Bank suchen, setzen, genießen!

Hampstead Grove, NW3 • U-Bahn: Hampstead • +44 20/74 35 34 71 • www.nationaltrust.org.uk/fentonhouse • Mi–So 11–17 Uhr • Garten £ 2, Haus und Garten £ 6.50

✳ Freud Museum

Hier steht es, das berühmte Sofa. In Süd-Hampstead verbrachte **Sigmund Freud** sein letztes Lebensjahr, nachdem er 1938 Wien verlassen musste. Im Erdgeschoss sind Arbeitszimmer, Bibliothek und seine erstaunliche Sammlung antiker griechischer und römischer Figuren zu sehen. Im Obergeschoss ist ein Zimmer seiner Tochter gewidmet, der Kinderpsychologin Anna Freud.

20 Maresfield Gardens, NW3 • U-Bahn: Finchley Rd • +44 20/74 35 20 02 • www.freud.org.uk • Mi–So 12–17 Uhr • £ 6

✳ Gagosian Gallery

So stellt man sich eine hochkalibrige **Galerie** für zeitgenössische Kunst vor: von außen unscheinbar, innen geräumig und weiß. Der Amerikaner Larry Gagosian eröffnete 2004 in einer ehemaligen Autowerkstatt in King's Cross diesen beeindruckenden Raum für moderne Kunst. Hier stellen die Großen der modernen Kunstszene aus wie Rachel Whiteread oder Cy Twombly.

6–24 Britannia St, WC1X • U-Bahn: King's Cross St Pancras • +44 20/78 41 99 60 • www.gagosian.com • Di–Sa 10–18 Uhr

✳ Hampstead Theatre

International anerkanntes zeitgenössisches **Theater**. Seit der Gründung 1959 standen Meister ihres Fachs wie Rowan Atkinson, John Malkovich, Jude Law und Rupert Everett auf dieser Bühne. 2003 wurde ein brandneues, modernes Gebäude in Swiss Cottage in Betrieb genommen. Propeller, ein nur aus Männern bestehendes Shakespeare-Ensemble, tritt hier regelmäßig auf.

Eton Ave, NW3, U: Swiss Cottage • +44 20/77 22 93 01 (Tickets) • www.hampsteadtheatre.com

✳ Highgate Cemetery

Viktorianische Begräbniskultur in Bestform. Der **Friedhof** wurde 1839 als einer der *Magnificent Seven* eröffnet, die im 19. Jahrhundert Londons Problem von zu vielen Toten und zu wenig Platz lösen sollten. Besucher aus aller Welt pilgern zum Grab von Karl Marx

! Spaziergang: Regent's Park, Primrose Hill, Camden

Start: U-Bahn Regent's Park an der Südostecke des eleganten Regent's Park. Von hier geht es über die Marylebone Street ein kurzes Stück rechts, direkt links in die Park Square East, dann wieder links in den Outer Circle und rechts durch das Tor in den Park mit seiner Open-Air-Bühne (S. 153). Auf dem Broadwalk kann man den Park in Richtung Norden durchqueren – vorbei an den feinen Avenue Gardens –, bis er auf den Primrose Hill stößt. Die Alternative: Man geht auf dem Outer Circle rechts am Park und an den klassizistischen Häuserreihen des Architeken John Nash vorbei.

Auf beiden Wegen landet man am Nordende des Parks, man überquert den Regent's Canal und die Prince Albert Road und befindet sich am Fuß von Primrose Hill. Fleißige Läuferinnen können hier die knapp 80 Meter des Hügels für einen der besten Panoramablicke (S. 164) über die Stadt erklimmen oder direkt weiter über die Albert Terrace auf die Regent's Park Road gelangen, die rechts entlang des Hill verläuft. Die Straße ist das Herzstück von Primrose Hill mit kleinen Shops, vielen Cafés und Restaurants. Je nach Gusto läuft man auf der einen Seite hoch, auf der anderen wieder zurück, weiter auf der Regent's Park Road in Richtung Kanal (Linkskurve) und dann links in die Princess Road. An deren Ende wartet links in der Gloucester Road die süße »Primrose Bakery« (S. 164). Gegenüber führt an »Melrose & Morgan« vorbei ein Weg runter zum alten Treidelpfad am Regent's Canal, der von Little Venice im Westen kommend in Richtung Osten verläuft. Links abbiegen und immer am Kanal entlang, bis man automatisch bei Camden Lock landet und damit mitten im Trubel von Camden Market (S. 155).

Variante: Den Schlenker runter zum Kanal weglassen und weiter der wunderbaren Regent's Park Road in Richtung Norden über die Bahnbrücke bis Haverstock Hill folgen, rechts in die Chalk Farm Road einbiegen und bis Camden Market gehen.

im Ostteil. Verfallene Grabmäler, Familiengruften und überwucherte Pfade sorgen für Atmosphäre.

Swain's Lane, N6 • U-Bahn: Archway, dann Bus 210, 143, 271 oder zu Fuß (20 Min.) • +44 20/83 40 18 34 • www.highgate-cemetery.org • East Cemetery: Mo–Fr 10–17 Uhr, Sa, So 11–17 Uhr; West Cemetery: nur mit Führung • E 4

Keats House

Für Anglistinnen: Von 1818 bis 1820 lebte der romantische Dichter **John Keats** in Regency und verliebte sich in seine Nachbarin Fanny Brawne. Die Romanze war 2009 Thema des Films *Bright Star*, einige Filmkostüme sind zu sehen und der Verlobungsring für Fanny. Sehr hübsch: der Garten, in dem Keats die *Ode an die Nachtigall* schrieb.

Keats Grove, NW3 • U-Bahn: Hampstead, Overground: Hampstead Heath • +44 20/73 32 38 68 • www.cityoflondon.gov.uk • März–Okt. Di–So 13–17 Uhr, Nov.–Feb. Fr–So 13–17 Uhr, letzter Einlass 16.30 Uhr • E 5

Don't miss

Die Terrasse auf der Rückseite des Kings Place: Dieser grenzt an den Regent's Canal, der sich an King's Cross vorbeiwindet. Bei gutem Wetter ein Frischluft-Geheimtipp!

✳ Kenwood House

Das klassizistische Herrenhaus von 1616, vom schottischen Architekten Robert Adam im 18. Jahrhundert umgebaut, liegt wunderschön in Hampstead Heath und birgt eine **Gemäldesammlung** aus dem 17. und 18. Jahrhundert. Für alle *Notting-Hill*-Fans: Die Szene, als Hugh Grant über Kopfhörer hören muss, was seine Angebetete über ihn zu sagen hat? Genau, das war hier.

Hampstead Lane, NW3 • U-Bahn: Archway, Golders Green, dann Bus 210 • +44 20/83 48 12 86 • www.english-heritage.org.uk • Tgl. 10–17 Uhr, Gelände ab 8 Uhr

✳ Kings Place

Als Teil der Regenerationsmaßnahmen in King's Cross wurde 2008 dieses **Kulturzentrum** eröffnet, das auch *The Guardian* bewohnt ist. Zur Ausstattung gehören eine Galerie, zwei Konzerthallen und die Orchester London Sinfonietta und Orchestra of the Age of Enlightenment. Wie die Webseite verrät, ist das Programm vielfältig und innovativ: Jazz, Klassik und Cupcake-Kurse.

90 York Way, N1 • U-Bahn: King's Cross St Pancras • +44 20/75 20 14 90 (Tickets) • www.kingsplace.co.uk

✳ Sadler's Wells Theatre

»Londons Tanzhaus« südlich der Upper Street. Die Top-Adresse für **zeitgenös-**

↑ *Der Regent's Park ist etwas ganz Besonderes: schöne Blumenanlagen, feine Grünflächen – königlich eben!*

sischen Tanz zeigt internationale und britische Produktionen und alles von Flamenco bis Hip-Hop. Größen wie Matthew Bourne, Sylvie Guillem, Arkam Khan, Russell Maliphant und Wayne McGregor assoziiert man mit dem Haus.

Rosebery Ave, EC1R • U-Bahn: Angel • +44 844/412 43 00 • www.sadlers wells.com

✳ Union Chapel

Die Union Chapel von 1877 ist eine besondere **Konzertstätte**: Neben Geistlichen stehen hier immer wieder Musikstars am Altar. Die Konzerte sind anders und Kenner der Meinung, dass die Akustik mit jeder hochmodernen Halle mithalten kann. Viel Jazz, zur Mittagszeit finden häufig kostenlose Konzerte statt.

Compton Ave, N1 • U-Bahn: Highbury & Islington • +44 20/72 26 16 86 • www.unionchapel.org.uk

✳ Wellcome Collection

Museum für Neugierige zu den Themen Medizin, Mensch, Leben und Kunst, auf innovative Weise betrachtet. Neben der Galerie »Medicine Now« und einer kuriosen Sammlung rund um das Gebiet Medizin und Mensch eröffnen Wechselausstellungen spannende Perspektiven etwa auf Schlaf und Traum oder den Zusammenhang von Wahnsinn und Kunst.

183 Euston Rd, NW1 • U-Bahn: Euston Sq • +44 20/76 11 22 22 • www.well comecollection.org • Di–Fr, Sa 10–18 Uhr, Do 10–22 Uhr, So 11–18 Uhr

Don't miss

Regent's Park Open Air Theatre (www.openairtheatre.com, Mai–Sept.): Im wunderschönen Regent's Park gibt's vielfältige Produktionen zu sehen, Shakespeare, aber auch Musicals. Nur echt natürlich mit Picknick!

Shopping

Der Norden Londons beheimatet einen der Markt-Klassiker: Der Camden Market steht an Position vier der beliebtesten Attraktionen der Stadt. Was hier am Wochenende los ist, kann man sich vorstellen. Bei der Masse an Waren findet sich leider auch einiges an Souvenirschrott. Für Atmosphäre und originelle Schnäppchen ist der Gang über den Markt dennoch unschlagbar. Ruhiger sind kleine Einkaufsstraßen in Primrose Hill oder Hampstead. Neben der geschäftigen Shoppingmeile Upper Street in Islington verstecken sich in der benachbarten Camden Passage hübsche Boutiquen. Tipp: Stoke Newington Church Street im Nordosten, eine kleine Hochburg für *independent shops* als Alternative für einen Samstag abseits der Massen.

* After Noah

Matthew Crawford wuchs mit Möbeln auf – sein Großvater restaurierte Antiquitäten im East End – und mit seinem 1990 eröffneten **Einrichtungsgeschäft** machte er etwas vor, was inzwischen viele nachahmen: einen Mix aus Nostalgie und Zeitgenössischem verkaufen, der extrem gut ankommt. Hier gibt's originelle Kleinigkeiten, witzige London-Souvenirs, Geschenke und altes Spielzeug.

121 Upper St, N1 • U-Bahn: Angel • +44 20/73 59 42 81 • www.afternoah.com • Mo–Sa 10–18 Uhr, So 11–17 Uhr

Don't miss

Das kleine Café auf dem Dach von »Alfie's Antique Market«: eine unerwartete Ruheoase mit Blick über London, die vor allem bei schönem Wetter viel Charme hat.

* Alfie's Antique Market

Ach, Alfie, bei Dir schaut man immer gerne vorbei: 1976 eröffnete Bennie Gray auf der Church Street in einem verratzten Gebäude das, was heute Londons größter überdachter **Antikmarkt** für Preziosen aller Art ist. In der Schatzkiste für Geschirr, Taschen, Kleider, Schmuck, Kunst, kurz: einfach alles, mit über 70 Händlern kann man

↑ *Die Vintage-Schatztruhe »Annie's« in Islington bietet Federn, Spitzen, Seide und einen Hauch von Nostalgie.*

sich bis ins Nirwana wühlen! Alfie war übrigens Bennies Vater.

13–25 Church St, NW8 • U-Bahn: Edgware Rd • +44 20/77 23 60 66 • www.alfiesantiques.com • Di–Sa 10–18 Uhr

✳ Anna

Sehr hübsche kleine Boutique auf der Regent's Park Road am Primrose Hill, die 1997 als erstes Geschäft für **Damenmode** in dieser Ecke eröffnete. Eine treue (trendige) Klientel vertraut dem feinen Gespür der Betreiberin Anna Park für interessante britische und internationale Labels etablierter und junger Modemacher. Nicht ganz billig, aber auch nicht unerschwinglich.

126 Regent's Park Rd, NW1 • U-Bahn: Chalk Farm • +44 20/74 83 04 11 • www.shopatanna.com • Mo–Sa 10–18 Uhr, So 12–18 Uhr

✳ Annie's

Der stilvolle Eckladen auf der Camden Passage in Islington verbreitet schon von außen Charme: Im Schaufenster machen Auslagen mit Blumen, rüschigen Stoffen und fließenden **Kleidern** neugierig. Wie wäre es mit antiker Spitze? Gibt es genauso wie Petticoats, Nachthemden oder Hochzeitskleider aus den 1920er-Jahren. Internationale Designer schnüffeln hier nach Accessoires, und Kate Moss schaut sich auch um.

12 Camden Passage, N1 • U-Bahn: Angel • +44 20/73 59 07 96 • www.anniesvintageclothing.co.uk • Tgl. 11–18 Uhr

✳ Camden Market

Camden Market ist ein Konglomerat aus fünf ineinander übergehenden **Märkten**: Camden Lock Market, Camden Stables Market, Camden Lock Village, Inverness Street Market und Camden Buck Street Market. Vintage-Mode, Antikes, Schmuck, Musik, Schnickschnack, Souvenirs, *I-Love-London*-Shirts – durch das Gewirr an Ständen und Shops muss man sich am Wochenende wortwörtlich schieben – etwas entspannter geht's unter der Woche zu.

Camden High St bis Chalk Farm Rd • U-Bahn: Camden Town, Chalk Farm • www.camdenlock.net, www.camdenlockmarket.com • Tgl. 10–18 Uhr

⚹ Drink, Shop & Do

Auch wenn diese Location im Shopping-Kapitel auftaucht, könnte sie genauso gut unter Cafés oder unter Ausgehen ihren Platz finden: Hier wird alles als originelles Rundum-paket präsentiert, schön *girlie* natürlich (s. rechts)!

9 Caledonian Rd, N1 • U-Bahn: King's Cross St Pancras • +44 20/72 78 43 35 • www.drinkshopdo.com • Mo–Do 9–0 Uhr, Fr, Sa 9–2 Uhr, So 10.30–20 Uhr

⚹ Fandango

Kleiner unabhängiger **Inneneinrichtungs**-Shop mit individueller Auswahl an Möbeln und Objekten aus dem 20. Jahrhundert, insbesondere den 1950er- und 1960er-Jahren. Hier finden sich bekannte Designer, aber auch No-Name-Ware. Die Besitzer sind europaweit unterwegs, um Schätze aufzuspüren. Auch witzige Neonarbeiten des Ostlondoner Kunstkollektivs Chish & Fips gibt's zu sehen.

2 Cross St, N1 • U-Bahn: Angel • +44 797/965 08 05 • www.fandangointeriors.co.uk • Mi–Sa 11–18 Uhr

⚹ Hub Women's

Im Nordosten der Stadt hat sich die Stoke Newington Church Street zu einer kleinen Enklave für alternative Einkaufskultur entwickelt, bei Familien und Hipstern gleichermaßen beliebt. Zu den Lieblingen vor Ort gehört diese **Boutique**, die interessante Nicht-Mainstream-Label für Mode, Schuhe und Accessoires führt. Ein paar Häuser weiter gibt's dasselbe übrigens für Herren.

49 Stoke Newington Church St, N16 • Bahnhof: Stoke Newington (10 Min. von Liverpool St), Bus 73 (von Victoria) • +44 20/72 54 44 94 • www.hubshop.co.uk • Mo–Sa 10.30–18 Uhr, So 11–17 Uhr

⚹ Igloo

Der knallblaue Shop auf der Upper Street wurde 2004 von der dreifachen Mutter Karen Bailey eröffnet, die

Don't miss

»The Global Kitchen« im West Yard des Camden Lock Market. Direkt am Regent's Canal sammeln sich hier jeden Tag *Street-food*-Stände für Köstlichkeiten aus aller Welt.

! Shoppen mit Extras bei Drink, Shop & Do

Die Betreiberinnen Kristie und Coralie kennen sich seit der Schulzeit. Mit »Drink, Shop & Do« haben sie sich vor einigen Jahren selbst ein Geschenk gemacht. Ihr Traum: ein Ort, an dem viele hübsche Dinge verkauft und gleichzeitig Tee, Kuchen und Cocktails serviert werden – und an dem Leute Spaß haben und, zumindest im weitesten Sinne, zu Bastelabenden zusammenkommen können.

Immer nur im Pub beim Bier sitzen ist ja auch langweilig, dachten sich die beiden. In einem alten viktorianischen Badehaus um die Ecke von King's Cross wurde der Traum Realität: »Drink, Shop & Do« ist ein cool-kitschiger Tearoom, in dem Bastel- und Aktivitätenabende aller Art stattfinden – zum Teil kostenpflichtig, zum Teil aber auch umsonst. Eine kleine Auswahl aus dem Angebot: Lego-Roboter bauen, Tragetaschen bedrucken, Tanzen lernen wie Beyoncé in *Crazy in Love*, Vintage-Make-up und Haarstylinglektionen … Eine Portion Albernheit ist immer dabei, und mit dieser Mischung ist »Drink, Shop & Do« sehr erfolgreich.

Im Café mit seinem schönen Oberlicht steht die Einrichtung im Mixstil der 1950er- bis 1970er-Jahre mehr oder weniger komplett zum Verkauf; im vorderen Ladenbereich gibt es eine originelle Auswahl an Vintageteilen wie altes Teegeschirr – alles von den Mädels selbst auf Märkten und in Trödelläden zusammengesucht – , verschiedenen Produkten von lokalen Designern und wundervoll unnützen Dingen wie Kate-Moss-Paper-Dolls zum Stylen.

Im Kellergeschoss in der schräg gestylten Cocktailbar, in der einige der diversen »Dos« und Kurse stattfinden (übrigens auch bei Jungs beliebt), gibt es seit einiger Zeit übrigens auch noch ein drittes D im Angebot: Dance – mit lebhaften Clubabenden am Wochenende!

hier nun **Kindersachen** aller Art unter einem Dach anbietet. Die Kleider, Accessoires und das Spielzeug sind das Gegenteil von Massenware, eingekauft wird bei Produzenten weltweit. Bei vielem möchte man selbst noch mal gerne eine kleine Prinzessin sein, etwa bei den Kleidern der australischen Marke »Tutu Du Monde«.

300 Upper St, N1 · U-Bahn: Angel · +44 20/73 54 73 00 · www.igloo kids.co.uk · Mo–Mi 10–18.30 Uhr, Do 10–19 Uhr, Fr, Sa 9.30–18.30 Uhr, So 11–17.30 Uhr

Of Cabbages & Kings

Kunst- und Geschenkeladen für Produkte *made in the UK* und mit London-Touch: Of Cabbages & Kings fördert die lokale Kunst- und Designszene und passt perfekt ins alternative Stoke Newington mit seinen bunten Taschen, ausgefallenen Karten, dem verrückten Schmuck oder den schönen Drucken. Super: die Geschirrhandtücher – mit einem aufgedruckten *Guide to Pairing White Wine With Food* wird Abtrocknen direkt lehrreich.

127 Stoke Newington High St, N16 · Bahnhof: Stoke Newington · +44 20/79 98 32 82 · www.ofcabbagesand kings.co.uk · Mo, Di 10–17 Uhr, Mi–Sa 10–18 Uhr, So 12–18 Uhr

Mary's Living & Giving Shop

Mary Portas ist Großbritanniens »Queen of Shops«, die Einzelhändlern mit Rat und Tat auf die Sprünge hilft. Ihre eigenen *charity shops* verkaufen Gespendetes für einen guten Zweck, und die betuchte Nachbarschaft sorgt dafür, dass das Angebot an Kleidern und Accessoires in ihrer Primrose-Hill-**Boutique** stets hochwertig ist. Das Ganze ist so hübsch präsentiert, dass auch Second-Hand-Skeptiker einknicken.

109 Regent's Park Rd, NW1 · U-Bahn: Chalk Farm · +44 20/75 86 99 66 · www.maryportas.com/livingandgiving · Mo–Sa 10–18 Uhr, So 12–17 Uhr

Mudfoot and Scruff

Scruffy bedeutet »gammelig« … Diese **Schuhboutique** ist alles andere! Die Treterchen werden stylish präsentiert, das Personal ist kundig. Es gibt viele Stiefel und neben Klassikern vor allem Marken, die man eher nicht kennt: Passend zum Geist der Stoke Newington

Don't miss

Den Camden Passage Antiques Market (www.camdenpassage islington.co.uk) – nicht in Camden, sondern in Islington zwischen Upper Street und Camden Passage. Mittwochs und samstags gibt's hier Schmuck, Hüte, Uhren …

Church Street wird mit (lokalen) Designern gearbeitet, die nur geringe Stückzahlen produzieren. So hat man etwas, worauf sonst keiner rumläuft.

166 Stoke Newington Church St, N16 · Bahnhof: Stoke Newington · +44 20/ 72 41 30 09 · www.mudfootand scruff.co.uk · Tgl. 11–18 Uhr

Scorpion Shoes

Absolut nicht zu übersehen und ein Hingucker auf der Camden High Street ist dieser **Schuhladen**, denn auf seiner Fassade prangen Riesenschuhe. Scorpion Shoes ist bekannt für seine Auswahl an Trainers. Für Mädels auf der Suche nach Converse, Golas, Hummel, Nike & Co. plus typisch Britischem wie Doc Martens – ja, die gibt's noch! – und Clark's.

269 Camden High St, NW1 · U-Bahn: Camden Town · +44 20/72 84 49 44 · www.scorpionshoes.co.uk · Mo–Fr 10–18.30 Uhr, Sa, So 9.30–19 Uhr

Smug

Die Innen- und Grafikdesignerin Lizzie Evans, die in Islington aufgewachsen ist, hat ein altes Geschäft in der Camden Passage in einen hübschen Laden für allerlei Wunderbares verwandelt wie Schreibwaren, Dekogegenstände, Accessoires und Spielzeug. Alles ist originell und individuell, prima für **ausgefallene Geschenke**. Nicht verpassen: die Jeeves-Geschirrlinie der britischen Designerin Ali Miller.

13 Camden Passage, N1 · U-Bahn: Angel · +44 20/73 54 02 53 · www.ifeelsmug.com · Mi, Fr, Sa 11–18 Uhr, Do 12–19 Uhr, So 12–17 Uhr

Tann-Rokka

Für Ambiente-Feen mit Sinn für Ausgefallenes: Tann-Rokka bietet eine feine Auswahl an **Besonderheiten für Haus und Heim**. Murano-Aschenbecher und japanische Kisu-Kerzen und -Düfte finden sich hier genauso wie Bildbände, Möbel und Lampen – toll arrangiert in den Schalterräumen des ehemaligen Bahnhofs von Primrose Hill. Kleiner Tee- und Kaffeegarten gegenüber.

123 Regent's Park Rd, NW1 · U-Bahn: Chalk Farm · +44 20/77 22 39 99 · www.tannrokka.com · Do–So 11–18 Uhr, Mo–Mi nach Vereinbarung

Restaurants & Cafés

Schleckermäulchenalarm! Im Folgenden gibt es einiges zum Thema Kuchen, Cupcakes und Co zu sagen. Und daran ist auch überhaupt nichts verkehrt, vor allem, wenn die Umgebung für Kaffee und Kuchen so sympathisch nostalgisch oder in Pink und Pastellfarben daher kommt. Außerdem im Angebot: Delis. Diese entspannte Mischung aus Café und Restaurant, wo es wahlweise etwas auf die Hand gibt oder man sich schnell hinsetzen kann, passt bei Städtetouren oft besser als langwierige Restaurantbesuche. In Islington beispielsweise ist der Laden des Deli-Gotts Yotam Ottolenghi, dessen Kochbücher für vegetarische und mediterran-orientalische Küche inzwischen auch in deutschen Haushalten stehen, ein absoluter Nachbarschaftsliebling.

* Almeida

Das Almeida direkt gegenüber vom Almeida Theater hat Schick und Klasse, und das schon seit vielen Jahren. Serviert wird moderne **französische Küche** in eleganter Umgebung, die ihren Preis hat. Tipp: Die 2- und 3-Gang-Menü-Optionen, die es zum Mittagessen und abends als Angebote vor bzw. nach dem Theater für £ 17 bzw. £ 20 gibt.

30 Almeida St, N1 • U-Bahn: Angel • +44 20/73 54 47 77 • www.almeida-restaurant.co.uk • Mo 17.30–22.30 Uhr, Di–Sa 12–14.30. 17.30–22.30 Uhr, So 12–15.30 Uhr • Hauptgerichte ab £ 18

Don't miss

Bei gutem Wetter Brunch oder Kaffee auf der Piazza bei »Caravan King's Cross«. Die herrlichen Springbrunnen auf dem Granary Square sind das neue Lieblingsfotomotiv vieler London-Besucher.

* Bake a Boo

Dieses kleine, pinkfarbene Café mit Bäckerei hat sich ganz auf mädchenhaften ***afternoon tea*** eingestellt. Von Freitag bis Sonntag gibt's den britischen Klassiker in herzallerliebst-nostalgischer Umgebung, und neben den klassischen *scones* und Sandwiches werden dazu auch Cupcakes serviert. *Special*: Gebacken wird unter Berücksichtigung von

Nahrungsmittelallergien; auf der Karte stehen sogar glutenfreie Kuchen!

86 Mill Lane, NW6 • U-Bahn: West Hampstead • +44 20/74 35 16 66 (*afternoon tea* ab zwei Pers., Reservierungspflicht) • www.bake-a-boo.com • Fr, So 12–18 Uhr, Sa 10–18 Uhr • £ 16/Pers.

Caravan King's Cross

Ganztags-**Lokal** im Granary Complex, einem Getreidespeicher, der im Zuge der King's-Cross-Regeneration zum Zuhause des Central St Martins College of Art and Design wurde. Modemädels nippen hier ebenso gerne an dem tollen Kaffee wie Touris und Geschäftsleute. Auf der Karte: ein eklektischer Mix an von internationalen Geschmacksrichtungen beeinflussten Gerichten.

1 Granary Square, N1C • U-Bahn: King's Cross St Pancras • +44 20/71 01 76 61 • www.caravankingscross.co.uk • Mo, Di 8–22.30 Uhr, Mi, Do 8–23 Uhr, Fr 8–0 Uhr, Sa 10–0 Uhr, So 10–16 Uhr • Pizza ab £ 7

Coffee Cup

Seit 1951 versorgt das Coffee Cup Hampsteads Bohème und Intellektuelle, die rot-weiß gestreifte Markise ist ein Wahrzeichen. Bei gutem Wetter ist Londons älteste **Coffee Lounge** ideal zum Leutebeobachten, drinnen herrscht Retro-Gemütlichkeit mit Alkoven und Holzhockern. Serviert wird typisch Britisches wie *English breakfast*, Sandwiches und *baked potatoes*.

74 Hampstead High St, NW3 • U-Bahn: Hampstead • +44 20/74 35 75 65 • www.coffeecupuk.com • Mo–Sa 8–0 Uhr, So 9–0 Uhr • Sandwiches ab £ 4

Delhi Grill

Auf dem geschäftigen Chapel Market in Islington serviert diese »Dhaba«-Kantine scharfes und sehr gutes ***indisches street food***. Das Wort authentisch muss herangezogen werden, auch wenn es abgenutzt ist. Alles wird täglich frisch zubereitet, die Karte ist klein, die Preise auch, und das Dekor erfreulich weit weg vom Kitsch, den man oft in indischen Restaurants findet. Lunch-Spezial für £ 5.

21 Chapel Market, N1 • U-Bahn: Angel • +44 20/72 78 81 00 • www.delhigrill.com • Tgl. 12–14.45, 18–22.30 Uhr • Hauptgerichte ab £ 4

Ginger & White

Das Ginger-&-White-Team hat viel übrig für guten Kaffee und wenig für die Einheitsbrühe, die viele Ketten ausschenken. In dem gemütlichen **Deli** in einer Passage in Hampstead gibt's darum nur beste Bohnen von einem Ostlondoner Kaffeeröster. Der funkige *Union Jack* an der Wand signalisiert: Wir arbeiten mit frischen, lokalen Produkten. Feine Sache für Salat, Sandwiches, Kuchen.

4a–5a Perrins Court, NW3 · U-Bahn: Hampstead · +44 20/74 31 90 98 · www.gingerandwhite.com · Mo–Fr 7.30–17.30 Uhr, Sa, So 8.30–17.30 Uhr

✳ Grain Store

Der Franzose Bruno Loubet, der in Clerkenwell ein feines Bistro führt, eröffnete 2013 im King's Cross Granary Building ein **Restaurant**, in dem das gute alte Gemüse im Mittelpunkt steht – nicht als Beilage, sondern als Hauptdarsteller. Funktioniert und ist lecker. Genau wie im benachbarten »Caravan« kann man auch hier draußen sitzen mit Blick auf den Regent's Canal.

Granary Square, 1–3 Stable St, N1C · U-Bahn: King's Cross St Pancras · +44 20/73 24 44 66 · www.grainstore.com · Mo–Mi 11–23.30 Uhr, Do–Sa 11–0 Uhr, So 11–16.30 Uhr · Hauptgerichte ab £ 10

✳ Greenberry Café

Das sympathische **Café und Restaurant** wurde von der Brigade der schicken, coolen Primrose-Hill-Mütter mit offenen Armen empfangen: Top-Lage auf der Regent's Park Road, Frühstück bis 15 Uhr, und die Ganztagskarte ist voller Leckereien, die sich von asiatisch bis spanisch bei allen Küchen bedienen.

101 Regent's Park Rd, NW1 · U-Bahn: Chalk Farm · +44 20/74 83 37 65 · www.greenberrycafe.co.uk · Mo 9–22 Uhr, So 9–16 Uhr

✳ Kipferl

Ein **Wiener Café** in London: Kaffee, Topfenkuchen, Sacher- und Linzertorte und als Beigabe Deutschsprachiges zum Lesen in heller, moderner Umgebung. Wer in und rund um die Camden Passage am Shoppen und auf Antiquitätenjagd ist, findet hier einen charmanten Platz für eine kleine Melange-Pause.

20 Camden Passage, N1 · U-Bahn: Angel · +44 20/77 04 15 55 · www.kipferl.co.uk · Di–Sa 9–22 Uhr, So 10–22 Uhr

✳ La Crêperie de Hampstead

Für diese **Crêpes** pilgern viele Londoner extra in den »hohen Norden«: La Crêperie de Hampstead hat seit über 30 Jahren einen Stand auf der Hampstead High Street. Die Schlangen sind vor allem am Wochenende lang, denn dann ist Hampstead Heath ein beliebtes Ausflugsziel. Es gibt leckeres Süßes, inklusive des Klassikers Banane und Schokolade, und herzhafte

Hinter der geschäftigen Upper Street in Islington versteckt sich die wunderbare Camden Passage, eine Fußgängerzone mit hübschen Lädchen und Cafés.

galettes. Alles original französisch, bis hin zum Personal.

77 Hampstead High St, NW3 • U-Bahn: Hampstead • Mo–Sa 12–23 Uhr, So 13.30–23 Uhr • Ab £ 4.50

✳ Louis Patisserie

Auf der Heath Street in Hampstead steht die Zeit still: Das kleine **ungarische Café** mit seiner verführerischen Auslage an Torten, Kuchen und Teilchen gibt's seit 1963, und seitdem scheint sich im holzgetäfelten Innern nichts geändert zu haben. Louis Patisserie ist herrlich altmodisch, macht keine Zugeständnisse an die Moderne und ist gerade deshalb so populär.

32 Heath St, NW3 • U-Bahn: Hampstead • +44 20/74 35 99 08 • Tgl. 9–18 Uhr

✳ Melrose & Morgan

Östlich von Primrose Hill versteckt sich beim Regent's Canal ein **Deli** und Lebensmittelgeschäft, das mit kleinen, lokalen Herstellern arbeitet. Im Angebot sind Backwaren, Salate, Sandwiches und wechselnde Tagesgerichte; Sitzplätze am Fenster oder Essen *to go*.

42 Gloucester Ave, NW1 • U-Bahn: Camden Town • +44 20/77 22 00 11 • www.melroseandmorgan.com • Mo–Fr 8–19 Uhr, Sa 8–18 Uhr, So 9–17 Uhr • Sandwiches ab £ 3

✳ Ottolenghi

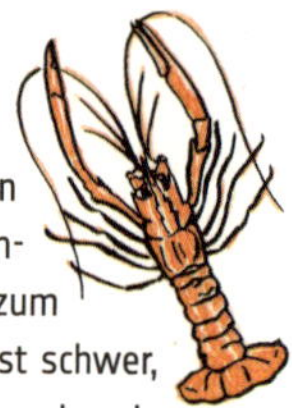

Yotam Ottolenghis Islington-**Deli** ist das größte und beliebteste in der Stadt. Am Wochenende einen Platz zum Brunch zu bekommen, ist schwer, doch man isst auch sonst gut. Alles wird frisch zubereitet; die Karte wechselt täglich. Tolle Auswahl an Salaten und Kuchen.

287 Upper St, N1 • U-Bahn: Angel • +44 20/72 88 14 54 (Reservierung nur abends) • www.ottolenghi.co.uk • Mo–Sa 8–22.30 Uhr, So 9–19 Uhr • Hauptgerichte ab £ 11

✳ Primrose Bakery

Die Gründerinnen backten anfangs für Kindergeburtstage, stellten dann aber fest, wie begehrt die süßen Teile bei den Erwachsenen waren; inzwischen sind ihre **Cupcakes** in London ein Hit. Das niedliche Primrose Hill Café in Pastellfarben mit Formica-Tischen erinnert an die

Don't miss

Den berühmten Blick von Primrose Hill auf die Stadt. Im Sommer kann man das mit einem Picknick verbinden: bei »Melrose & Morgan« ein paar Snacks holen und dann hoch auf den Hügel!

1950er-Jahre. Die Damen experimentieren gerne: Mojito-Cupcake gefällig?

69 Gloucester Ave, NW1 · U-Bahn: Camden Town · +44 20/74 83 42 22 · www.primrose-bakery.co.uk · Mo–Sa 8.30–18 Uhr, So 9.30–18 Uhr

✳ The Duke of Cambridge

Ein **Bio-Gastropub**, auch das hat London! The Duke of Cambridge trägt den Titel des ersten und einzigen zertifizierten Bio-Pubs des Landes. Gekocht wird saisonal; was Großbritanniens Böden und die See nicht hergeben, steht nicht auf der Karte. Man kauft direkt bei den Herstellern und bei Bio-Bauernhöfen.

30 St Peter's St, N1 · U-Bahn: Angel · +44 20/73 59 30 66 · www.sloeberry.co.uk · Mo–Sa 12–23 Uhr, So 12–22.30 Uhr · Hauptgerichte ab £ 13

✳ The Elk in the Woods

Lust auf cooles Berghütten-Flair? Dieser Ort mit Holz, Leder und Geweihen an der Wand gehört zu den beliebtesten Plätzen für Kaffee, Essen und Cocktails auf der Camden Passage. Besonders beliebt bei Islingtons Nachbarschaft: das **Frühstück** mit Traditionellem (*English breakfast*) und Originellem (Pfannkuchen mit Zimtbirnen und Ziegenkäsejoghurt).

37–39 Camden Passage, N1 · U-Bahn: Angel · +44 20/72 26 35 35 · www.the-elk-in-the-woods.co.uk · Tgl. 9–23 Uhr · Sandwiches ab £ 7.50, Hauptgerichte ab £ 13

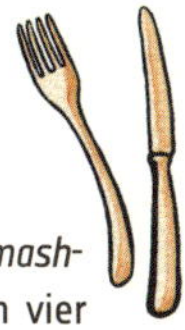

✳ The Seagrass

Tagsüber ist dies der *pie & mash*-Shop »M Manze«, doch an vier Abenden wird mit frischen Produkten und dem Schwerpunkt auf **Meeresfrüchten und Wild** fein gekocht. Man sitzt auf Holzbänken zwischen gekachelten Wänden und speist ein 3-Gänge-Menü; den Wein bringt man selbst mit.

74 Chapel Market, N1 · U-Bahn: Angel · +44 790/201 52 00 · www.theseagrassrestaurant.com · Mi–Sa 19–23.30 Uhr · 3-Gänge-Menü £ 30

✳ Trullo

Bei diesem 2010 von einem jungen Team eröffneten Restaurant, das sich der **italienischen Küche** widmet, waren sich die Londoner Restaurantkritiker ausnahmsweise einig: sehr gutes Essen zu vernünftigen Preisen in lockerer Atmosphäre. Wer Pasta mag, wird sich über die feinen Parpadelle, Spaghetti und Co freuen. Mittags-Deal: Pasta plus Dessert oder Vorspeise für £ 12.

300–302 St Paul's Rd, N1 · U-Bahn: Highbury & Islington · +44 20/72 26 27 33 · www.trullorestaurant.com · Mo–Sa 12.30–14.45, 18–22.15 Uhr, So 12.30–14.45 Uhr · Pasta ab £ 7.50, Hauptgerichte ab £ 15

Wellness

Im Norden Londons liegt ein wenig Esoterik in der Luft, das Interesse für Alternatives und Ganzheitliches. Wer durch Camden und Primrose Hill spaziert und die Augen offen hält, dem werden Gesundheitsläden, vegetarische Restaurants, Aushänge für Yoga und Pilateskurse in der Gemeindehalle und allerlei therapeutische Angebote auffallen. Von daher wundert es nicht, dass das bekannteste Yogazentrum der Stadt in Nordlondon ist, wo praktischerweise auch viele Reiche und Schöne ihre Zelte aufgeschlagen haben, und die müssen sich ja pflegen. Die großartige grüne Londoner Lunge des Riesenparks Hampstaed Heath liegt auch über der Stadt und ist einen Spaziergang wert.

* Angel Therapy Rooms

Im Keller eines alten viktorianischen Stadthauses hat es sich ein kleines, sehr heimeliges Zentrum für **Massagen und Schönheitsbehandlungen** gemütlich gemacht. Die Angel Therapy Rooms in Islington arbeiten mit speziell für sie hergestellten organischen Ölen, und viele Stammkunden schwören auf ihre Reiki- und *Deep-Tissue*-Massagen (ab £ 45) zur Tiefenentspannung oder auch auf das *Holistic Facial* (£ 100).

16b Essex Rd (Eingang um die Ecke), N1 • U-Bahn: Angel • +44 20/72 26 11 88 • www.angeltherapyrooms.com • Di 12–18 Uhr, Mi, Do 12–20 Uhr, Fr 11–19 Uhr, Sa 11–18 Uhr, So 11–17 Uhr

* inSpiral Lounge

Wellness hat doch auch mit Ernährung zu tun, richtig? Dieses **vegane Café** mit Blick auf den Kanal in Camden ist die richtige Adresse für bewusste Esser. Dass Rohküche auch lecker sein kann, beweisen die hiesigen Süßspeisen wie Tiramisu oder *chocolate mousse cake*. Im Shop werden Nahrungsprodukte aus eigener Herstellung verkauft, die in den schicken Supermärkten wie »Whole Foods« um einiges teurer sind. Alternative Schwingungen gibt es auch am Abend bei Livemusik.

250 Camden High St, NW1 • U-Bahn: Camden Town • +44 20/74 28 58 75 • www.inspiralled.net • Mo–Do 9–22 Uhr, Fr, Sa 9–2 Uhr, So 9–23.30 Uhr

! Yoga, das ist weit mehr als nur Sport

Eine Yoga-Matte unterm Arm gehört in London fast zum Lebensstil. Vorreiter der Bewegung war »Triyoga« (www.triyoga.co.uk; s. unten), 2000 in Primrose Hill gegründet und heute mit weiteren Ablegern in der Stadt das größte seiner Art in Europa. Im Dezember 2014 zog Triyoga von seiner Nordlondoner Ur-Location in der Nähe des Primrose Hill zehn Minuten weiter in das benachbarte Camden Town. Hier gibt es mehr Platz und neue Angebote: neben den vier Yoga Studios, einem Pilates Studio, sechs Behandlungszimmern sowie Shop und Café gibt es nun auch einen Meditationsraum, ein Barre Studio sowie eine Infrarotsauna zum Entspannen nach den Stunden. Die schicke Klientel liebt »Triyoga«, gleichzeitig ist es aber auch ein relaxter Treff nicht nur für Großmütter, Kinder oder Schwangere. Yoga bringt alle zusammen – egal, ob man nun Geri Halliwell, Jude Law oder Kate Moss heißt. Das riesige Kursangebot ist erstklassig, und zum ganzheitlichen Ansatz gehören auch Behandlungen wie Akupunktur, Physiotherapie, Massagen und beauty treatments.

* Kenwood Ladies' Ponds

Die **Badeseen** in Hampstead Heath sind Kult! Drei gibt's: *men*, *mixed* und *ladies*. Der Frauenteich liegt am idyllischsten und höchsten auf der Ostseite des Parks, dank der Nähe zu den Quellen ist sein Wasser am klarsten. Das ganze Jahr (auch im Winter!) schwimmt hier eine eingeschworene Gemeinde von Badenixen. Im Sommer schöne Liegewiese.

Hampstead Heath, bei Millfield Lane, NW5 • U-Bahn: Hampstead • Overground: Gospel Oak • +44 20/74 85 44 91 • www.klpa.org.uk • Tgl. ab 7 Uhr (im Winter später) bis zur Dämmerung • £ 2

* Triyoga

Das Triyoga (s. oben), eines der Top-**Yoga-Zentren**, hat im Dezember 2014 nach 14 Jahren in Primrose Hill im benachbarten Camden Town in einer alten Pianomanufaktur ein neues Zuhause gefunden. Hell, geräumig, mit viel Holz und bestens ausgestatteten Umkleiden. Die lange Liste der Lehrer mit umfassender Yoga-Expertise ist beeindruckend. Dazu kommen international anerkannte Gastlehrer. Auch im Angebot: mehrwöchige Lehrgänge und Workshops.

57 Jamestown Rd, NW1 • U-Bahn: Camden Town • +44 20/74 83 33 44 • www.triyoga.co.uk • Mo, Mi 6–21.30 Uhr, Di 6–21.15 Uhr • Kursstunde £ 16

Ausgehen

Wer in Nordlondon auf die Rolle geht, landet oft in Camden. Hier pulsiert die Livemusik-Szene der Stadt, hier gibt es Pubs und Bars, wo Musiker vor sich hinschrammeln oder DJs auflegen und sich ein meist junges Publikum austobt. Camden wurde in der jüngeren Vergangenheit vor allem berühmt-berüchtigt als Spielwiese für Rockstars mit mehr oder weniger großen Problemen wie Pete Doherty oder Amy Winehouse. Wer es lieber gediegener mag, findet in Hampstead ein feines Kino und niedliche Pubs und in Islington gibt es eine gute Mischung an Bars und Clubabenden für verschiedene Geschmäcker und Altersgruppen. In King's Cross kann man in großartiger Hotelbarumgebung oder in urigen Kneipen Drinks genießen.

06 St Chad's Place

In einer kleinen Gasse in der Nähe von King's Cross versteckt sich diese **Bar mit Restaurant**, die in einer ehemaligen viktorianischen Lagerhalle mit einer Menge Platz, coolem Dekor und Mega-Waggon-Wandgemälden – als Referenz zur Lage im Bahnhofsviertel – ein Zuhause gefunden hat. Die Location empfiehlt sich für einen entspannten Drink und ist ein beliebter Feierabend-Stop für die Bürohengste aus der Umgebung, bevor es nach Hause geht. Freitags legen DJs auf.

6 Saint Chad's Place, WC1X • U-Bahn: King's Cross St Pancras • +44 20/ 72 78 33 55 • www.6stchadsplace.com • Mo–Fr 8–23 Uhr

Blues Kitchen

Hier gibt es den Blues auf die Ohren und das dazu passende (herzhafte) *soul food* der Südstaaten in den Magen. Das Blues Kitchen im Stadtteil Camden ist lebhaft, freundlich und natürlich äußerst musikalisch. Insbesondere fantastischer **Live Blues**, aber auch Soul, Rock, Funk und DJ-Abende sorgen hier die ganze Woche lang für gute Stimmung. Praktisch für Drinks, Essen und Musik im Rundumpaket.

111–113 Camden High St, NW1 • U-Bahn: Camden Town • +44 20/ 73 87 52 77 • www.theblueskitchen.com • Mo, Di 12–0 Uhr, Mi, Do 12–1 Uhr, Fr, 12–3 Uhr, Sa 10–3.30 Uhr, So 10–1 Uhr

✳ Club de Fromage @O2 Islington Academy

So richtig schön albern wird es samstags in der Islington Academy beim Club de Fromage: Getanzt wird dann hier zu allem, was die letzten 50 Jahre hergeben, je kitschiger, desto besser! Und nicht nur das: Der **Club** ist auch eine Kostümparty. Verkleidungen sind natürlich kein Zwang, werden aber gerne gesehen. Grundsätzlich ist die Islington Academy Gastgeber für verschiedenste Clubabende und Livemusik.

O2 Academy Islington, N1 Centre, 16 Parkfield St • U-Bahn: Angel • +44 20/72 88 44 00 • www.o2academyislington.co.uk, www.clubdefromage.com • 22.30–3.30 Uhr • vor 0 Uhr £ 8, danach £ 10

↑ *Das »Everyman Cinema« passt perfekt nach Hampstead: keine Massenware, sondern individueller Charme und Stil.*

✳ CocoBamboo

Brasilianisch-karibische Bar mit Restaurant in Camden, die je nach Tageszeit entweder relaxt oder belebt ist und immer ein gemischtes Publikum anzieht. Auf jeden Fall ein guter Ort, um bei einem Mojito den Camden-Market-Besuch zu verdauen, im Sommer ein paar Stunden auf der Dachterrasse zu verbringen oder später abends mit Musik im Bossa-Nova- und Samba-Stil in Partylaune zu kommen.

48 Chalk Farm Rd, NW1 • U-Bahn: Chalk Farm, Camden Town • +44 20/72 67 66 13 • www.cocobamboo.co.uk • Mo–Mi 12–23 Uhr, Do–Sa 12–2 Uhr, DJs Do, Fr, Sa ab 22 Uhr

✳ Everyman Cinema Hampstead

Ins Everyman in Hampstead gehen die Londoner, wenn sie sich ein **Luxus-Kinoerlebnis** gönnen möchten. Das Kino wurde im Jahr 1933 in einem Gebäude aus dem 19. Jahrhundert eröffnet, viele stilistische Besonderheiten aus dieser Zeit wurden beibehalten. Zwei Auditorien sind mit Sesseln, Sofas, Kissen und zum Teil Fußstützen ausgestattet, Snacks und Getränke werden direkt am Platz serviert. Über die Leinwand flimmert eine Mischung aus kommerziellen Filmen und Programmkino.

5 Holly Bush Vale, NW3 • U-Bahn: Hampstead • www.everyman cinema.com

⁎ Holly Bush

Nördlich der U-Bahn-Station führt der Holly Hill zu einer der idyllischen Hampstead-Ecken, die den Stadtteil so charmant machen. Hier findet man das Holly Bush, einem **Pub**, untergebracht in einem niedlichen Häuschen aus dem späten 18. Jahrhundert, das mit seinen Blumen an der Fassade und dem verwinkelten Innenraum mit niedriger Decke aussieht wie aus dem Bilderbuch. Atmosphärischer ein Bier oder Glas Wein genießen geht in London wohl kaum! Ebenfalls eine wunderbare Adresse, wenn das Wetter schön ist und man im Freien sitzen möchte.

22 Holly Mount, NW3 • U-Bahn: Hampstead • +44 20/74 35 28 92 • www.hollybushhampstead.co.uk • Mo–Sa 12–23 Uhr, So 12–22.30 Uhr

Don't miss

Camden Beach. Ja, seit einigen Jahren hat Nordlondon einen Sommerstrand, für den vorübergehend 150 Tonnen Sand auf das Dach des »Roundhouse« geschafft werden. Toll für Grill- und Cocktailabende!

⁎ Jazz Café

Der Name lässt zwar im ersten Moment anderes vermuten, doch im Jazz Café wird Soul, Funk, Dance, Hip-Hop und World Music gespielt – aber natürlich auch viel Jazz. Die kleine **Bühne für Livemusik** gehört seit über 20 Jahren fest zum Camden-Repertoire und wird von Musikkennern geliebt. Das Jazz Café

ist nicht schick, die Einrichtung einfach, die Musik steht im Mittelpunkt. Am Wochenende legen regelmäßig DJs auf.

5 Parkway, NW1 • U-Bahn: Camden Town • +44 20/74 85 68 34 • www.mamacolive.com/thejazzcafe • Tgl. 19–2 Uhr • £ 5–15

⁎ Koko

In diesem alten Theater aus dem Jahr 1900 legte Madonna ihren ersten London-Auftritt hin. 2004 wurde der atmosphärische **Veranstaltungsort für**

Livemusik renoviert. Die opulente Umgebung in Rot und Gold mit verzierten Balkonen und Europas größter Diskokugel ist goldrichtig für Clubnächte wie »Guilty Pleasures« mit DJane Anna Greenwood. Albernheiten sind gerne gesehen, etwa verrückte Klamotten und wildes Tanzen zu Popmusik.

1a Camden High St, NW1 • U-Bahn: Mornington Crescent • +44 870/ 432 55 27 • www.koko.uk.com, www. guiltypleasures.co.uk

✳ Pepito Bar

Die kleine **Bar** im Varnishers Yard mit Sherry-Faible gehört zu den Favoriten in King's Cross. Ein Stück Andalusien in London, ohne Kitsch, aber gekonnt umgesetzt. Die Sherry-Auswahl ist fein; rund um die wenigen Tische, die übrigens Sherryfässer sind, wird es schnell eng (oder gemütlich). Im Sommer bietet der Innenhof zusätzlich Platz.

3 Varnishers Yard, Regent's Quarter, N1 • U-Bahn: King's Cross St Pancras • +44 20/78 41 73 31 • www.barpepito. co.uk • Mo–Fr 17–0 Uhr, Sa 18–0 Uhr

✳ Proud Camden

Kultlocation in der alten Pferdeklinik des Camden Stables Market. **Bar und Club** erwachen ab 19.30 Uhr zum Leben mit Livemusik und DJs. Tagsüber kann man hier essen, trinken und die Fotoausstellungen der Proud Gallery besuchen. Das eklektische Programm bietet einiges an verrückten Clubabenden, zum Teil auch eintrittsfrei. Am Wochenende auf die Gästeliste setzen lassen!

The Horse Hospital, Stables Market, Chalk Farm Rd, NW1 • U-Bahn: Camden Town, Chalk Farm • +44 20/ 74 82 38 67 • www.proudcamden.com • Mi 11–1.30 Uhr, Do–Sa 11–2.30 Uhr, So 11–12.30 Uhr, Galerie: tgl. 11–17.30 Uhr

✳ Roundhouse

Im Roundhouse in Camden, einem alten Dampfmaschinen-Reparaturwerk, haben seit der Umwandlung in ein **Musik- und Kulturzentrum** schon Jimi Hendrix, The Doors, Kraftwerk und Pink Floyd gespielt. Beim iTunes Festival, das jeden September hier stattfindet, tritt alles auf, was gerade angesagt ist. Das ganze Jahr vielfältiges Kulturprogramm mit Tanz, Theater und Kunst, plus nette Bar.

Chalk Farm Rd, NW1 • U-Bahn: Chalk Farm • +44 844/482 80 08 (Tickets) • www.roundhouse.org.uk

✳ Scala

Am Wochenende ein Club, unter der Woche eine der beliebtesten **Livemusik-Bühnen** in London. In dem alten Art-déco-Kino, das 1920 eröffnet wurde, standen schon Coldplay und

Robbie Williams auf der Bühne. Wer es in dem labyrinthischen Gebäude bis ganz nach oben schafft, wird mit einer Glasbar mit Blick auf die Tanzfläche belohnt. Bei Live-Gigs hat man die Möglichkeit, von verschiedenen Ebenen aus zuzuhören und zuzusehen.

275 Pentonville Rd, N1 • U-Bahn: King's Cross St Pancras • +44 20/78 33 20 22 • www.scala-london.co.uk

Simmons Bar

Hier wären wir im Wohnzimmer des coolen Studenten mit Retrofimmel gelandet! In der lässigen und originellen **Bar** bei King's Cross trinken die Gäste Cocktails aus Teetassen und genießen die lange, großzügige Happy Hour von 16 bis 21 Uhr, die sonntags bis freitags abgehalten wird. Am Wochenende steht Disko auf dem Plan mit Funk, Motown, bewährten Klassikern der 1980er- und 1990er-Jahre – und einer Diskokugel in Form eines Totenkopfs!

32 Caledonian Rd, N1 • U-Bahn: King's Cross St Pancras • +44 20/72 78 58 51 • www.simmonsbar.co.uk • So–Mi 16–0 Uhr, Do–Sa 16–3 Uhr

Geht gar nicht

Londons überzogene Türsteher-Kultur. Wenn nun auch schon Bars am frühen Abend Herren in schwarz und Absperrungen vor der Tür aufstellen, wird es albern. Noch ein Grund, zu reservieren.

The Bar With No Name

Hier operiert der Londoner Supermixer Tony Conigliaro, dessen geschickte Hände für **Cocktails** auch hinter der Bar des »Zetter Townhouse« (S. 142) stecken. In der kleinen Bar (reservieren!) weht der Geist der 1920er-Jahre, oft klimpert einer am Klavier, und die im eigenen Labor entwickelten Cocktails sind außergewöhnlich. Die Herren hinter der Bar geben Auskunft zum Thema.

69 Colebrooke Row, N1 • U-Bahn: Angel • +44 754/052 85 93 • www.69colebrookerow.com • So–Mi 17–0 Uhr, Do 17–1 Uhr, Fr, Sa 17–2 Uhr

The Booking Office St Pancras Renaissance Hotel

Die Zimmer im St Pancras Renaissance Hotel (S. 176) könnten das Budget sprengen, doch ein Cocktail im Booking Office – einem kathedralenartigen Raum mit einer 29 Meter langen **Bar** – geht. *Special guests* auf der Karte: Mischungen, die auf alten Rezepten aus viktorianischer Zeit basieren. Donnerstag bis Samstag Livemusik.

St Pancras Renaissance, Euston Rd, NW1 • U-Bahn: King's Cross St Pancras • +44 20/78 41 35 40 • www.bookingofficerestaurant.com • Tgl. 6.30–3 Uhr

✳ The Lock Tavern

Trendiges **Pub** in Camden, das einem DJ gehört und gute Livemusik und Clubabende im Programm hat. Am Wochenende tanzen hier Hipster in der lockeren Atmosphäre zu allem, von japanischem Pop bis Funk. Auch unter der Woche ist immer einiges geboten; auf die Webseite schauen! Im Sommer toll: die Außenbereiche im Erdgeschoss und im oberen Stock.

35 Chalk Farm Rd, NW1 • U-Bahn: Chalk Farm, Camden Town • +44 20/74 82 71 63 • www.lock-tavern.com • Mo–Do 12–0 Uhr, Fr, Sa 12–1 Uhr, So 12–23 Uhr

✳ The Winchester

Beliebte Ausgeh-Location in Islington: In der **Bar** kann man oben essen, trinken und abhängen, während im Keller zum Wochenende hin DJs aktiv und Tanzbeine in Schwung gebracht werden. Witzige Dekoration mit allerlei Kuriosem an der Wand und im ganzen Raum. Passend dazu bevölkern die Cocktailkarte fantasievolle Kreationen.

2 Essex Rd, N1 • U-Bahn: Angel • +44 20/72 88 24 93 • www.thewinchesterbar.com • Mo–Mi 11–0 Uhr, Do 11–2 Uhr, Fr 11–3 Uhr, Sa 9–4 Uhr, So 9–0 Uhr

✳ VOC

Im 17. Jahrhundert war der Punsch in den britischen Kolonien der letzte Schrei. In den letzten Jahren feierten mit Gewürzen und Kräutern angereicherte Drinks in Londons Bars ein Comeback. In der kleinen **Punschbar** in einem Innenhof bei King's Cross gibt's raffinierte Cocktails in atmosphärischer Umgebung: Backsteinwände, Kerzenlicht, Ledersofa ...

2 Varnishers Yard, Regent's Quarter, N1 • U-Bahn: King's Cross St Pancras • +44 20/77 13 82 99 • www.voc-london.co.uk • Mo–Do 17–1 Uhr, Fr, Sa 17–2.30 Uhr

Islingtons Ausgehszene rund um die Upper Street bietet einiges an relaxten Bars und Pubs wie »The Winchester«. Gemütlich und cool! →

Übernachten

King's Cross war lange Jahre für seine angeschmuddelten Hotels und andere wenig vertrauenserweckende Unterkünfte bekannt. Mit der Umgestaltung des Viertels hat sich jedoch auch die Lage in diesem Bereich deutlich geändert: Heute gibt's hier allerfeinste Luxusadressen in Gestalt renovierter ehemaliger Bahnhofshotels, außerdem eines der originellsten Häuser in der Stadt für Individualisten: das »Rough Luxe«, direkt gegenüber vom Bahnhof. Zwei Pubs mit angeschlossenem Hotel in Parklage, einmal Regent's Park, einmal Clissord Park, bieten in Camden und Stoke Newington quasi Wohnen im Grünen. Vertreten sind in diesem Viertel außerdem empfehlenswerte B&Bs und Privatunterkünfte, alle gut angebunden und eine Überlegung wert, wenn es etwas Individuelles sein soll.

✳ 22 York Street

An einem großen Gemeinschaftstisch kann man in diesem **B&B** beim reichhaltigem Frühstück Reisende aus aller Welt kennenlernen und sich austauschen. Viele Gäste kommen auch darum gerne in das charaktervolle georgianische Stadthaus in der Nähe des Regent's Park. Die Gastgeber sind freundlich, im Wohnzimmer stehen immer Erfrischungen bereit, und die Lage ist bestens.

22 York St, W1U • U-Bahn: Baker St • +44 20/72 24 29 90 • www.22yorkstreet.co.uk • EZ/DZ ab € 90/€ 129

✳ 66 Camden Square

Wer keine Lust auf anonyme Hotels hat, findet in diesem **B&B** im Haus eines Architekten eine ganz besondere London-Bleibe: Der Besitzer hat das moderne, lichtdurchflutete Haus in Camden selbst entworfen. Die beiden Zimmer hier (ein Doppel- und ein Einzelzimmer) im japanischen Stil teilen sich ein Bad und werden nur zusammen

Don't miss

Den lauschigen Ableger der Bar des »Great Northern Hotel«, zu finden im ersten Stockwerk im Retroschick-Landhausstil. Sehr fein: der »Lady Violet«-Cocktail. Auch für Nichtgäste geöffnet!

↑ *Wohnen im »Great Northern Hotel«: gemütlich, aber nicht altbacken*

vermietet. Zur Ausstattung gehört auch ein Papagei namens Peckham.

66 Camden Square, NW1 • U-Bahn: Camden Town • +44 20/74 85 46 22 • www.sawdays.co.uk • EZ/DZ ab £ 60/£ 100

✳ Arlington Avenue Rooms

Klare Ansage: Dies ist weder ein Hotel noch ein klassisches B&B. Die beiden zu vermietenden Zimmer in einem historischen **Privathaus** sind nur am Wochenende zu buchen und das Richtige für unabhängig Reisende, die hier eine stilvolle Gelegenheit haben, für ein paar Tage wie echte Londoner zu leben. Das Bad im unteren Stockwerk wird geteilt, das Frühstück machen sich die Gäste selbst, wie zuhause eben auch. Früh buchen!

Arlington Ave, N1 • U-Bahn: Angel • +44 771/126 51 83 • www.arlington avenue.co.uk • EZ/DZ ab £ 40/£ 50, beide Zi. zusammen ab £ 90

✳ Dorset Square Hotel

Wenn Inneneinrichterin Kit Kemp Hotels ausstattet, werden diese besonders hübsch. Das beweist sie auch mit ihrer »Firmdale«-Gruppe aus kleinen **Boutique-Hotels** in London, die sie mit ihrem Mann führt und zu der auch dieses *Regency*-Stadthaus nahe dem Regent's Park gehört. Viele der 38 Zimmer blicken auf einen privaten Garten, und die Gäste können sich Wellnessbehandlungen direkt aufs Zimmer bestellen.

39–40 Dorset Square, NW1 • U-Bahn: Baker St • +44 20/77 23 78 74 • www.firmdalehotels.com • EZ/DZ ab £ 195/£ 260

✳ Great Northern Hotel

Ein *Railway Hotel* aus dem 19. Jahrhundert eröffnete 2013 in der Westecke des Bahnhofs King's Cross neu und komplett renoviert als schickes **Boutique-Hotel** mit Bar und Restaurant. Die Zimmer sind mit Liebe zum Detail im »Art-déco-trifft-Moderne«-Stil eingerichtet. Perfekte Lage, und trotz des Bahnhofstrubels erstaunlich ruhig. Kleine Küche auf jedem Flur, in der die

Gäste Kaffee, Kuchen und Kekse auftanken können.

King's Cross St Pancras Station, Pancras Rd, N1C • U-Bahn: King's Cross St Pancras • +44 20/33 88 08 00 • www.gnhlondon.com • Zi. ab £ 246

✳ Primrose Hill Apartments

Primrose Hill Apartments vermietet in einer der hübschesten Ecken der Stadt schöne **Wohnungen** in verschiedenen Größen, in denen man sich wie ein Londoner auf Zeit fühlen kann. Ansprechpartner sind für Notfälle rund um die Uhr erreichbar. Mindestbuchungszeitraum ist eine Woche; es lohnt sich also vor allem für Gruppen, die länger bleiben möchten. Kurzaufenthalte sind aber auch zu buchen, wenn gerade etwas frei ist – eine Anfrage lohnt sich!

www.primrosehill-london.co.uk • +44 20/77 22 71 39 • www.primrose hill-london.co.uk • App. mit 1 Schlafzi. und Sofabett ab £ 1225/Woche, App. mit 1 Schlafzi. ab £ 150/Nacht, App. mit 2 Schlafzi. ab £ 250/Nacht

✳ Rough Luxe

Rau und luxuriös trifft es bestens: Das unkonventionelle **Boutique-Hotel** hat seinen ganz eigenen Stil – mit unverputzten Wänden, besonderer Kunst, engen Treppen, einem Mix aus Alt und Neu und ungewöhnlich eingerichteten Badezimmern. Die Stammkundschaft liebt das Rough Luxe, auch wenn die Zimmer in dem historischen Gebäude klein sind. Zur Philosophie des Hauses gehört auch, dass es keine Fernseher auf den Zimmern gibt.

1 Birkenhead St, WC1H • U-Bahn: King's Cross St Pancras • +44 20/78 37 53 38 • www.roughluxe.co.uk • Zi. ab £ 159

✳ St Pancras Renaissance London Hotel

2011 wurde das alte »Midland Grand Hotel« komplett renoviert und als Teil von St Pancras Station und Eurostar-Terminal wieder eröffnet: Die neugotische Pracht des viktorianischen Gebäudes mit seinen Türmchen und Zinnen verzaubert. Das Innere des **Fünf-Sterne-Hotels** – besonders die Lobby und der viktorianische Treppenaufgang – sind ein Designtriumph. Weitere Extras: Spa mit Sauna, Dampfbad und viktorianisch gekacheltem Entspannungspool.

Euston Rd, NW1 • U-Bahn: King's Cross St Pancras • +44 20/78 41 35 40 •

www.marriott.co.uk • EZ/DZ ab £ 240/£ 264

✳ The Colonnade Hotel

Im Stadtteil Maida Vale am Nordrand des Zentrums, wo Grand Union auf Regent's Canal trifft, liegt ein kleines Kanalsystem; Little Venice heißt die hübsche Ecke mit den bunt bemalten Hausbooten. Das plüschige **Boutique-Hotel** The Colonnade passt mit seinen kleinen Eigenheiten wie einem der ältesten Fahrstühle in London und einer Hotelkatze gut hierher .

2 Warrington Crescent, W9 • U-Bahn: Warwick Ave • +44 20/72 86 10 52 • www.colonnadehotel.co.uk • EZ/DZ ab £ 170/£ 190

✳ The Roost

Boutique-B&B im Stadtteil Queen's Park im Nordwesten von London, das von außen mit einer hellblau gestrichenen Tür auf sich aufmerksam macht. Die Gastgeberin, die früher in der Modebranche tätig war, führt ein sehr freundliches und charmant eingerichtetes Haus. Frühstück gibt es im Wintergarten, und Queen's Park Village bietet nette Restaurants und einen Bauernmarkt am Wochenende.

37 Lynton Rd, NW6 • U-Bahn: Queen's Park • +44 7967/354 477, +44 20/76 25 67 70 • www.boutiquebandblondon.com • EZ/DZ ab £ 90/£ 100

✳ The Rose & Crown

Konventionelle Hotels kann man im angesagten Viertel Stoke Newington lange suchen. Eines der Lieblingspubs auf der Stoke Newington Church Street direkt gegenüber vom Clissold Park hat dafür sechs schicke Zimmer im Repertoire. Ein separater Eingang führt zu dem **Mini-Boutique-Hotel**, zu dem ein hübscher Frühstücksraum und eine Dachterrasse gehören. Nettes Team!

199 Stoke Newington Church St, N16 • Bahnhof: Stoke Newington oder Bus 73 bis Victoria • +44 20/79 23 33 37 • www.roseandcrownn16.co.uk • EZ/DZ ab £ 80/£ 125

✳ York & Albany

Starkoch Gordon Ramsay betreibt zwischen Regent's Park und Camden Town in einem historischen Gebäude aus dem 19. Jahrhundert ein Pub mit Restaurant und neun **Gästezimmern**. Ein konventionelles Hotel darf man hier nicht erwarten, dafür aber eine angenehme, informelle Atmosphäre und Zimmer voller Antiquitäten. Nett: der Pubraum mit Bar, großen Fenstern und Blick auf den Park, der als eine Art Wohnzimmer für die Gäste dient.

127–129 Parkway, NW1 • U-Bahn: Camden Town • +44 20/73 87 57 00 • www.gordonramsay.com/yorkandalbany • Zi. ab £ 187

London von A bis Z

Anreise

Bei der Planung sollte man darauf achten, wie einfach/kompliziert die Anreise vom Flughafen zur gewünschten Unterkunft ist. Hotels in Ost- und Südlage sind generell einfacher von Stansted oder Gatwick aus zu erreichen.

→ **Mit dem Flugzeug:** London hat fünf Flughäfen – Heathrow, Stansted, Gatwick, Luton und London City Airport. Heathrow ist der größte, liegt 24 km westlich der Stadt und mit der U-Bahn (Piccadilly Line) kommt man in rund 45 bis 60 Minuten ins Zentrum. Schneller ist der Heathrow Express nach Paddington; die Züge fahren alle 15 Minuten; die Fahrt dauert 15 bis 20 Minuten. Kostenpunkt: einfache Fahrt ab £ 21.50, Hin- und Rückfahrt ab £ 35. Achtung: Auf keinen Fall sollte man in ein Taxi steigen! Das ist teuer und kann – je nach Verkehr und Lage der Unterkunft – gut eine Stunde oder noch länger dauern.

Stansted liegt 55 km nordöstlich des Zentrums und wird von den Billigfluglinien bedient. Der Stansted Express fährt in 45 Minuten bis zum Bahnhof Liverpool St; mit dem Bus (National Express, Terravision) dauert es gut 75 Minuten und nicht selten länger. Gatwick liegt 50 km südlich vom Zentrum; mit dem Gatwick Express kommt man in 30 Minuten zum Bahnhof Victoria. Alternative: National-Express-Busse, die allerdings länger unterwegs sind.

Luton, 53 km nordwestlich von London gelegen, wird vom Bahnhof King's Cross aus angefahren; in 30 Minuten ist man dort. Der sehr kleine London City Airport in den Docklands liegt 14 km östlich vom Zentrum. Mit der Docklands Light Railway (DLR) kommt man in ca. 22 Minuten bis zur U-Bahn-Station Bank. Der City Airport wird von Reisenden oft übersehen; die Fahrt ins Zentrum dauert aber im Endeffekt nicht länger als von Heathrow aus. Außerdem: Der Flughafen ist so klein, dass Einchecken und Boarding im Vergleich zu Heathrow eine wahre Wohltat sind.

→ **Mit der Bahn:** Kann es schneller gehen, als man denkt! Mit dem Eurostar von Köln aus über Brüssel braucht man nur rund 5 Stunden und 20 Minuten bis nach London.

Diplomatische Vertretung

→ **German Embassy.** 23 Belgrave Square, SW1X, U-Bahn: Hyde Park Corner, Tel. +44 20/78 24 13 00, www.london.diplo.de

Festekalender/Feiertage

→ **Feiertage**: Gibt es im Vergleich zu Deutschland nur wenige. Die sogenannten Bank Holidays sind immer an einem Montag, so dass automatisch ein langes Wochenende entsteht. Sowohl die großen Museen als auch Geschäfte haben an diesen Tagen in der Regel geöffnet. Das Leben geht im Zentrum Londons normal weiter, nur Banken haben geschlossen:
Erster Montag im Mai: May Day
Letzter Montag im Mai: Spring Bank Holiday
Letzter Montag im August: Summer Bank Holiday

→ **Sonstige Feiertage:** 1. Januar: Neujahr; Karfreitag und Ostermontag; 25. Dezember: Weihnachten; 26. Dezember: Boxing Day
→ **Feste und Veranstaltungen:**
Ende Januar/Anfang Februar: Chinese New Year
Februar: London Fashion Week
März: St Patrick's Day
Ende März/Anfang April: Oxford-Cambridge Boat Race
April: London Marathon
Mai: Chelsea Flower Show
Juni: Trooping the Colour (offizielle Geburtstagsparade für die Queen); Royal Ascot
Ende Juni/Anfang Juli: Wimbledon
Juni/Juli: City of London Festival; Coin Street Festival auf der South Bank

Mitte Juli bis Mitte September: Proms (klassische Konzertreihe in der Royal Albert Hall)
Letztes Augustwochenende: Notting Hill Carnival
September: Thames Festival; London Fashion Week; London Open House (normalerweise nicht zugängliche Gebäude öffnen ihre Pforten)
Oktober: London BFI Film Festival; London Restaurant Festival; London Chocolate Week; Frieze Art Fair
November: Lord Mayor's Show; offizieller Start der Weihnachtsbeleuchtung auf großen Einkaufsstraßen wie Regent Street und Oxford Street (mit Promis & Brimborium)
Dezember: Aufstellen des Weihnachtsbaums auf dem Trafalgar Square; 31. Dezember: Silvesterparty am Trafalgar Square

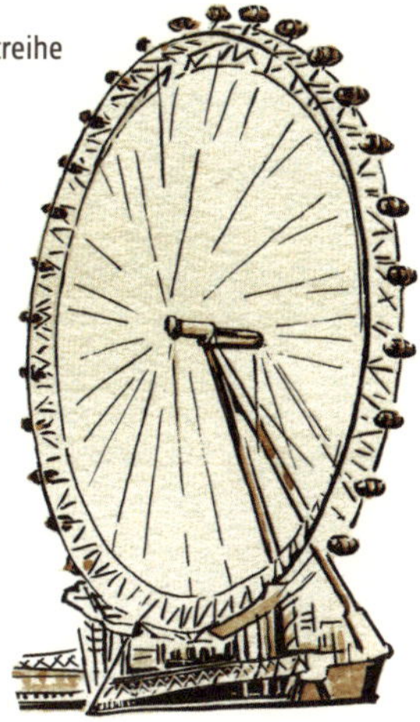

Fremdenverkehrsämter

→ **Informationsbüros für Touristen (Visitor Centres)** Diese Büros sind zahlreich vertreten in der Stadt und finden sich an folgenden Orten: City of London Information Centre (gegenüber St Pauls' Cathedral); Euston Travel Information Centre (am Bahnhof Euston); Greenwich Tourist Information Centre; Heathrow Travel Information Centre (U-Bahn-Station Terminal 1,2,3); Holborn Information Kiosk (bei U-Bahn-Station Holborn); King's Cross St Pancras Travel Information Centre (im Bahnhof); Liverpool Street Travel Information Centre (bei der U-Bahn-Station Liverpool St); Piccadilly Circus Travel Information Centre (in der U-Bahn-Station Piccadilly Circus); Victoria Station Travel Information Centre (gegenüber Gleis 8)

Fundbüro

→ **Wenn in der U-Bahn etwas verloren geht:** Lost Property Office, Mo–Fr 9.30–16 Uhr, 200 Baker St, NW1, Tel. +44 20/79 18 20 00

Geld/Währung

Großbritannien gehört nicht zur europäischen Währungsunion. Einige große Kaufhäuser wie »Harrods« oder »Selfridges« akzeptieren zwar inzwischen den

Euro; am besten jedoch schon zuhause Geld umtauschen; vor Ort wird es meist teurer. EC- und Kreditkarten werden akzeptiert. Gute Umtauschkurse (keine Kommission) gibt es in London bei Thomas Exchange Global, 141 Victoria Street, in der Nähe der Victoria Station.

→ **Umrechnungskurs Stand Juli 2015:**
£ 1 = EUR 1,41
1 Pfund Sterling = 100 Pence (p)
Münzen: 1 p, 2 p, 5 p, 10 p, 20 p, 50 p, £ 1, £ 2
Scheine: £ 5, £ 10, £ 20, £ 50

Gesundheit

Hauptanbieter für Gesundheitsleistungen in Großbritannien ist der National Health Service (NHS). Für EU-Bürger ist eine Notfallbehandlung in Krankenhäusern und bei NHS-Ärzten kostenlos. In den meisten Stadtteilen gibt es Walk-in Centres (Behandlungszentren), die sieben Tage die Woche und ohne Terminvereinbarung geöffnet sind. Behandlung in den Arztpraxen für Allgemeinmedizin (GP = General Practitioners) hängt vom Ermessen des Arztes ab. Es empfiehlt sich grundsätzlich, bei Reisen eine Auslandskrankenversicherung abzuschließen, falls z. B. ein Rücktransport nötig wird oder sonstige Ausnahmefälle eintreten.

→ **Informationen zu Walk-in Centres und Krankenhäusern mit Notaufnahme (A&E):** www.nhs.uk/Service-Search

→ **24-Stunden-Apotheke:** Zafash Pharmacy, 233–235 Old Brompton Rd, SW5, U-Bahn: Earl's Court

→ **Drogeriemarkte mit medizinischer Beratung:** Bei »Boots« (Drogerie mit angeschlossener Apotheke) wird man von Apothekern bei kleineren Beschwerden in der Regel sehr gut beraten.

Hop-on, Hop-off Touren

→ **Big Bus Tour.** www.bigbustours.com (Information bei Charing Cross)
→ **The Original London Tour.** www.theoriginaltour.com (Information am Visitor Centre am Trafalgar Square)
→ **Golden Tours.** www.goldentours.com

Günstiger kann man eine weiterreichende Stadtbesichtigung mit Linienbussen haben: Die kultigen Routemaster-Busse mit offenem Heck, die im Jahr 2005 aus dem Verkehr gezogen wurden, verkehren noch auf zwei sogenannten *heritage routes*, der Linie 9 (Kensington zum Trafalgar Square) und 15 (Tower Hill bis Trafalgar Square). Eine brandneue Version des Routemasters fährt auf Linie 38 und 24. Eine weitere Busroute, die an vielen Sehenswürdigkeiten vorbeifährt (Trafalgar Square, Houses of Parliament, Westminster Abbey), ist die Nummer 11 von Liverpool St nach Fulham.

Hotels

Es lohnt sich immer, die in diesem Buch angegebenen Preise auf den Hotel-Webseiten selbst bei der Reiseplanung zu überprüfen: Je nach Buchungszeitraum kann es günstiger werden. Beliebte Alternative zum Hotel: Airbnb (www.airbnb.co.uk); die Auswahl an Privatvermietern, die diese Plattform nutzen, ist in London riesig.

→ **Hotels günsting online buchen:** www.booking.com; www.hrs.de; www.visitlondonoffers.com

Oft ist die Buchung eines Pauschalangebots mit Flug am günstigsten und für Erstbesucher die einfachste Variante.

→ **B&B: London Bed & Breakfast Agency.** www.londonbb.com; www.bed-breakfast.de

Internet

Natürlich bieten auch in der britischen Metropole immer mehr Hotels kostenloses WLAN an bzw. stellen Computerstationen für ihre Gäste zur Verfügung. Außerdem gibt es in zahlreichen Cafés WLAN, das man mit seinem mobilen Endgerät nutzen kann.

Klima/Reisezeit

Die meisten Besucher kommen zwischen April/Mai und Oktober nach London; auch die Vorweihnachtszeit ist sehr beliebt. Vom Wetter muss man sich zu keiner Jahreszeit abhalten lassen: London ist immer bereisbar. Weit verbreitet ist das Klischee, dass es die ganze Zeit regnerisch und neblig ist. Es regnet sicher nicht mehr als in Deutschland. Wenn es dann aber regnet, schüttet es oft. Nebel:

sehr selten. Durch den Golfstrom ist das Klima recht mild, im Winter selten Minusgrade, dafür auch kaum Hitze im Sommer. Schön: Der Frühling startet schon früh, ab März wird London blumig. Unschön: Der Wind. Hier bläst er stärker als auf dem Kontinent. Und das Wetter schlägt schnell um. Der Knirps ist daher wichtiger Bestandteil der Ausstattung.

London im Internet

→ **Offizielle Seite des London-Tourismusamts:** www.visitlondon.com

→ **Offizielle Seite des britischen Tourismusamts:** www.visitbritain.de

→ **Kultur, Veranstaltungen, Restaurants, Hotels:** www.londonist.com; www.londontown.com (viele Hotelangebote!); www.viewlondon.com; www.timeout.com/london; www.londonforfree.net; www.museum-mile.org.uk (gute Zusammenstellung von 12 Museen und Galerien)

Wenn man auf dem Laufenden bleiben möchte, was in London so abgeht an Veranstaltungen und in der Restaurant-, Bar- und Clubszene, sollte man sich folgende Newsletter abonnieren:
www.emeraldstreet.com (für Mädels sehr interessant!);
www.urbanjunkies.com/london; www.thenudge.com;
www.justopenedlondon.com

London Pass

Mit dieser Besucherkarte bekommt man freien Eintritt in 55 Londoner Museen und zu anderen Sehenswürdigkeiten, beispielsweise dem Tower of London oder Westminster Abbey. Ab £ 47; Information und Verkaufsstellen: www.londonpass.com

Notrufnummern

Die Nummer **999** gilt für Polizei, Rettungsdienst und Feuerwehr.

Orientierung

Die verschiedenen Stadtteile der 33 *boroughs* (Stadtbezirke) in London bilden sich in der Postleitzahl ab durch Buchstaben und Zahlen.

Die Buchstaben geben dabei immer die Himmelsrichtung an (z. B. N=North, SW= South West), und je höher die dahinterstehende Zahl, desto weiter ist (in der Regel) der jeweilige Stadtbezirk vom Zentrum entfernt.

Öffentlicher Nahverkehr

Das Londoner Nahverkehrsnetz setzt sich zusammen aus U-Bahnen (Underground/*tube*), Bussen, DLR (Docklands Light Railway) und Overground.

→ **Travelcards und Oyster Cards.** Travelcards kann man entweder für einen Tag oder für eine Woche erwerben; sie gelten für U-Bahn, Busse, Overground, DLR und einige Nahverkehrszüge. Alternativ und sehr praktisch auch für Besucher ist die Oyster Card (die ebenso für alle öffentlichen Verkehrsmittel gilt), eine wiederaufladbare Smartcard. Vom Guthaben wird pro Fahrt ein reduzierter und automatisch der niedrigste Preis abgebucht (per Touchpad an den Zugangs- und Ausgangsbarrieren). Beispiel: Eine einfache Fahrt in Zone 1 kostet dann £ 2.30 statt £ 4.80. Der Gesamtabbuchbetrag pro Tag ist gedeckelt und nie höher als der Preis für eine Travelcard für einen Tag (£ 12). Für längere Aufenthalte kann man auch eine Zeitkarte für eine Woche (£ 32.10) aufladen, was sich in der Regel lohnt; gilt für alle Verkehrsmittel. (Preise Stand: Juli 2015)

Travelcards und Oyster Cards können bereits vor Reiseantritt gekauft werden (Informationen und Bestellung: www.visitbritainshop.com). Wenn die Oyster Card vor Ort gekauft wird, muss man eine Pfandgebühr von £ 5 berappen und die Mindestaufladesumme liegt bei £ 5. An der U-Bahn-Station in Heathrow gibt es Schalterstellen.

→ **Mit der *tube*:** Ganz wichtig bei Ankunft: Eine der kleinen, handlichen *tube maps* schnappen, die es an allen Stationen gibt und in denen auch die DLR- und Overground-Linien eingezeichnet sind.

Mit der *tube* kommt man in London überall hin; das älteste U-Bahn-Netz der Welt umfasst elf farbig gekennzeichnete Linien. Züge verkehren zu Stoßzeiten (sehr voll) fast im Minutentakt. Das Netz ist in sechs Zonen aufgeteilt; als Besucher wird man sich weitestgehend in Zone 1 und 2 bewegen. Mit einer Travelcard oder einer Oyster Card ist man bestens unterwegs. Keine Einzeltickets kaufen!

Das lohnt sich nur, wenn man nur ein einziges Mal mit den öffentlichen Verkehrsmitteln fährt, und das ist unwahrscheinlich.

←**Mit dem Bus** (einfache Fahrt mit Oyster Card £ 1.50; Achtung: Barzahlung ist im Bus nicht möglich) dauert es länger, da der Londoner Verkehr oft nur Schritttempo zulässt. Dafür sieht man bei einer Busfahrt mehr von der Stadt. Die orangefarbenen Overground-Linien sind an verschiedenen Stationen an das U-Bahn-Netz angeschlossen, ermöglichen sehr gute neue Anbindungen und sind modern und komfortabler als die U-Bahn.

→ **Für Nachtschwärmer:** Grundsätzlich stellt die U-Bahn ihren Service je nach Linie gegen 0.30 Uhr ein (und fährt dann wieder ab ca. 5 Uhr). Am 12. September 2015 begann in London allerdings eine neue und langerwartete Ära, denn zumindest am Wochenende (freitags und samstags) fahren nun die Jubilee, Victoria und große Teile der Piccadilly, Central und Northern Line die ganze Nacht. Ansonsten und für den Rest der Woche muss man auf ein Netz an Nachtbussen zurückgreifen. Wer diese nutzt, darf nicht zimperlich sein: Es bleibt nachts nicht aus, dass der ein oder andere Gast zu tief ins Glas geblickt hat und das Busgeschaukel zu »Unfällen« führt

→ **Weitere Informationen: Transport for London.** www.tfl.gov.uk

→ **Mit Boris Bikes:** Seit einigen Jahren gibt es in London ein Radverleihprogramm. Touristen drehen gerne eine Runde auf den roten Rädern, die nach dem Bürgermeister Boris Johnson Boris Bikes genannt werden und offiziell den Namen des jeweiligen Sponsors (aktuell: Santander) tragen. Achtung: Beim Radfahren in London, einer Stadt fast ohne Fahrradwege und mit viel zu viel Verkehr, bitte immer sehr vorsichtig sein. Und nicht rund um den Piccadilly Circus oder den Trafalgar Square radeln, besser im Hyde Park.
Informationen gibt es an Verleihstationen und auf www.tfl.gov.uk. Grundgebühr: £ 2, erste halbe Stunde kostenfrei, darüber hinaus für jede weitere halbe Stunde: jeweils £ 2.

Öffnungszeiten

Geschäfte haben in der Regel zwischen 9.30/10 Uhr und 18/19 Uhr und an ein bis zwei Tagen pro Woche bis 20 Uhr geöffnet (variiert

von Geschäft zu Geschäft). Auch der Sonntag ist Einkaufstag (genau wie Feiertage): es geht dann allerdings später los, ab 11 oder 12 Uhr. Die großen Kaufhäuser haben zum Teil die ganze Woche über länger auf (bis 20/21 Uhr). Kleine Lebensmittelgeschäfte findet man immer bis spät in die Nacht, manche sind sogar 24 Stunden geöffnet, ebenso Supermärkte.

Restaurants

Wer sicher gehen will, einen Platz im Restaurant der Wahl zu bekommen, sollte reservieren. Häufig werden den Gästen Zeitfenster zugewiesen.

Beliebte Websites zur Information (mit Bewertungen) sowie Buchung sind: www.toptable.com; www.london-eating.co.uk

Sicherheit

Für eine Stadt dieser Größe ist London ein wirklich sicheres Pflaster.
Einige Grundsatzregeln:
→ In Pubs und an allen anderen Orten, wo viele Menschen aufeinandertreffen (z.B. in der U-Bahn, im Bus, auf Märkten) die **Handtaschen im Auge behalten** und nie unter den Stuhl stellen.
→ Nachts **nicht alleine** in abgelegenen Ecken umherspazieren.
→ Die **Routenplanerseite von TfL** (Transport for London), www.tfl.gov.uk, nutzen; die Helpline von TfL ist 24 Stunden besetzt, +44 20/72 22 12 34.
→ Nur ***black cabs*** und nachts ausschließlich lizenzierte Mini-Cabs nutzen.

→ **Notruf:** 999
→ **Zentrale Polizeiwache im West End:** Tel. +44 20/74 37 12 12

Stadtführungen

→ **Blue Badge Guides.** www.britainsbestguides.org
→ **London Walks.** www.walks.com
→ **London Tours auf Deutsch.** www.londontoursaufdeutsch.com
→ **Steps in the City.** www.stepsinthecity.squarespace.com
→ **London Architecture Walks.** www.londonarchitecturewalks.com

Stadtplan

Den sehr empfehlenswerten »London AZ« gibt's nahezu überall: beim Zeitungshändler, in Buchhandlungen und in allen Tourismusbüros.

Taxi

→ ***Black Cabs*** Die *black cabs* mit Platz für fünf Personen stehen an Taxiständen vor Bahnhöfen und Hotels oder werden einfach auf der Straße angehalten. Telefonische Taxibestellung: Taxi One, Tel. +44 871/871 87 10

→ ***Mini Cabs*** Ab 24 Uhr, wenn die *cabbies* ihre Dienste einstellen, muss man sogenannte *mini cabs* buchen – aber nur lizenzierte!
Größter Anbieter: Addison Lee, www.addisonlee.com
Spezieller Anbieter für Frauen, fast nur Fahrerinnen: Lady Mini Cabs, www.ladyminicabs.co.uk, Tel. +44 20/72 72 33 00

Trinkgeld

→ **Restaurants** Üblicherweise wird eine *service charge* von 12,5 % zum Rechnungspreis addiert, die als Extraposten vor dem Endpreis auf der Rechnung ausgewiesen ist. Dann muss kein Trinkgeld mehr gegeben werden, aber je nach dem, wie zufrieden man war, sind 10 % zusätzlich normal. Ist keine *service charge* ausgewiesen (in kleinen Cafes z. B.), ist ein Trinkgeld von rund 15 % angemessen.

→ **Pubs** Hier bezahlt man die Getränke an der Theke und gibt kein Trinkgeld.

→ **Taxi** Bei Taxifahrten wird meist aufgerundet (bis zu 10 % auf den Fahrpreis).

Zeitungen/Zeitschriften

→ ***Evening Standard*:** DIE Zeitung der Londoner; mit Informationen zu Veranstaltungen, Restaurants usw., ab spätem Nachmittag kostenlos
→ ***Time Out*:** Stadtmagazin, kostenlos
→ ***Stylist* (toll für Mädels):** kostenlos, mittwochs an *tube*-Stationen zu haben.

Register

Straßenregister

Sehenswürdigkeiten

Impressum

Verantwortlich: Stephanie Iber
Redaktion: Stephanie Lofing, Lektorat Lofing, Berlin
Korrektorat: Viola Siegemund, München
Layoutentwurf: coverdesign uhlig, Augsburg
Layout: Gēraldine Barette, Barette Design, Berlin
Illustrationen: Cornelia Seelmann-Aliabadi, Berlin
Umschlaggestaltung: coverdesign uhlig, Augsburg
Repro: Repro Ludwig, Zell am See
Kartografie: Uta Ziegner, Huber Kartographie, München
Herstellung: Bettina Schippel, Barbara Uhlig
Gesamtherstellung: GeraNova Bruckmann Verlagshaus GmbH

★★★★★

Sind Sie mit diesem Titel zufrieden? Dann würden wir uns über Ihre Weiterempfehlung freuen.
Erzählen Sie es im Freundeskreis, berichten Sie Ihrem Buchhändler oder bewerten Sie beim Onlinekauf.
Und wenn Sie Kritik, Korrekturen oder Aktualisierungen haben, freuen wir uns über Ihre Nachricht an Bruckmann Verlag, Postfach 40 02 09, 80702 München oder per E-Mail an lektorat@verlagshaus.de.

Unser komplettes Programm finden Sie unter www.bruckmann.de

Alle Angaben dieses Werkes wurden von der Autorin sorgfältig recherchiert und auf den neuesten Stand gebracht sowie vom Verlag geprüft. Für die Richtigkeit der Angaben kann jedoch keine Haftung übernommen werden.

Bildnachweis: 40 Winks/Rogoff, M.: S. 141; Annie's: S. 155, Umschlagrückseite; Bumpkin/Smith, C.: S. 59; Caravan: S. 127; Church Street Hotel: S. 107; Clove Club: S. 130; Comfort Inn Victoria: S. 39; Cubana: S. 101; Daunt Books: S. 19; Embody Wellness: S. 99; ESPA Life at Corinthia/Powers, R.: S. 31; Everyman Cinema: S. 169; Experimental Cocktail Club: S. 33 o., 33 u.; Gelateria 3BIS/Openspace Photography: S. 93; Great Northern Hotel: S. 175; Hoxton Pony: S. 136; Kipferl/Packington, J.: S. 163; Loft: S. 103; Number Sixteen/Brown, S.: S. 74; Opera Tavern: S. 27; Paradise by Way of Kensal Green/watchlooksee: S. 69; Radio Days: S. 87 o., 87 u.; Rococo Chocolates: S. 57; The Winchester: S. 173; Tin Lid: S. 91; Shutterstock (www.shutterstock.com): S. 123 (Burrows, D.), 47 (chrisdorney), 51 (cristapper), 153 (ivanovskyy), 116 (Kiev, V.), 82 (Kowalczyk, P.), 15 (Weber, C.)

Die Deutsche Nationalbibliothek verzeichnet diese Publikation in der Deutschen Nationalbibliografie; detaillierte bibliografische Daten sind im Internet über http://dnb.d-nb.de abrufbar.

2. vollständig aktualisierte Auflage

ISBN 978-3-7654-6808-7